art in context

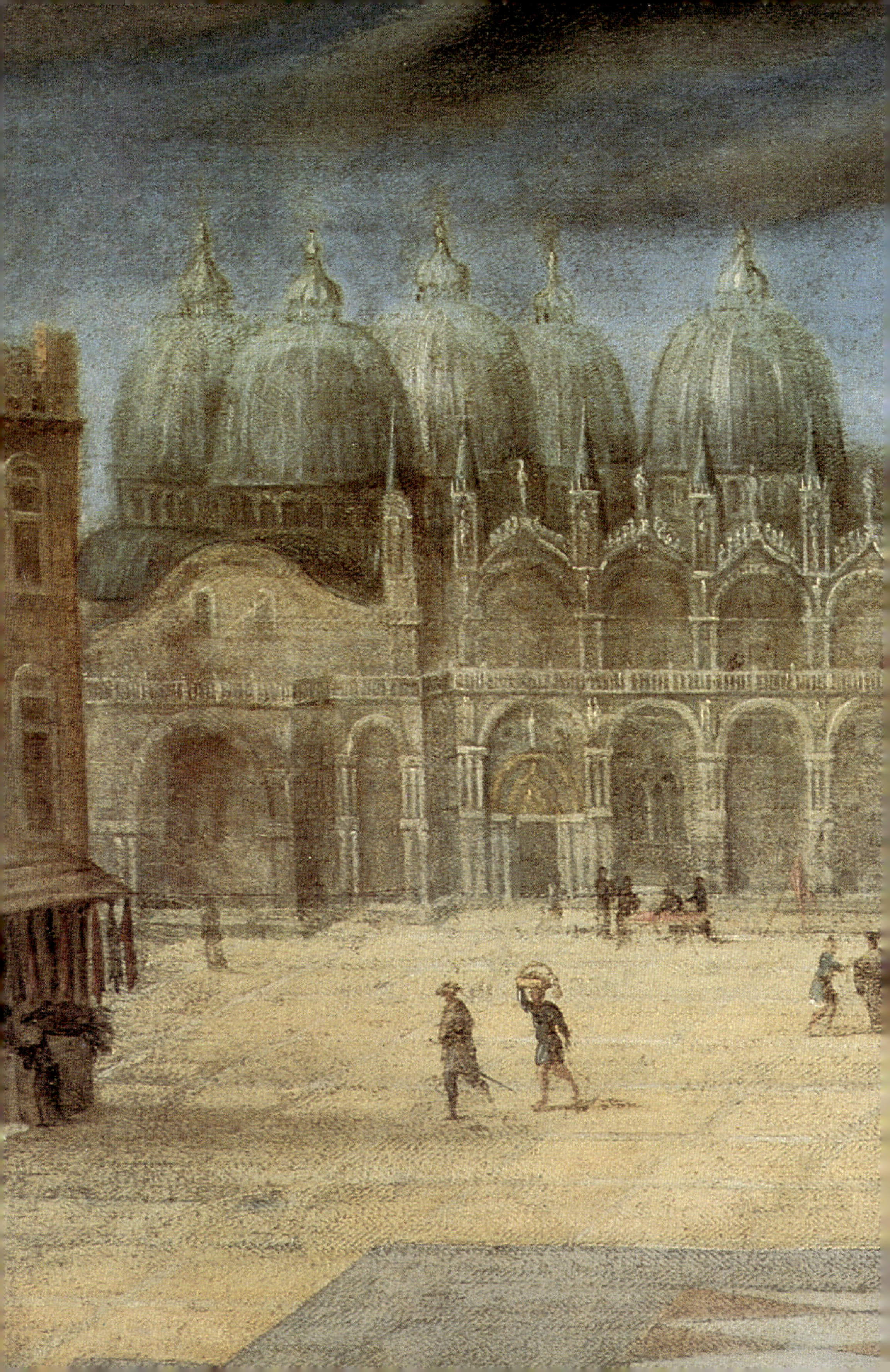

Renaissance in Venedig

Kunst und Kultur in der Stadt der Dogen

Patricia Fortini Brown

DUMONT

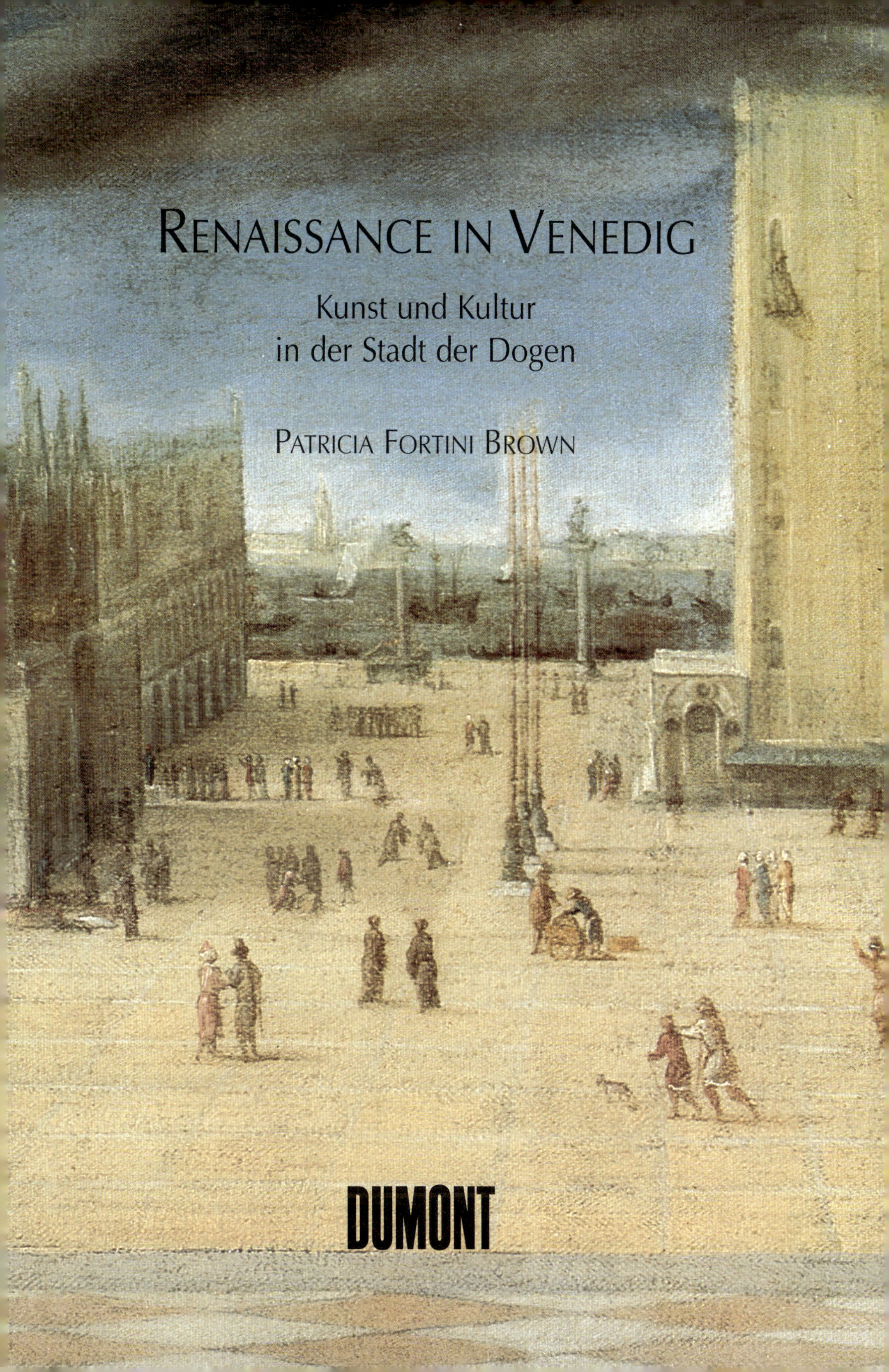

Umschlagvorderseite: Paolo Veronese, *Die Hochzeit zu Kana* (Detail), 1562–1563, Musée du Louvre, Paris; siehe auch Abb. S. 104/105 (Foto: SCALA, Antella)
Umschlagrückseite: Tizian, *Porträt eines Mannes in Blau*, um 1512, National Gallery, London; siehe auch Abb. S. 146
Vittore Carpaccio, *Zwei venezianische Damen auf einer Terrasse*, um 1495, Museo Civico Correr, Venedig; siehe auch Abb. S. 131
Frontispiz: Bonifazio de' Pitati, *Gottvater über der Piazza San Marco* (Detail), nach 1540, Gallerie dell' Accademia, Venedig; siehe auch Abb. S. 92

Dank

Ziel dieses Buches war vor allem, die visuelle Welt nachzuempfinden, welche die Venezianer selbst während der Renaissance erlebt haben. Daher liegt die Betonung vor allem auf Kunstwerken, die für Mäzene aus Venedig entstanden, und weniger auf solchen Arbeiten, die von venezianischen Künstlern – allen voran Tizian – für Auftraggeber (Prinzen, Könige, Herrscher) in der Ferne geschaffen wurden.

Besonderen Dank schulde ich meinen Studenten an der Princeton University, deren Enthusiasmus mir bei einem Werk half, das sich doch als größere Zusammenschau entpuppte. Dabei möchte ich mich besonders bei Blake de Maria für ihre Einsichten über Veroneses Werk sowie bei Emily Hoover für ihre Durchsicht des Manuskriptes zur Publikation bedanken. Anne Christine Junkerman erlaubte mir freundlicherweise, ihre Analyse von Giorgones *Laura* zusammenzufassen. Es war mir eine große Freude, mit dem Team des Verlages zusammenzuarbeiten: Lee Ripley Greenfield, Susan Bolsom-Morris, Jacky Colliss Harvey und Celia Jones, von denen jede auf ihre Weise zum Gelingen des Werkes beitrug. Schließlich möchte ich Walter Winslow für seine stete Ermutigung und Unterstützung danken.

Dieses Buch möchte ich meinen Elten widmen, Mary Wells und Jack Gino Fortini, die mich vor mehr als zwanzig Jahren in das »andere Venedig« einführten, und von denen ich lernte, daß alles möglich ist.

Die Deutsche Bibliothek – CIP-Einheitsaufnahme

Fortini Brown, Patricia:
Renaissance in Venedig : Kunst und Kultur in der Stadt der Dogen / Patricia Fortini Brown [Aus dem Engl. von Birgit Herbst] Köln : DuMont, 1998
(Art in context)
Einheitssacht.: The renaissance in Venice <dt.>
ISBN 3-7701-4387-6

Übersetzung aus dem Englischen von Birgit Herbst

Produktion und Design: Calmann & King Ltd, London
Series Consultant: Tim Barringer (University of Birmingham)

Redaktion und Satz der deutschen Ausgabe: Books & Bagels, Köln - Amsterdam
Druck und buchbinderische Verarbeitung: South China Printing Co., Hongkong
ISBN 3-7701-4387-6

Printed in Hongkong

Inhalt

SEHENSWÜRDIGKEITEN:

Kirchen
1 San Marco
2 Madonna dell'Orto
3 S. Giobbe
4 S. Maria dei Miracoli
5 S. Giacometto
6 S. Giovanni Crisostomo
7 SS. Giovanni e Paolo
8 S. Maria Gloriosa dei Frari
9 S. Bartolomeo
10 S. Maria Formosa
11 S. Salvador
12 S. Zaccaria
13 S. Pietro di Castello (Kathedrale)
14 S. Stefano
15 S. Nicolò dei Mendicoli
16 S. Sebastiano
17 S. Giorgio Maggiore
18 S. Elena
19 S. Francesco della Vigna

Palazzi
20 Palazzo Mastelli o del Cammelo
21 Palazzo Vendramin Calergi
22 Ca d'Oro
23 Palazzo Michiel delle Colonne
24 Palazzo Mangilli Valmarana
25 Ca' da Mosto
26 Palazzo dei Camerlenghi
27 Palazzo Papadopoli
28 Palazzo Pisani-Moretta
29 Palazzo Corner Spinelli
30 Palazzo Ducale (Dogen-Palast)
31 Palazzo Bollani Erizzo
32 Palazzetto Dolfin
33 Palazzo Widmann

Scuole
34 Scuola Grande di S. Maria della Misericordia
35 Scuola Grande di San Marco
36 Scuola Grande di S. Giovanni Evangelista
37 Scuola Grande di S. Rocco
38 Scuola di S. Giorgio degli Schiavoni
39 Scuola Grande di S. Maria della Carità
40 Scuola di S. Orsola

Plätze
41 Campo del Ghetto
42 Campo SS. Giovanni e Paolo
43 Campo S. Polo
44 Campo S. Maria Formosa
45 Campo S. Margherita
46 Campo S. Lio
47 Piazza San Marco

Andere Sehenswürdigkeiten
48 Fondaco dei Tedeschi
49 Ponte di Rialto
50 Dogana

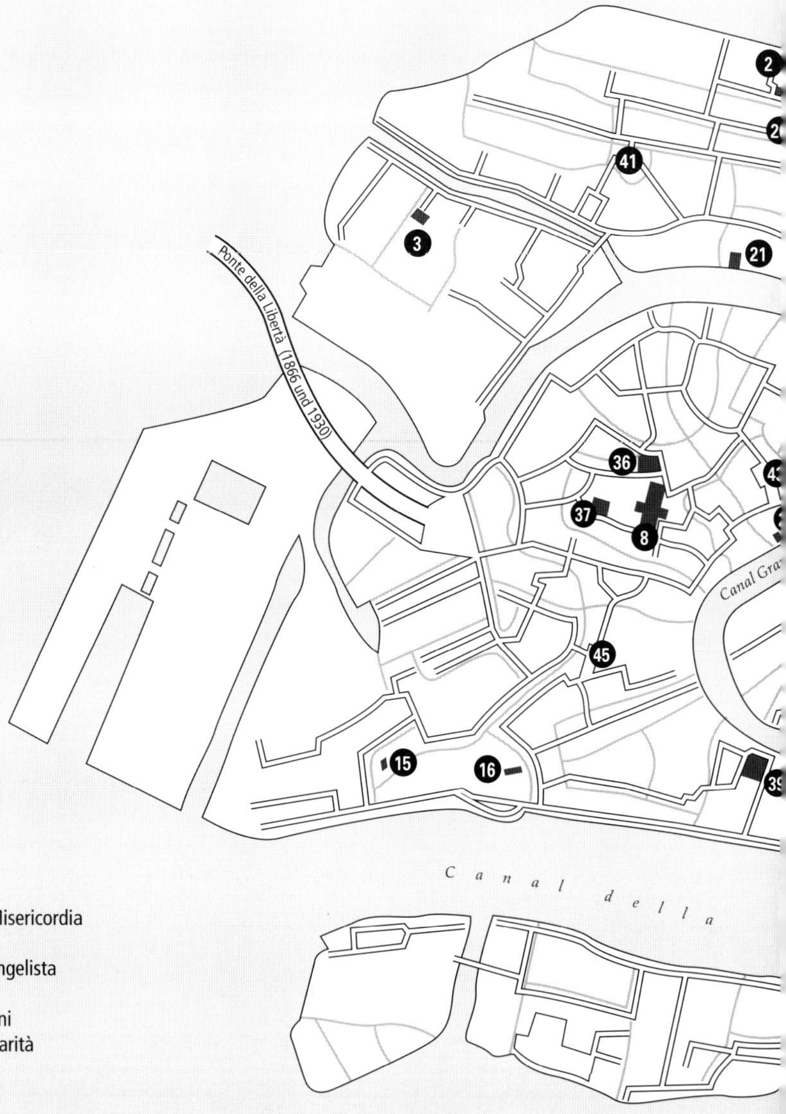

RENAISSANCE

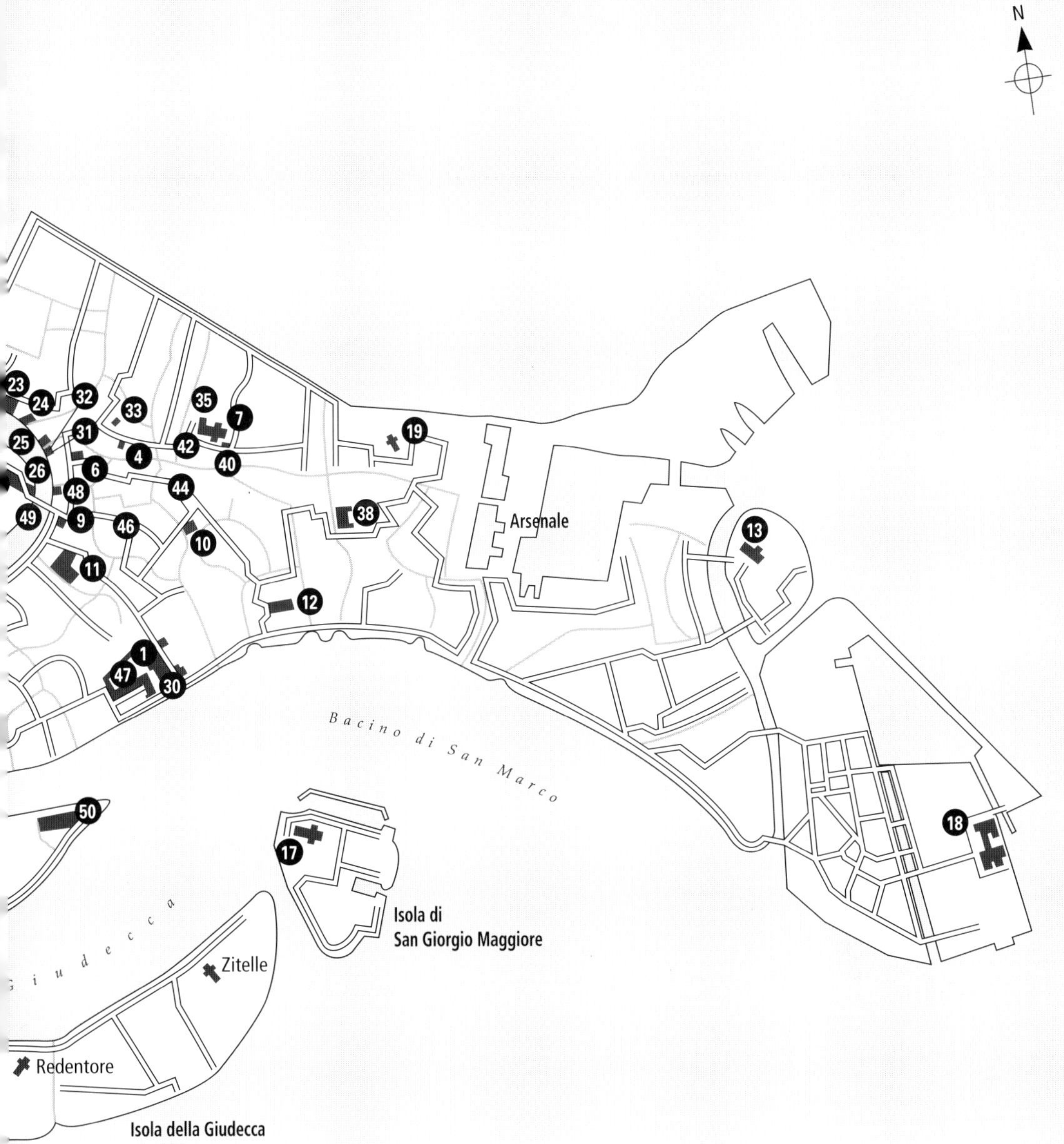
N
23
24
32
33
35
7
25
31
42
40
4
26
6
44
48
49
9
46
10
11
12
1
47
30
19
38
Arsenale
13
Bacino di San Marco
50
17
Isola di
San Giorgio Maggiore
18
iudecca
Zitelle
Redentore
Isola della Giudecca

N VENEDIG

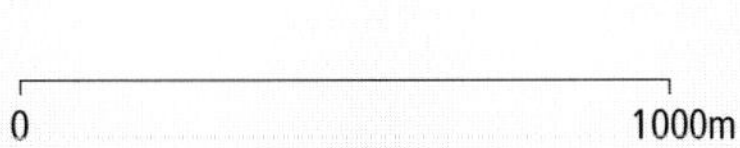
0
1000m

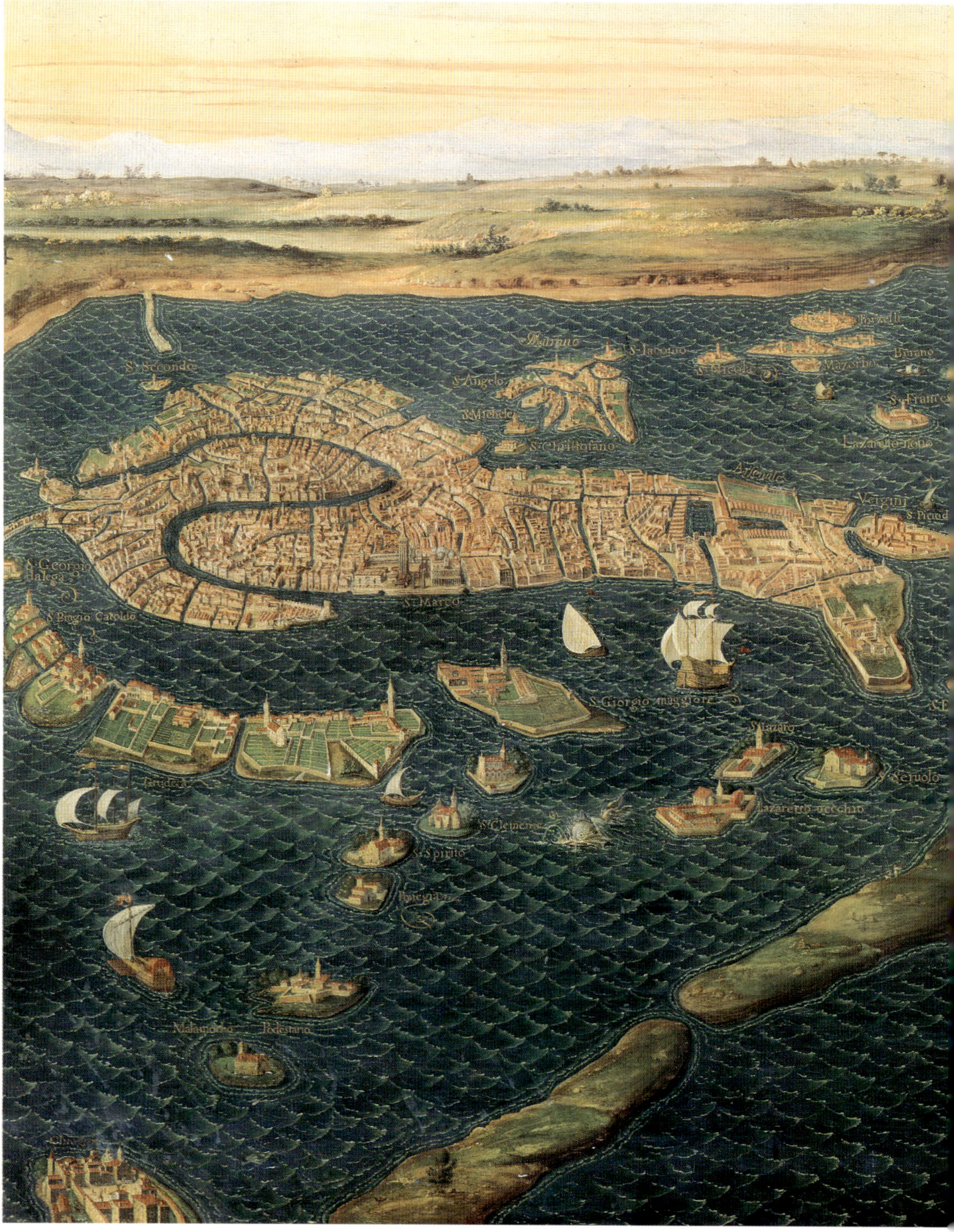
Murano
S. Iacomo
Burano
Mazorbo
S. Secondo
S. Angelo
S. Michele
Arsenale
Vergini
S. Georgio
dalega
S. Biagio Catoldo
S. Marco
S. Giorgio maggiore
S. Lazaro
S. Seruolo
Lazaretto uecchio
S. Clemente
S. Spirito
Podestario

KAPITEL 1

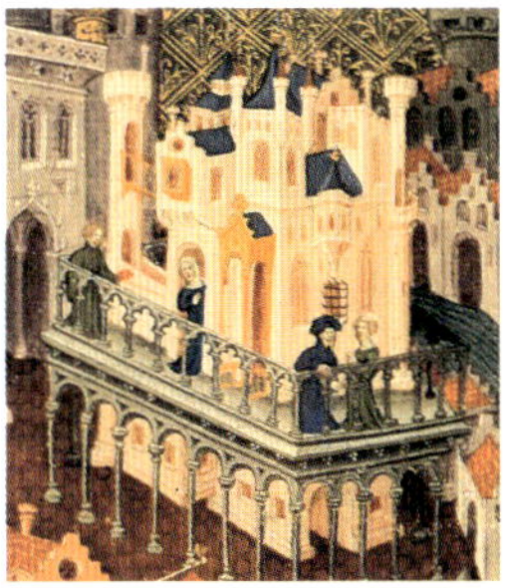

VENEZIANITÀ: DIE ANDERSARTIGKEIT DER VENEZIANER

Als Handelszentrum und Ausgangspunkt für Pilgerfahrten ins Heilige Land war Venedig bereits Mitte des 15. Jahrhunderts eine touristische Attraktion. Die Stadt umgab sich mit einem vielschichtigen »Mythos«, der von Einheimischen und Besuchern gepflegt und ausgeschmückt wurde. In den Tagebüchern der Pilger und anderen frühen Aufzeichnungen tauchen bestimmte Themen immer wieder auf: Die einzigartige Lage der Stadt, ihre wundersame Entstehung, ihr enormer Reichtum, die Vielfalt der Rassen und Religionen, prachtvolle, imposante Kirchen sowie die Frömmigkeit ihrer Bewohner und die äußerst stabile und gerechte Regierung, die fast ein Jahrtausend ohne Invasionen, Revolutionen oder besondere Unruhen überdauerte. Der Philosoph und Dichter Francesco Petrarca (1304–74) nannte Venedig *mundus alter*, eine andere Welt.

Eine Sonderstellung nahm die Lagunenstadt auch in der italienischen Renaissance ein. Sie begann Mitte des 14. Jahrhunderts mit Petrarcas Entdeckung eines »dunklen Zeitalters«, der Wende vom Mittelalter zur Neuzeit, und lief Ende des 16. Jahrhunderts mit der Gegenreformation aus. Die Renaissance war von der humanistischen Bewegung geprägt. So gilt die *studia humanitatis*, eine weltliche Erziehung, die das Studium der Geschichte und Literatur des Altertums umfaßte, als die Grundlage des heutigen Universitätscurriculums der Geisteswissenschaften. Die Kunst der Renaissance war durch die Entstehung eines neuen, auf klassischen Vorbildern basierenden Stils geprägt, der nach einem harmonischen Gleichgewicht zwischen Naturalismus und Idealismus strebte.

1 Egnazio Danti (1536–86)
Venedig, 1580–81. Fresko
310 x 150 cm. Galleria della Carte Geografia, Vatikan, Rom.

Die Insel in der Ferne ist Torcello, die als erste der Lagune besiedelt wurde. Lido und Pellestrina im Südosten sind weitgehend unbewohnt. Klöster oder Hospitäler fanden sich auf etlichen Inseln. Im Norden erkennen wir die schneebedeckten Alpen.

Unser heutiges Verständnis der Renaissance ist weitgehend von der Wiederentdeckung der Antike in Florenz bestimmt. Die humanistischen Ideale des Individualismus, der Originalität und der vollkommenen Form wurden zur Definition des »Menschen der Renaissance« und die ästhetischen Ideale der florentinischen Künstler Donatello (um 1385/86–1466), Masaccio (1401–um 1448) sowie Leon Battista Alberti (um 1404–72) verliehen der Kunst eine neue Würde, der Bildersprache eine neue Rationalität.

Künstler und Gelehrte in Venedig hatten auf eine andere Weise Teil an der Wiedergeburt der alten Welt. Sie betrachteten Florenz nicht als ihren größten Rivalen – diese Annahme ist eine Erfindung des 19. Jahrhunderts – sondern konkurrierten eher mit den großen Zivilisationen der Antike. Ihrem Selbstverständnis nach spielten die Venezianer auf der europäischen Weltbühne keine Nebenrolle, sondern waren Hauptakteure und sogar Rom überlegen.

Zu Beginn des 15. Jahrhunderts, als ein französischer Miniaturmaler sich vorzustellen versuchte, wie die Stadt zur Zeit Marco Polos (1254–1324) ausgesehen haben könnte, hatte sich der Mythos von Venedigs Überlegenheit bereits fest etabliert (Abb. 2). Das Bild des Künstlers, das sich eher auf verbale Beschreibungen als auf direkte Beobachtungen stützt, zeigt eine reiche Stadt mit leuchtend weißen Gebäuden. Die vielen Kirchen und Glockentürme zeugen von Frömmigkeit, und daß sie heiter und ruhig ist, zeigen die Schwäne, die durch das Wasser der Lagune gleiten. Felix Faber, ein deutscher Priester, der Venedig 1480 bereiste, würde die Wahrscheinlichkeit einer solchen Rekonstruktion bestätigt haben. In seinem Reisebericht schwärmte er von »der berühmten, prächtigen, reichen und noblen Stadt Venedig, der Herrin des Mittelmeers, die mit ihren hohen Türmen, großen Kirchen, großartigen Häusern und Plätzen auf wundersame Weise inmitten des Wassers steht.«

Die Inseln wurden vermutlich im 6. Jahrhundert von Flüchtlingen des Festlandes systematisch besiedelt, die dort Schutz vor den Lombarden suchten, einem germanischen Stamm, der 568 auf die italienische Halbinsel vordrang. In den Anfängen stand die Stadt unter der politischen Herrschaft von Byzanz und dem Patronat des byzantinischen Schutzheiligen St. Theodor. Gegen Ende des 7. Jahrhunderts wählten die Venezianer dann ihren eigenen Dogen (lokaler Dialekt für *Duca* oder Herzog), und in der Zeit von 807 bis 814 wurde das Regierungszentrum, das *Dogado*, auf der Insel Rialto eingerichtet. Der hl. Theodor wurde als Schutzheiliger durch den hl. Markus ersetzt, als dessen Gebeine 828/829 nach Venedig gebracht wurden. Damit wurde die wachsende Unabhängigkeit von Byzanz signalisiert und in den folgenden Jahrhunderten weitete die Stadt den Handel im östlichen Mittelmeer aus.

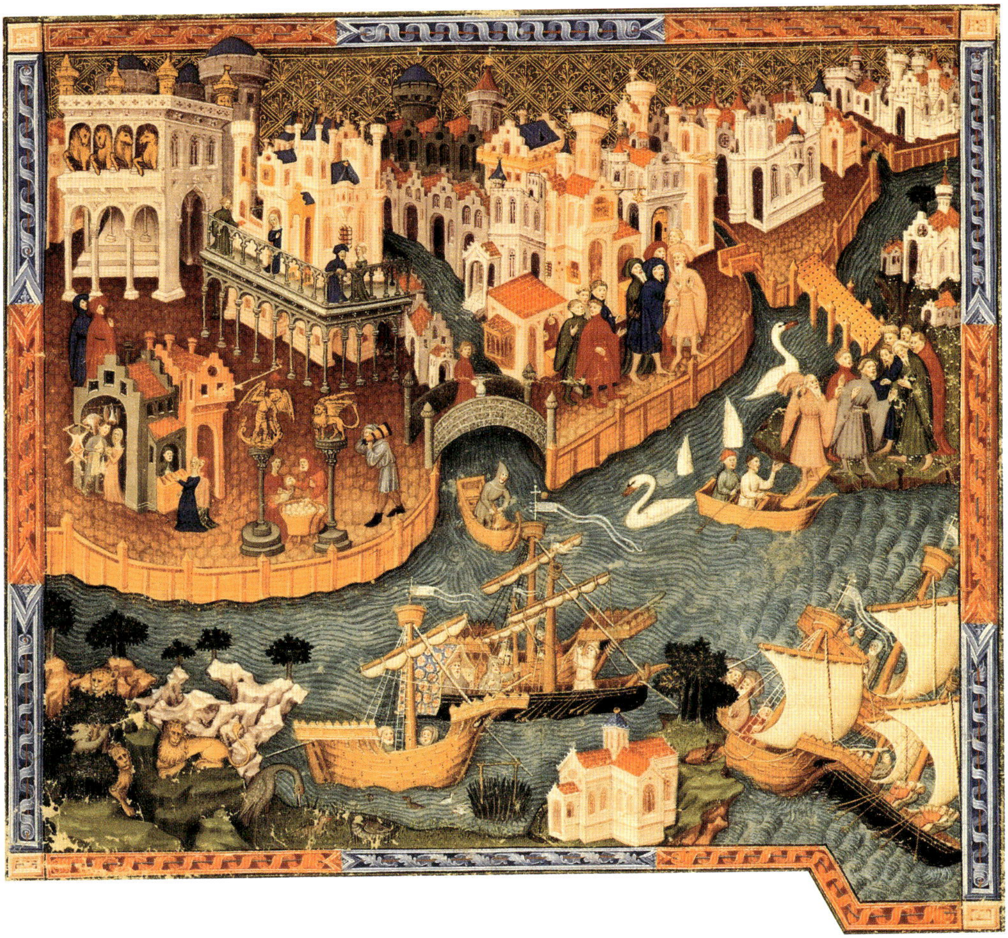

2 Marco Polos Abreise aus Venedig, aus: *Die Reisen des Marco Polo,* um 1400. Illumination auf Pergament, 16 x 19 cm. Bodleian Library, Oxford.

Der venezianische Kaufmann Marco Polo behauptete, von 1271–95 China bereist zu haben. Eine Ausgabe seines Reiseberichts »Il Milione« war 1325 in einer Loggia in Rialto, wo Kaufleute und Adlige zusammentrafen, mit einer Kette an einer Weltkarte befestigt.

Im Jahre 1204 schlossen sich die Venezianer den Franzosen im Vierten Kreuzzug an, aber statt ins Heilige Land zu reisen, machten sie einen Umweg über Konstantinopel, um die alte Hauptstadt von Byzanz zu plündern. Die Beute brachte den Venezianern ein Vermögen und dem Dogen einen neuen Titel, den er allerdings nur bis 1261 behielt: »Herr über ein Viertel und die Hälfte [eines Viertels] des byzantinischen Reiches«. Der Doge, der von den Angehörigen der umfangreichen, im Großen Rat vertretenen Oligarchie auf Lebenszeit gewählt wurde, war die zentrale Figur eines einzigartigen politischen Systems – einer echten Republik – das im Laufe des 13. Jahrhunderts durch die Hinzufügung eines Senats und anderer Regierungsorgane perfektioniert werden sollte.

Auch wenn diese Zeit durch Seeschlachten mit den Genuesen über die Kontrolle der Adria und den Handel mit der Levante getrübt wurde, festigte Venedig sein Kolonialreich in der Ägäis, als es Kreta zu einer weiteren seiner Inselbesitzungen machte (Abb. 3). Dies war auch eine Zeit urbaner Verschönerung und Konso-

3 Der venezianische *Stato da mar* und die Seehandelsrouten am Ende des 15. Jahrhunderts.

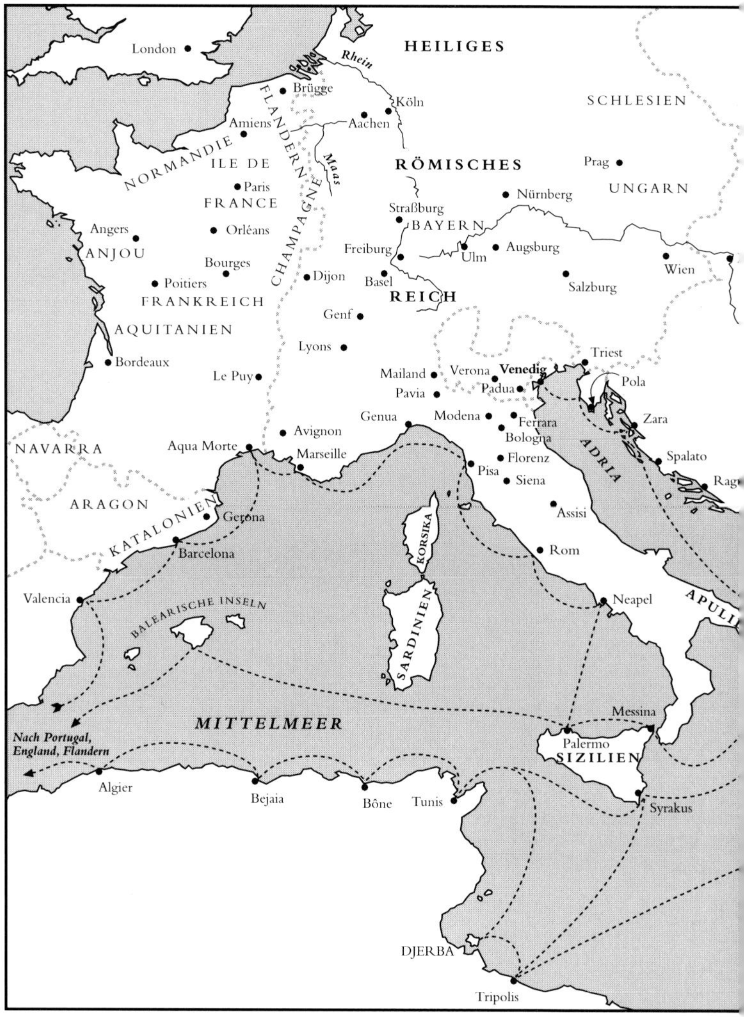

lidierung. San Marco wurde mit byzantinischen Beutestücken verziert, über den Canal Grande wurde die erste Rialtobrücke gebaut. Im Jahr 1297 erließ der Große Rat das Gesetz mit Namen *Serrata*, das später als »Fundament der Ewigkeit dieser Republik« bezeichnet wurde, weil es die Mitgliedschaft in ihm erblich machte und damit eine stabile herrschende Klasse schuf. Die größten Bedrohungen des 14. Jahrhunderts waren der Schwarze Tod, an dem 1347–48 fast 60 Prozent der Bevölkerung starb, sowie der Chioggia-Krieg von 1378–81, in dem Venedig schließlich Genua besiegte und fortan die Alleinherrschaft über den Mittelmeerraum besaß.

Das 15. Jahrhundert war die Zeit der territorialen Expansion auf dem Festland. Zwischen 1404 und 1407 kamen Padua, Vicenza, Verona und andere Städte zu Treviso im Westen hinzu und bil-

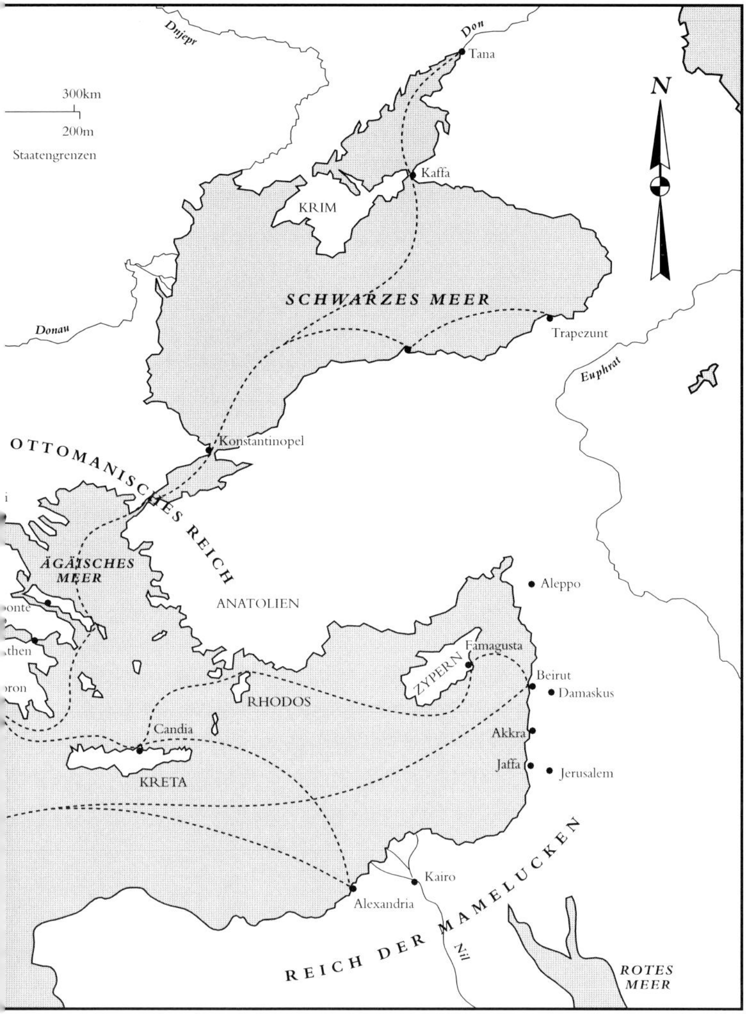

deten einen neuen *Stato da terra*, einen Landstaat, als Gegengewicht zum *Stato da mar* im Osten. Für die Venezianer war es einfach die *Terra ferma,* das Festland, Quelle der Lebensmittelversorgung und ein Grenzgebiet, das sie vor Staaten mit eigenen imperialistischen Ambitionen schützte. Durch eine aggressive militärische Politik mit Landarmeen unter der Führung der *Condottieri,* den nicht aus Venedig stammenden Söldnerkapitänen, hatte sich die Terra ferma um die Mitte des Jahrhunderts bis Brescia, Bergamo und Ravenna ausgedehnt (Abb. 4).

Die Eroberung Konstantinopels durch die Osmanen im Jahre 1453 läutete die Todesglocke für Byzanz und richtete die militärische Aufmerksamkeit Venedigs erneut auf die Ägäis, wo die seit langem sicheren Besitzungen nun gefährdet waren. Auch wenn ein

Friedensvertrag 1479 mit dem osmanischen Sultan Mehmet II. die Schiffahrtswege eine Zeitlang sicherte und Venedig zehn Jahre später Zypern einnehmen konnte, griff die türkische Flotte wieder an und die Lagunenstadt verlor am Ende des Jahrhunderts ihre wichtigen Kolonien Lepanto, Modon und Corone.

Zur gleichen Zeit führte Venedig Krieg mit Ercole d'Este (1471--1505 Herzog von Ferrara), dessen Gebiete bis an die südöstliche Grenze der Terra ferma reichten. Die aggressive Haltung Venedigs führte 1508 zur Gründung der Liga von Cambrai. Papst Julius II. (Amtszeit 1503–13), der römische Kaiser Maximilian I. (von 1493–1519 im Amt), Frankreich und Spanien schlossen sich zu einem militärischen Bündnis zusammen, um den venezianischen Imperialismus zu beenden. Die Liga besiegte Venedig in der verheerenden Schlacht von Agnadello 1509 und drängte die Grenzen bis zu den Ufern der Lagune zurück. Aber bis 1517 hatte Venedig die Gebiete zurückerobert und seine Stabilität wieder hergestellt. Gegen Ende der 1520er Jahre begann der Doge Andrea Gritti (Amtszeit 1523–38) das politische Zentrum Venedigs um die Piazzetta als »neues Rom« wieder aufzubauen. In den nächsten 50 Jahren baute Jacopo Sansovino die *Loggetta* am Fuße des Campanile, die *Biblioteca Marciana* sowie eine neue Münzprägestelle, das *Zecum*. 1571 führte Venedig erneut Krieg gegen die Türken. Inzwischen aber mit dem

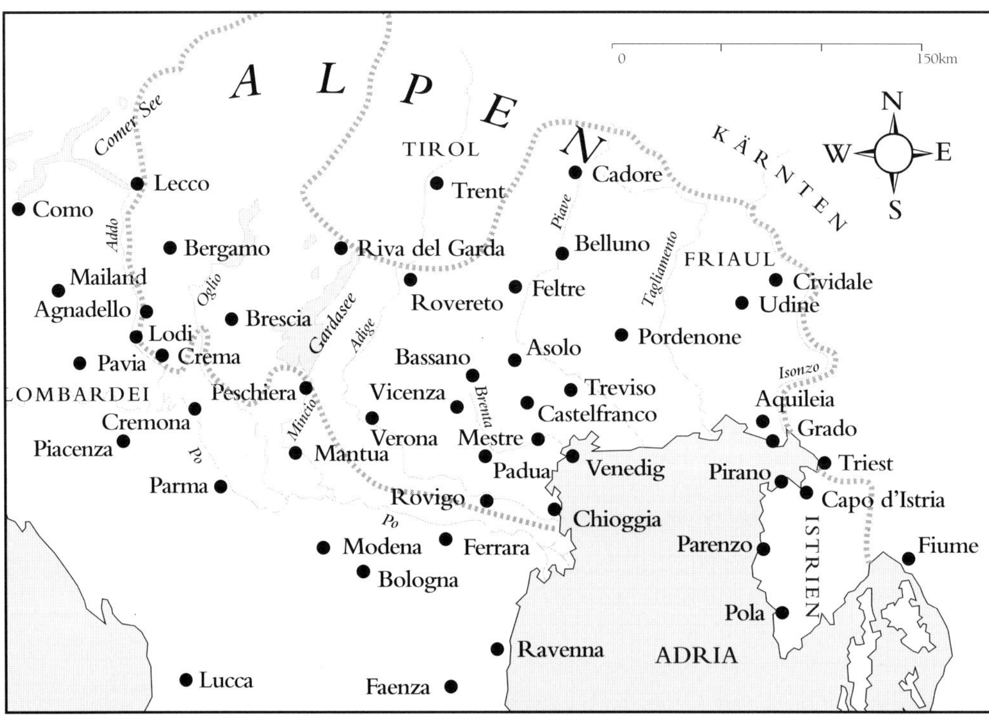

4 Die venezianische *Terra ferma* am Ende des 15. Jahrhunderts. Die gepunktete Linie umreißt die Ausdehnung der venezianischen Gebiete zu dieser Zeit.

Papst und Spanien verbündet, besiegten die Venezianer die türkische Flotte in der Schlacht von Lepanto, verloren aber mit der Insel Zypern eine ihrer bedeutendsten Besitzungen in der Ägäis.

Obwohl die alten politischen Strukturen während des 17. und 18. Jahrhunderts bestehen blieben, ging vieles vom Geist des frühen Venedigs verloren, so die Bedeutung des Zusammenhalts oder des persönlichen Opfers für das Gemeinwohl und die aktive Beteiligung der Patrizier am Handel. 500 Jahre nach der Serrata trat der Große Rat 1797 letztmals zusammen, der Doge trat zurück und die Republik ergab sich kampflos den Armeen Napoleons.

Eine gewisse, oft als *Venezianità* bezeichnete Andersartigkeit charakterisiert die Kunst und Architektur der Stadt. Um welches Medium es sich auch handelt, ob Farbe oder Mosaik, Stein, Marmor oder Holz, Glas oder Keramik, venezianische Künstler und Kunsthandwerker schufen eine visuelle Welt, deren formale Charakteristika von denen anderer italienischer Zentren unterscheidbar sind: Die chromatische Fülle, die Betonung von Mustern und Oberflächen, die intensive Beschäftigung mit den Qualitäten des Lichts, die Vorliebe für das situative Detail, das Pasticcio und ein durchgängiger Konservatismus. Venedigs Besonderheit läßt sich auf vier Elemente zurückführen: Die außergewöhnliche Lage der Stadt, das große Handelsimperium, ein hartnäckiges byzantinisches Erbe und eine geschlossene politische und gesellschaftliche Struktur mit kosmopolitischem Charakter – dies alles spielt eine Rolle bei der Entstehung der typisch venezianischen Ästhetik.

Eine opportune Lage

Als Ansammlung von Inseln in einer großen Lagune im oberen Teil der Adria, die zu einer städtischen Einheit verschmolzen, gab Venedig stets Anlaß zu schwärmerischen Übertreibungen (Abb. 1, S. 8). Zu Beginn des 16. Jahrhunderts verkündete ein venezianischer Patrizier, die Stadt sei »wegen einer neuartigen Ortswahl und opportunen Lage die einzige Form im gesamten Universum, die so wundersam angeordnet ist.« Einige Jahre später rief ein Besucher aus: »Ich habe das Unmögliche im Unmöglichen gesehen.«

Bis Mitte des 19. Jahrhunderts ein Damm gebaut wurde, war Venedig vom Festland aus nur auf dem Wasserweg zu erreichen. Nähert man sich einer normalen Stadt, durchquert man zuerst Vororte, passiert die Stadttore und dringt allmählich zum Zentrum vor. Aber Venedig erfaßt der Reisende zunächst als Panorama, fährt ungehindert übers Wasser (als holte man einen Gegenstand mit dem Teleobjektiv heran) und gelangt dann direkt ins Herz der Stadt.

Doch sind in Venedig die Dinge oft nicht das, was sie zu sein scheinen. Leicht führt die Lage der Stadt zu Verwirrungen darüber, was fiktiv und was real ist, wenn der Reisende zurückschaut und sieht, wie das glitzernde Wasser zu einem undeutlichen Horizont aus dunstigem Licht und Luft verschmilzt. Wendet er sich der Stadt zu, erscheinen Farben und feste Formen nur als eine Funktion der sich ständig verändernden Atmosphäre. Was auf den ersten Blick wie eine Landmasse aussah, erweist sich als Vielzahl winziger Inseln, die durch Brücken über schmale Kanäle miteinander verbunden sind. Dies ist kein Wunder der Natur, sondern ein von Menschenhand geschaffenes.

Oft wurde behauptet, die Tatsache, daß Venedig keine natürliche grüne Landschaft besitzt, sei einer der Faktoren, warum hier gegen Ende des 15. Jahrhunderts die Geburtsstätte der Landschaftsmalerei lag. Venezianische Künstler stellten traditionell religiöse Themen in einer Naturumgebung dar, und die Landschaft spielte in Andachtsbildern eine beherrschende Rolle. Ein Indiz dafür, daß die Realität durch die Kunst nicht nur reflektiert, sondern auch erweitert werden kann.

Die einzigartige topographische Situation der Stadt wurde häufig als Beweis ihrer göttlichen Ursprünge herangezogen. Sie war, so der Chronist Marin Sanudo (1466–1536), »eher durch göttlichen als durch menschlichen Willen« erbaut worden. So wurde die natürliche Umgebung zu einer Quelle günstiger Vorzeichen. Die geschützte Lage der Stadt innerhalb der Lagune betrachteten die Venezianer als Zeichen ihres jungfräulichen und unberührten Status; in ihrer Umschließung aus Kirchen und Klöstern statt der für andere Städte typischen Mauern sahen sie einen Hinweis auf Heiligkeit; und ihre Geburt aus dem Meer machte sie zur Seemacht. Der Spanier Pero Tafur besuchte Venedig in den 1430er Jahren und schrieb: »Die Stadt besitzt weder Mauern noch Festungen, außer jenen beiden Burgen, die den Hafen einschließen, denn ihre Verteidigungslinie ist das Meer. Sie ziehen eine Kette von einer Seite zur anderen, um sich zu sichern, und wenn die ganze Welt sie angreifen würde, könnten die Venezianer ein Schiff in dem Kanal zwischen den beiden Burgen versenken und blieben unbeschadet.« Die sichere Lage Venedigs hatte auch praktische Konsequenzen für die Kunst, denn in diesem realen Schutz konnte sich eine reiche künstlerische Tradition herausbilden und weiter entwickeln.

Sogar die objektive Einschätzung des Kartographen Benedetto Bordone (1450/55–1530) wurde durch die Vorstellung der schützenden Lagune beeinflußt. Seine deutlich verzerrte Ansicht von 1528 zeigt den urbanen Archipel umgeben von einem imaginären Kreis, der aus der äußeren Insel des Lido, weiteren Inseln und dem Fest-

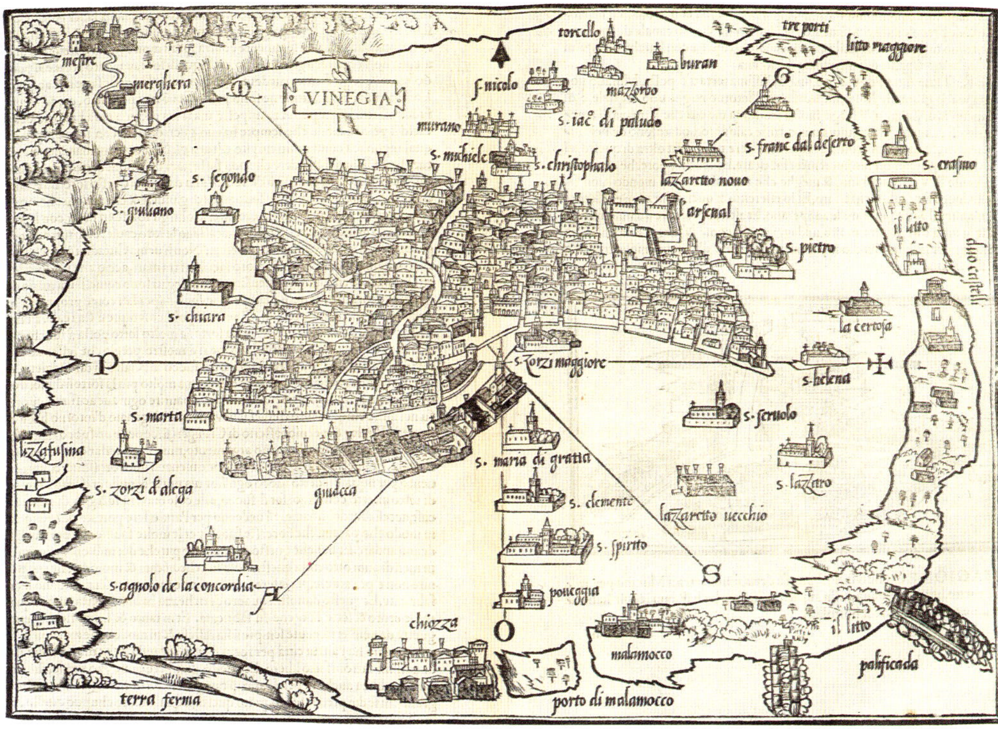

land besteht, den »Mauern« der Stadt (Abb. 5). Trotz ihres unwissenschaftlichen Aufbaus blieb die Karte bis ins nächste Jahrhundert der kartographische Standard für Stadtpläne von Venedig.

5 Benedetto Bordone
Perspektivischer Plan von Venedig und der Lagune, aus dem »Isolario di Benedetto Bordone«, 1528. Holzstich, 23 x 33 cm. Museo Civico Correr, Venedig.

Als einzige Stadt Italiens ist Venedig nicht auf antiken Fundamenten erbaut. Im späten Mittelalter erkannte die immer wohlhabendere Bevölkerung, daß sie keine kaiserlich-römische Vergangenheit besaß und suchte nach einer noch vornehmeren Abstammung. Überlieferungen zufolge waren die Inseln nach dem Fall von Troja ursprünglich von einer Schar Trojanern besiedelt worden. Venedig war mithin älter (und höher gestellt) als Rom, und seine Bewohner hatten von Anbeginn in Freiheit gelebt. Eine andere Legende verlieh der Inanspruchnahme alter Wurzeln spirituellere Anklänge. Dieser Version zufolge hatte die offizielle Gründung der Stadt an Mariä Verkündigung im Jahr 421 stattgefunden, als der Grundstein der Rialtokirche gelegt wurde, so daß Venedig eine urchristliche Vergangenheit für sich beanspruchen konnte. Die künstlerische Partizipation Venedigs an der Wiederbelebung der Antike war durch einen romantischen und nostalgischen Ansatz gekennzeichnet, der aus diesem zweifachen mythischen Erbe erwuchs.

Die ersten Siedler verdienten ihren Lebensunterhalt mit dem Verkauf von Fisch und Salz, den beiden Naturschätzen, welche die Lagune im Überfluß bereitstellte. Auf der Grundlage dieser welt-

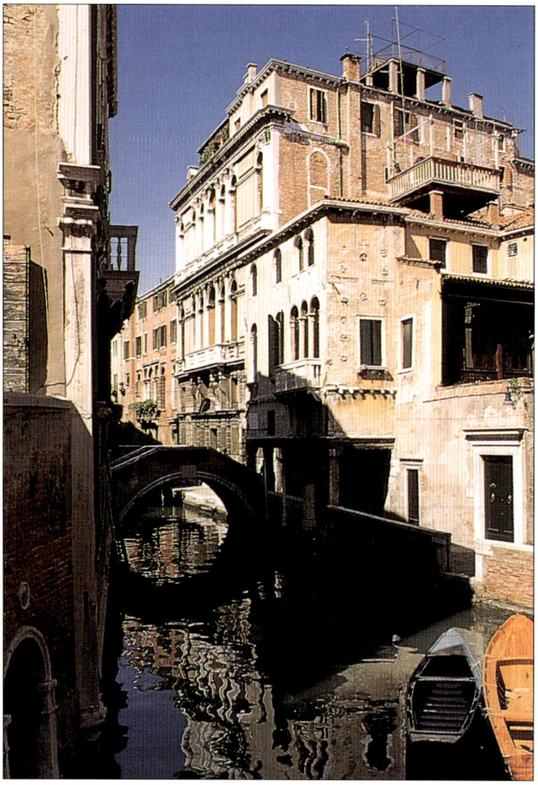

Rio di S. Canciano von der Ponte del Piovan an einem sonnigen Tag. Das hohe Gebäude im Hintergrund ist der Palazzo Widmann, entworfen von Baldassare Longhena (1598–1682). Rechts davon befindet sich der Palazzo Loredan (16. Jh.).

lichen Güter entstand ein Handelsimperium. Zunächst florierte die Stadt als Teil des byzantinischen Reiches. Anfang des 9. Jahrhunderts wurde das Stadtzentrum auf der Gruppe von Inseln erbaut, die den Rialtobezirk umgeben (aus dem lateinischen *rivus altus,* hohes Ufer).

Mittelpunkt der meisten Inseln war eine Pfarrkirche mit ihrem *Campo* oder der *Piazza,* um die herum Häuser und Geschäfte gebaut wurden. Da jede Insel eine in sich geschlossene Einheit bildete und die meisten Güter per Boot transportiert wurden, stellten die Straßen keine logischen Fußwege von einer Insel zur anderen dar. Als schließlich Brücken gebaut wurden, um die wichtigsten Durchgangswege zu verbinden, überspannten sie die Kanäle in seltsamen Winkeln, und die engen Gassen endeten häufig in einem Hof oder am Ufer eines Kanals. Das Ergebnis war eine ausgedehnte Asymmetrie, die nicht nur ein labyrinthisches Straßennetz, sondern auch die Grundrisse von Gebäuden und die Fassaden der venezianischen »gotischen« Paläste kennzeichnet, die oft den anderswo angewandten Renaissanceprinzipien baulicher Symmetrie widerstanden. Selbst die Piazza San Marco ist kein Rechteck oder Quadrat, sondern ein Trapez. Die Stadt war auch nicht wie Florenz in Bezirke, sondern in sechs ungleiche Sektoren, die *Sestieri,* eingeteilt. Sie wuchs in dem Maße, wie Land für neue Bebauungen an der Peripherie aufgeschüttet wurde, wobei sich ihre Form nicht aus dem römischen Rasterplan rechtwinklig aufeinander abgestimmter Straßen ergab, sondern aus dem Schwemmsand, der durch Ebbe und Flut an der unregelmäßig verlaufenden Küstenlinie angespült wurde. Die Vorliebe für asymmetrische und spannungsvolle Kompositionen der venezianischen Renaissancemalerei hat hier ihre Wurzeln.

Auch die venezianische Empfänglichkeit für Farbe läßt sich innerhalb der engen Begrenzungen der Kanäle der Stadt und der glitzernden Weite der Lagune erklären. Zwei Ansichten desselben Kanals zu verschiedenen Tageszeiten faszinieren besonders durch die Farbvariationen des vom Wasser reflektierten Lichts (Abb. 6 und 7). Einmal ist der Himmel klar und sonnig, die Farben juwelengleich und die Reflexionen auf dem Wasser hell und klar. Nur ein paar Stunden später fährt ein Boot durch das Wasser, bewegt es und verleiht ihm eine neue Palette zarter Farbtöne: Grau, Weiß, gedecktes Blau, gesprenkeltes Grün. Das jetzt durch einen Dunstschleier gefilterte, stumpfe Sonnenlicht läßt statt des Wassers die Gebäude hervortreten. Licht wird nicht mehr vom Wasser reflektiert, es wird von ihm absorbiert. Dieses variantenreiche Spiel vermittelt eine erste Ahnung der venezianischen Ästhetik.

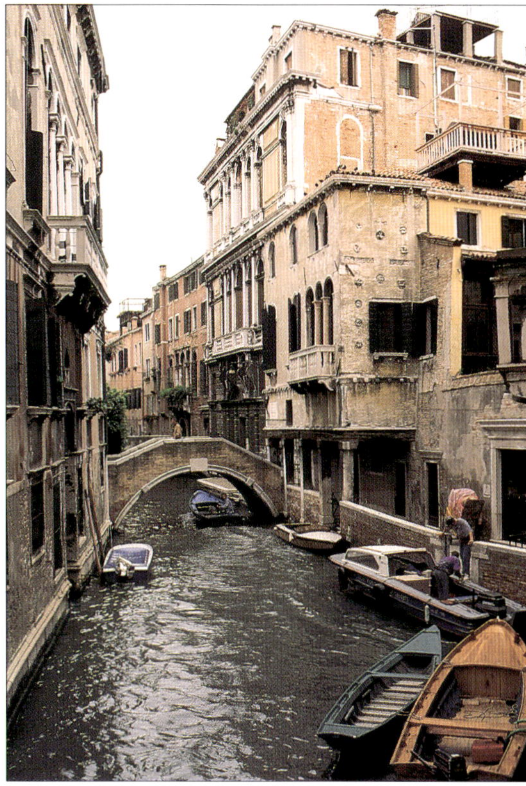

Rio di S. Canciano bei bedecktem Himmel.

Ein bevorzugter Handelsplatz

Auch andere Einflüsse spielten eine Rolle beim Entstehen der Venezianità, wie es der Holzstich von Jacopo de Barbari (um 1450–um 1511) aus dem Jahr 1500 (Abb. 8) zeigt. Auf einer Wolke im Himmel über der Stadt sitzt Merkur, der Schutzpatron der Kaufleute, schaut in sein Herz und verspricht: »Ich, Merkur, verheiße diesem Handelsplatz vor allen anderen Glück.« Unten reitet ein weiterer olympischer Gott auf dem Delphinenrücken durch die Wellen der Lagune und versichert: »Ich, Neptun, wohne hier und glätte das Wasser dieses Hafens.« Auf der zwischen ihnen liegenden Achse befinden sich San Marco und Rialto. Zusammen mit der Schiffswerft, dem Arsenal, waren diese Bezirke die Zentren urbaner Kultur.

Die bedeutendste Rolle spielte die Piazza San Marco. Zwei monumentale antike Säulen, gekrönt von den Statuen der venezianischen Beschützer, dem hl. Theodor und dem Markuslöwen, erhoben sich auf der Piazzetta nahe des Ufers und bildeten den formalen Stadteingang. Begrenzt von der Südfassade der Basilika von San Marco, dem Dogenpalast (dem Palazzo Ducale) und anderen Regierungsgebäuden, öffnete sich die Piazzetta zum Markusplatz. In diesem Bezirk konzentrierte sich das politische, gerichtliche, religiöse und zeremonielle Leben der Stadt. In Barbaris Ansicht oberhalb der Piazza und mit ihr durch die gewundene Einkaufsstraße Merceria verbunden, lag Rialto, das zweite wichtige Glied in der urbanen Gleichung. Es war nicht nur Zentrum des Handels und der Banken, sondern auch der einzige Punkt, an dem der Canal Grande von einer Brücke überspannt war. Hiermit wur-

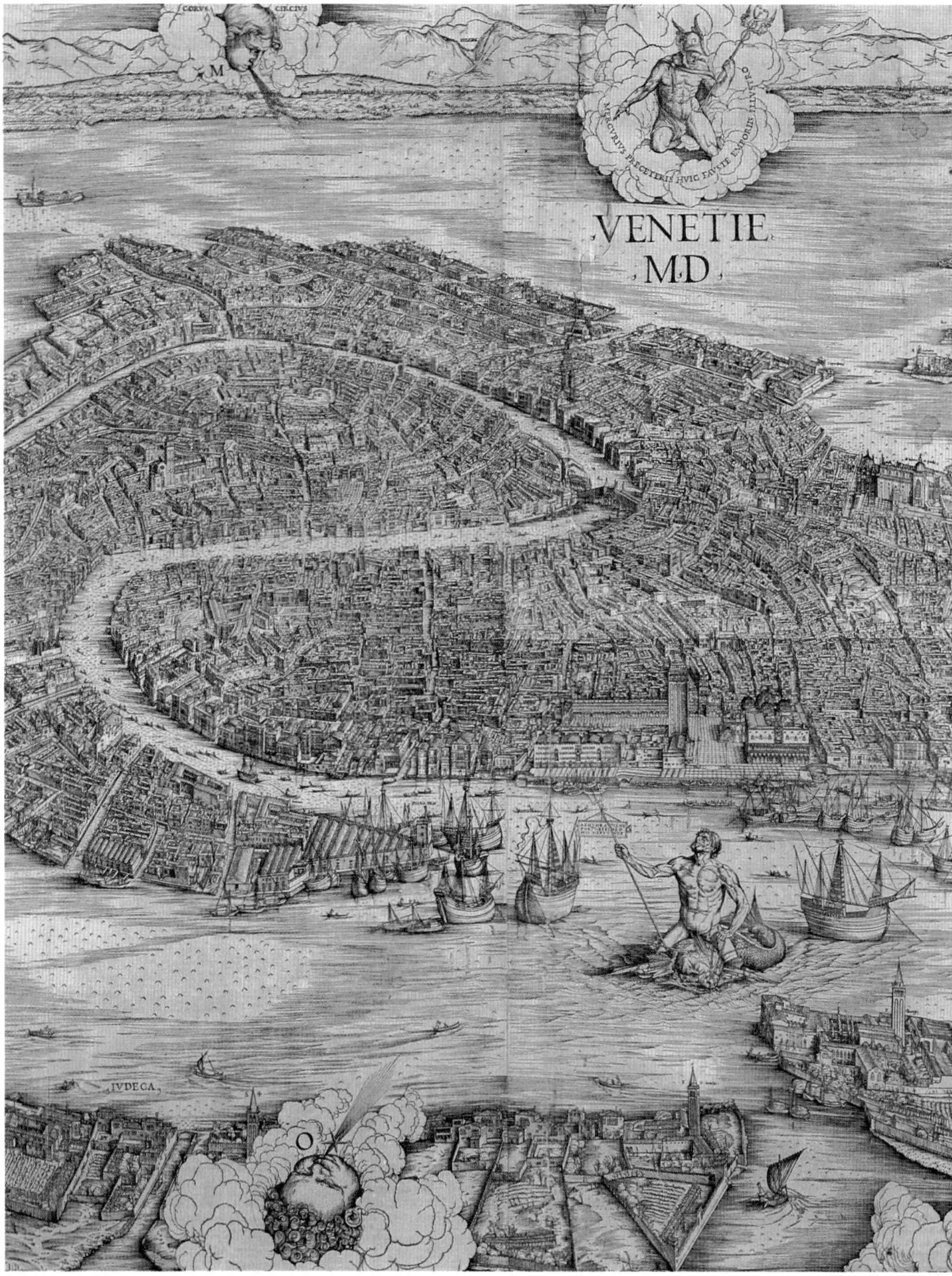

8 Jacopo de' Barbari

Ansicht von Venedig, 1500 (Detail). Holzschnitt, insgesamt 140 x 280 cm. Museo Civico Correr, Venedig.

Die Stadt ist in der Vogelperspektive von Südosten aus dargestellt. Es ist eine der ältesten Ansichten dieser Größe, die als Holzstich angefertigt wurden. Es wurde mit sechs Stöcken auf sechs große Papierbögen gedruckt. Das Arsenal, die Schiffswerft an der Ostseite der Stadt, lag rechts von dem hier gezeigten Ausschnitt.

de der Bezirk konkret und symbolisch zu einer Schnittstelle zwischen den beiden Seiten der Stadt. Das Arsenal, die Schiffswerft, war der dritte für die Geschicke der Stadt maßgebliche Ort. Die großen Galeeren, die dort mit staatlicher Unterstützung gebaut wurden, waren die treibende Kraft für die Handelsaktivitäten und damit die Quelle von Venedigs Reichtum. Bereits im 10. Jahrhundert hatte ein Zollbeamter aus Padua voller Erstaunen geschrieben: »Diese Menschen pflügen nicht, noch säen sie, können aber überall Korn und Wein kaufen.«

Venedigs Handelsaktivitäten waren für eine spezielle Weltsicht von besonderer Bedeutung. Die Lagunenstadt trieb bereits im 9. Jahrhundert sowohl mit der islamischen Welt als auch mit Byzanz Handel, als zwei venezianische Kaufleute die Gebeine des hl. Markus aus Alexandria stahlen. Diese Tat lieferte die Inspiration zum Bau der Basilika von San Marco neben dem Dogenpalast und markierte den Beginn der venezianischen Staatskirche (Abb. 9). San Marco wurde nach dem Vorbild der Apostelkirche in Konstantinopel aus dem 6. Jahrhundert erbaut und war eigens dafür vorgesehen, die Reliquien des Heiligen zu beherbergen. Sie wurde dann nicht als Kathedrale erbaut, die der direkten Gerichtsbarkeit der kirchlichen Autoritäten unterstanden hätte, sondern als Kapelle des Dogen. Als solche unterlag sie der politischen Kontrolle, und ihre Nähe zu den Regierungshallen legte den Grundstein für eine enge Verflechtung des geistlichen und des weltlichen Lebens in Venedig.

Zum Ende des 12. Jahrhunderts hatte die Republik Venedig ihre Handelsposition durch die Errichtung permanenter Kolonien auf Inseln in der gesamten Ägäis gefestigt. Diese Außenposten wiederum fungierten als Zentren einer noch schnelleren Expansion nach 1204, jenem unheiligen Jahr des Vierten Kreuzzuges, als die venezianische Flotte sich mit den Franzosen zusammengeschlossen hatte, um Konstantinopel zu plündern. Folglich wurde San Marco, als Hort sakraler Schätze, zu einem Schau-kasten der politischen Übergriffe.

Die sichtbarsten Trophäen stammten aus Konstantinopel. Neben der bronzenen Quadriga (den berühmten Pferden von San Marco) über dem Hauptportal am Markusplatz, gab es eine Reihe von Objekten an der neben dem Dogenpalast gelegenen Südfassade, darunter zwei kunstvoll gemeißelte, freistehende Marmorsäulen, die Säulen von Acri *(pilastri acritani)*; die vier als »Tetrarchen« bekannten Schwertträger aus Porphyr an der Südwestecke des *Tesoro* (der Schatz-

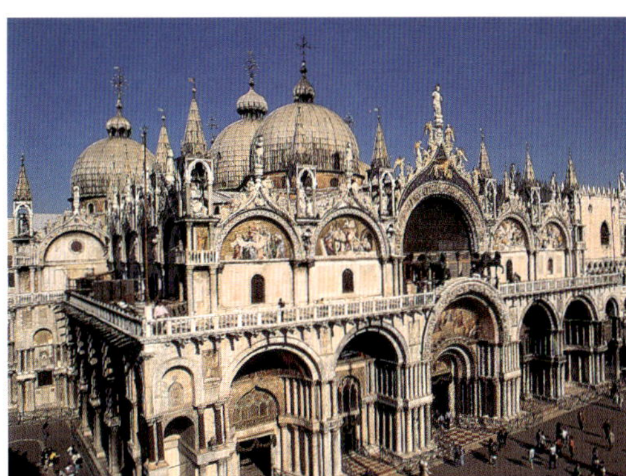

9 Blick vom Torre del Orologio über die Fassade von San Marco zum Dogenpalast.

kammer), und schließlich die eleganten byzantinischen Reliefs. Zusammen mit der *Pietra del Bando,* einem Säulenstumpf, der einst für die Verlesung genuesischer Kolonialerlässe verwendet und 1258 im Krieg mit Genua erbeutet worden war, gab die Beute beredtes Zeugnis von Venedigs neuer kommerzieller Hegemonie im Osten.

Zu Beginn des 15. Jahrhunderts waren venezianische Galeeren ein vertrauter Anblick in den Häfen der Adria, des Mittelmeers sowie der Ägäis, und fuhren regelmäßig nach England, Flandern und ins Schwarze Meer. Viele der wichtigsten Häfen und Handelsstädte der islamischen Welt - Alexandria, Kairo, Damaskus, Aleppo, Konstantinopel unter den Osmanen - besaßen in der Renaissance permanente venezianische Kolonien oder Konsulate.

Da Venedig für die Städte Nordeuropas über eine Reihe von Alpenpässen und für den Rest Italiens über die Straßen und Flüsse der Poebene in Norditalien erreicht werden konnte, lag die Stadt auch ideal, um eine bedeutende Rolle im landgestützten Handel innerhalb Kontinentaleuropas zu spielen. Abenteuerlustige venezianische Kaufleute reisten in entlegenere Länder. Während Marco Polos Reisen die Öffnung der Seidenstraße und einträgliche Verbindungen zwischen Europa und dem Mongolenreich im 13. Jahrhundert bestätigen, wird im ausgehenden Quattrocento auch von anderen venezianischen Reisenden berichtet, die Persien, Armenien, den Kaukasus und Kleinasien erschlossen. Der Patrizier Giosafat Barbaro (1413–94) schrieb 1487, große Teile dieses dünn besiedelten Gebiets mit seiner Vielfalt an Sprachen, Gebräuchen und Religionen wären noch immer nicht bekannt, »wenn die Handelsaktivitäten und die Seefahrt der Venezianer es nicht erschlossen hätten. Die Kanalfassade der Ca' Mastelli (»Ca« venezianisch für *Casa,* Haus), die damals erbaut wurde, zeigt das Basrelief eines Händlers, der einen Turban trägt und ein mit Waren beladenes Kamel führt (Abb. 10).

Venedig unterschied sich von Genua und anderen großen Seefahrerrepubliken nicht nur durch die ausgedehnten Reisen seiner Bürger, sondern auch durch seine zentrale Rolle als Warenlager oder Stapelplatz für die Welt. In seiner »Cronique des Venitiens« (1267–75) kleidet Martin da Canal diese Tatsache in poetische Worte: »Waren passieren diese noble Stadt wie Wasser durch Brunnen läuft.« Selbst Venezianer, die die Grenzen der Lagune niemals verließen, hatten ständig Zugang zu einer äußerst breiten Palette exotischer und profaner Waren. Aus dem christlichen oder dem muslimischen Konstantinopel kamen zahlreiche Luxusartikel, von den Inseln der Ägäis Zucker und Wein, aus dem Fernen Osten Gewürze, Porzellan und Perlen, aus Ägypten, der Levante und Kleinasien Edelsteine, Mineralpigmente, Pfauenfedern, Parfüm,

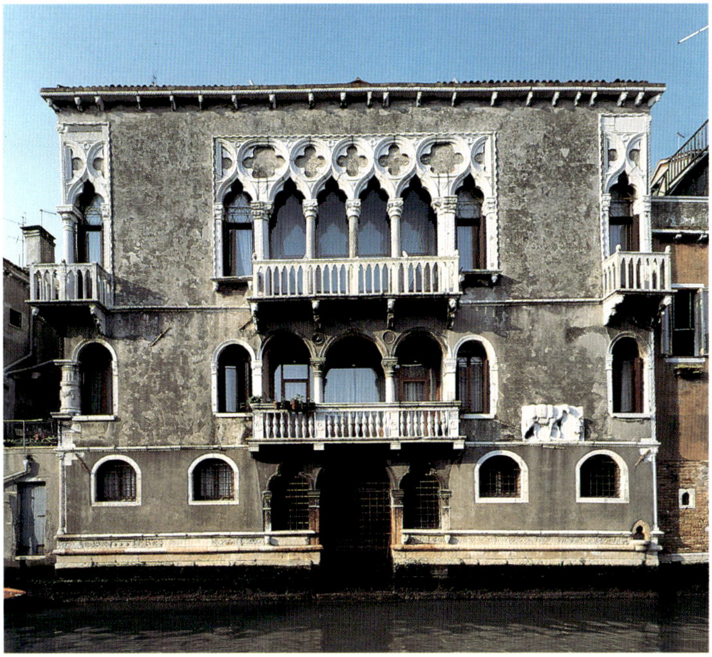

10 Fassade von Ca' Mastelli am Rio de la Madonna dell'Orto. Auf der anderen Seite des Kanals befinden sich an der Fassade der *Fondamenta di Mori* vier Statuen von levantinischen Kaufleuten, genannt *Mori,* Mauren.

Keramik, Alaun sowie Teppiche und eine Flut von Stoffen wie Seide, Baumwolle und Brokat, Deutschland bot Mineralien, Silber, Kupfer und Eisen, aus Flandern und England kamen Wolle, Webstoffe und Zinn, aus den nahegelegenen Dolomiten und dem Gebiet der Adria bezog man Holz, und aus der Region des Schwarzen Meeres kamen Pelze, Getreide und leider auch Sklaven. Diese Liste könnte endlos fortgesetzt werden. Viele dieser Waren gelangten nach Venedig, um dann jedoch anderswo hin verschifft zu werden, und zu diesen Exportgütern gehörten auch einheimische Produkte wie Glas, Seidenstoffe und andere Textilien, kunsthandwerkliche Gegenstände und vor allem gedruckte Bücher. Das venezianische Auge war sehr geübt, wenn es um Muster, Farben, Qualität und Material ging.

Dieses Auge schätzte auch die visuelle Komplexität des *Pasticcio* – die collageartige Zusammenstellung »entliehener« Fragmente – wie die plastischen Reliefs an Fassaden von Palästen wie dem Ca' Mastelli zeigen. Sie wurden häufig angebracht, ohne auch nur den Versuch zu unternehmen, sie in ein zusammenhängendes Erscheinungsbild zu integrieren. San Marco ist dafür ein hervorragendes Beispiel. Die an der Außenwand des *Tesoro* zur Schau gestellten Trophäen sind sorgfältig angeordnet, allerdings eher nach Art einer bunten Sammlung statt mit festem Schema. Venezianische Kunsthandwerker waren auch meisterliche Fälscher aller erdenklichen Artefakte und sehr geschickt darin, ihre Funde dem

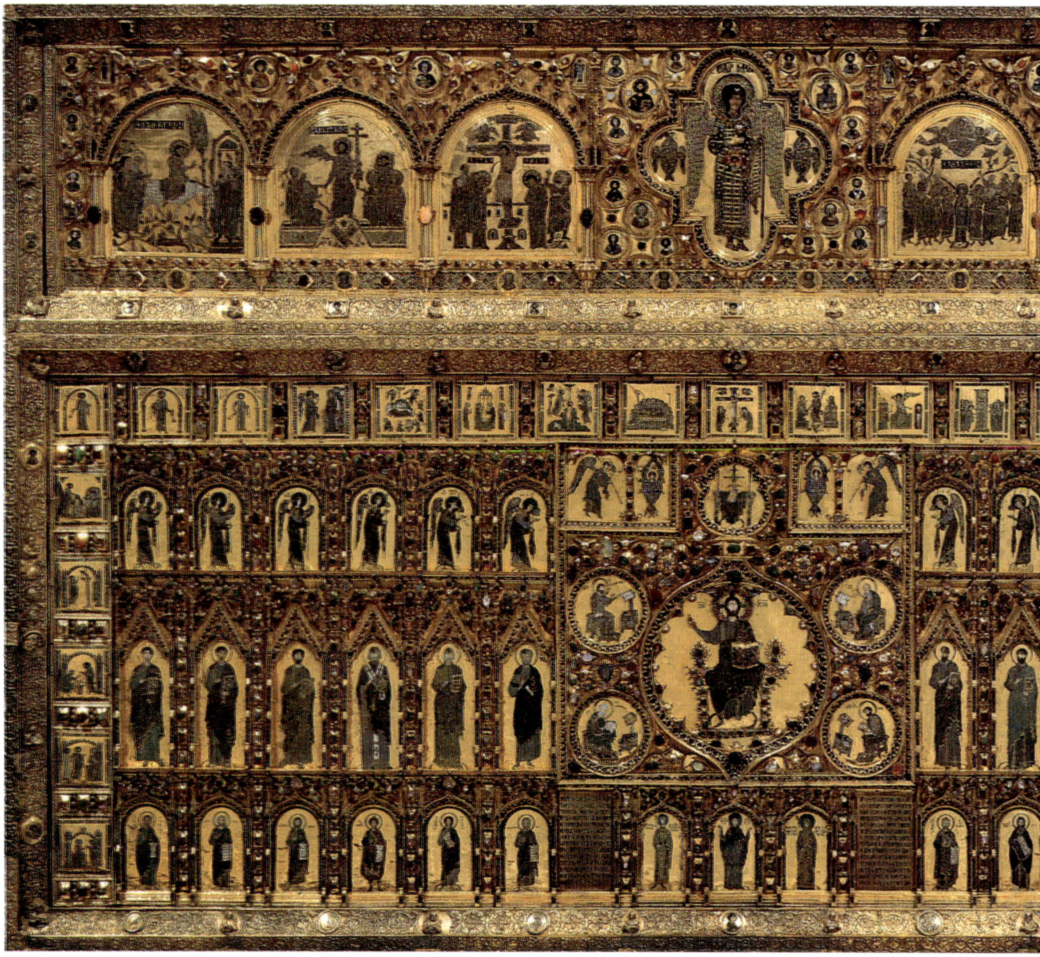

11 Die *Pala d' Oro,* 1105 entstanden, 1129 und 1345 erneuert und überarbeitet. Altartafel, vergoldet mit 255 Cloisonné-Emaillen, 1 927 Perlen und Edelsteinen, 330 x 210 cm. San Marco, Venedig.

Zu den Edelsteinen gehören Granat, Smaragd, Saphir, Amethyst, Rubin, Achat, Topas, Karneol und Jaspis.

zeitgenössischen Gebrauch anzupassen. Viele zufällige Erwerbungen wurden so kunstvoll in die Baustruktur von San Marco eingepaßt, daß es aussieht, als seien sie Bestandteile des ursprünglichen Entwurfs gewesen. Bei den eleganten, graugeäderten Marmorplatten an den Hauptschiffwänden handelt es sich beispielsweise um Stücke aus zweiter Hand, die 1204 von der Westfassade der Hagia Sophia in Konstantinopel geraubt wurden. Die Hälfte der etwa 600, für den Bau von San Marco verwendeten Säulen wurden von griechischen Inseln importiert und sind so gut in das Gesamtbild integriert, daß sie nicht immer von den mittelalterlichen Kopien unterschieden werden können.

Im Inneren von San Marco befindet sich die berühmte Pala d'Oro, eine monumentale Altartafel, die mit juwelenartigen Emaillen und kostbaren Edelsteinen inkrustiert ist und ebenfalls ein Pasticcio darstellt (Abb. 11).

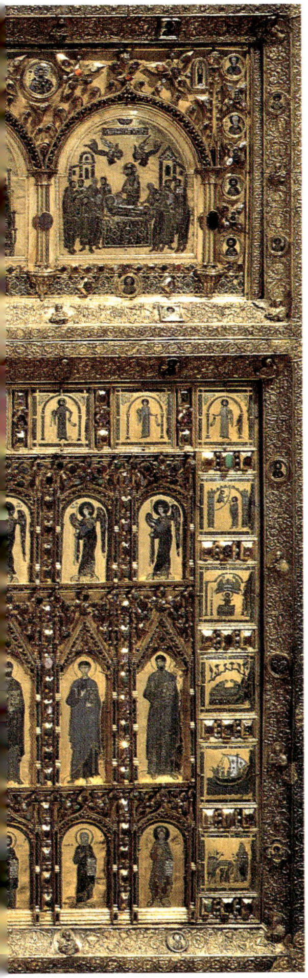

Dieses vielleicht wertvollste Objekt in der Basilika wurde im 10. Jahrhundert von einem Dogen bei einer Goldschmiedewerkstatt in Konstantinopel in Auftrag gegeben. In Venedig durchlief es dann mindestens zwei weitere Gestaltungsphasen und die byzantinischen Emaillen und Juwelen wurden 1345 von einem neuen gotischen Rahmen gefaßt. Der Gesamteindruck ist von blendendem Reichtum und exotischer Komplexität.

Ein anderes Beispiel dieses venezianischen Adaptionstalents ist ein faszinierendes Objekt in der Schatzkammer von San Marco: die *Grotte der Jungfrau* (Abb. 12). Vermutlich begann ein unbekannter venezianischer Kunsthandwerker mit der Arbeit, als ihm ein Bergkristall angeboten wurde, bei dem es sich um ein spätantikes Beutegut aus dem Vierten Kreuzzug gehandelt haben könnte. Die Wände des in Form eines Zentralbaus gestalteten Miniaturgebäudes sind nach antikem Muster mit Pilastern, Voluten, Schwert, Schild und Speer verziert. Der Künstler erkannte das

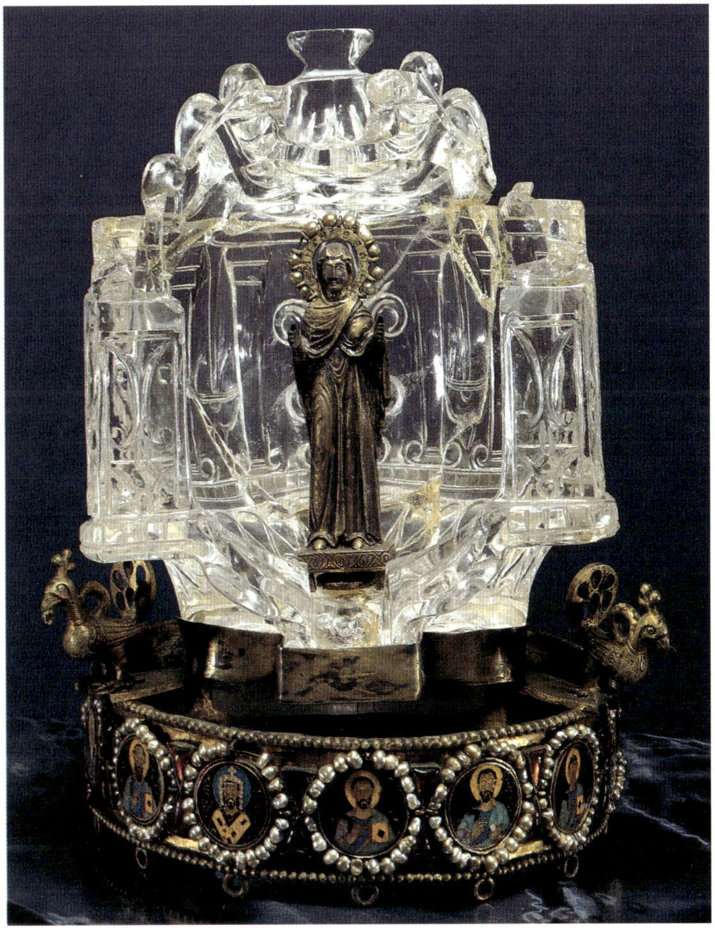

Rechts
12 *Die Grotte der Jungfrau,* Bergkristall (um 4. oder 5.Jh.); Krone Leos des Weisen (spätes 9. – frühes 10. Jh.); Figur der Jungfrau (13. Jh.). Bergkristall, in Silber gefaßt, Goldcloisonné-Medaillons, Edelsteine, Perlen, insgesamt 20 x 13 cm. Schatzkammer von San Marco, Venedig.

Potential des Stückes für eine Neuverwendung, drehte es um und stellte eine Statuette aus vergoldetem Silber der Jungfrau Maria in die Mitte dessen, was ursprünglich ein Kuppelgewölbe war. Die Figur wurde im griechisch beeinflußten Stil des späten 13. Jahrhunderts vielleicht eigens für diesen Zweck in Venedig angefertigt, während es sich bei dem Sockel, auf den das Ensemble dann gestellt wurde, um ein weiteres – besonders kostbares – Beutestück handelt. Es ist die Votivkrone des byzantinischen Kaisers Leo der Weise (886–921). Die vergoldete Krone mit Cloisonné-Medaillons des Kaisers, der Apostel und der Evangelisten, ist mit großen, unregelmäßigen Perlen umrahmt. Das Gesamtergebnis vereint auf überzeugende Weise Objekte aus drei verschiedenen Kulturen und stilistischen Traditionen und ist damit nur ein Beispiel für jenes Kombinationsphänomen, das in der bebauten Umgebung am deutlichsten zum Ausdruck kommt.

Zwar war Venedig eine Inselstadt, jedoch keineswegs von insularem Charakter. Seine Vorliebe für Ungleichmäßiges und Angesammeltes führte zu der endlosen Aufnahme neuer und verschiedenartiger stilistischer Elemente in das Stadtgefüge. Mitte des 16. Jahrhunderts konnte ein Besucher von der Piazetta aus die Geschichte Venedigs mit einem Blick erfassen. Die Basilika von San Marco stand für die Wurzeln der Republik in einer geheiligten byzantinischen Vergangenheit.

Die gotische Architektur des Dogenpalastes dokumentierte die Periode der Expansion auf dem Festland und die Aneignung der Terra ferma. Islamische Elemente wie Bögen, gemusterte Oberflächen, steinerne Gitter an beiden Bauwerken zeugten von Kontakten mit der Levante.

An der Westseite der Piazetta standen die Loggetta und die neue, von Jacopo Sansovino (1486–1570) im römischen Renaissancestil erbaute Markusbibliothek für Venedigs universellen Anspruch als »Licht und Glanz von ganz Italien«. Die resultierende Montage war typisch venezianisch, denn ihre Ästhetik der Vielfalt war eher bewußt kumulativ als naiv eklektisch.

Zunächst mag es Venedigs berühmte Stabilität gewesen sein, die eine Verflechtung des Neuen und Exotischen mit dem bestehenden Stadtgefüge ermöglicht hat. Dennoch führte das starke Traditionsbewußtsein umgekehrt dazu, daß die Assimilierung des Fremden unvollständig blieb, denn durch eine vollständige Aufnahme hätte man den geliebten Effekt des Zufälligen gefährdet, die befriedigende Qualität eines kosmopolitischen urbanen Pasticcio, welches das Beste der bekannten Welt enthielt.

Gegenüberliegende Seite
13 *Blick in das Schiff von San Marco,* Venedig.

Die Pala d'Oro hinter dem Altar war meistens von einer bemalten Tafel verdeckt, der *Pala Feriale*, und wurde nur an den wichtigsten Feiertagen gezeigt.

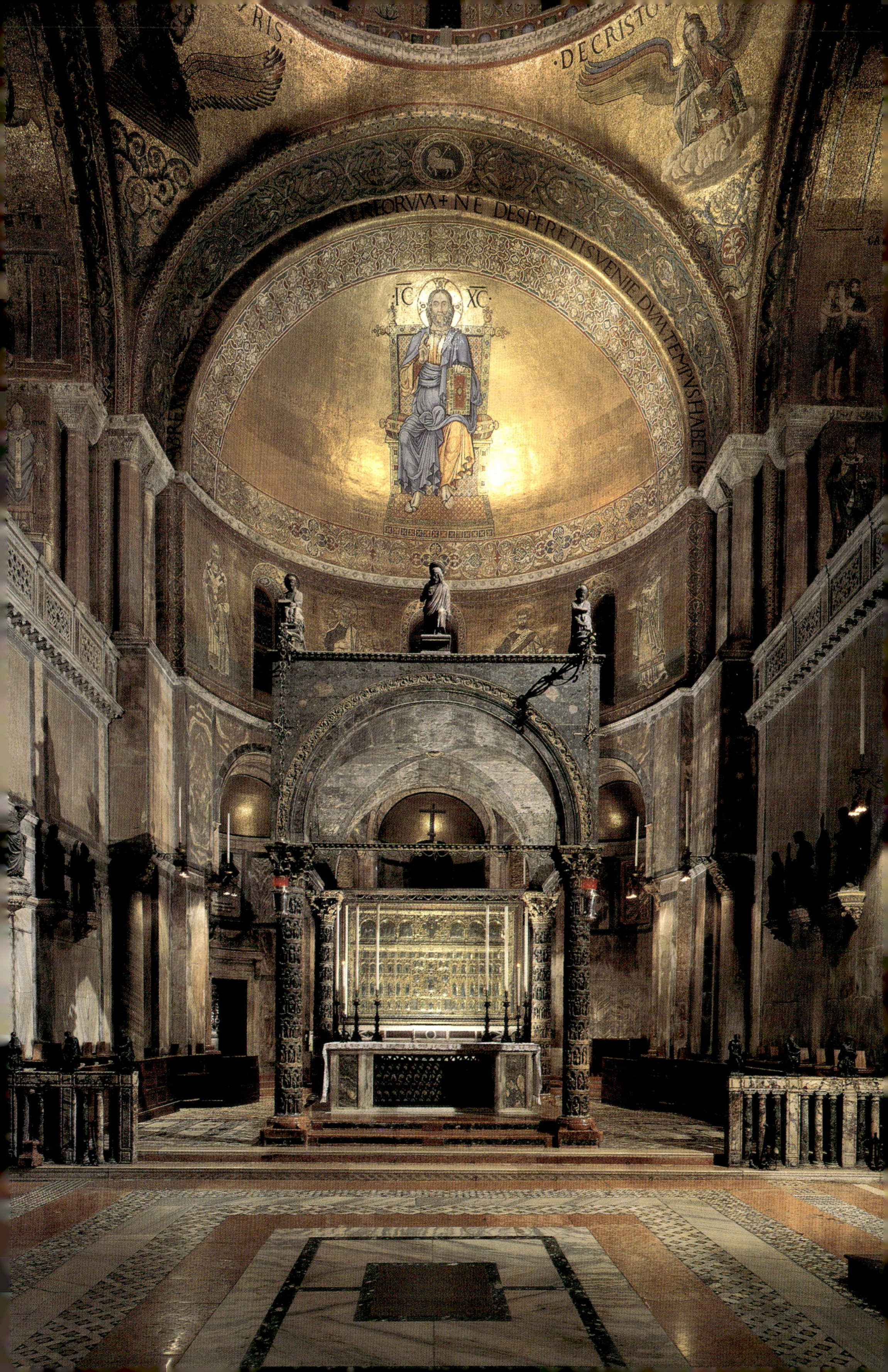
DE CRISTO
IC XC
NE DESPERETIS VENIE DVM TEMPVS HABETIS

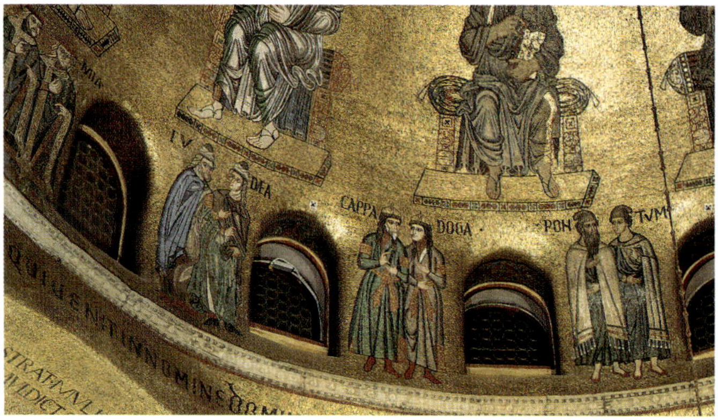

14 *Pfingstkuppel,* 12. Jh. (Detail). Mosaik. San Marco, Venedig.

Sechzehn Figurenpaare repräsentieren die Völker der Welt, denen die Apostel die Botschaft Christ predigen. Sie befinden sich zwischen den Fenstern am unteren Ende der Kuppel. Hier sieht man (von links nach rechts) Judäa, Kappadokien und Pontus.

Das byzantinische Paradigma

Welche Rolle spielen nun diese Faktoren für die Venezianità und das Entstehen einer eigenen ästhetischen Tradition? An der Basilika von San Marco läßt sich illustrieren, wie das byzantinische Erbe in der visuellen Welt Venedigs als lebendige Präsenz bestehenblieb (Abb. 13). Gewölbe, Kuppeln und obere Wände im Kircheninneren waren mit einer golden glänzenden Haut von Mosaiken überzogen, die das Leben Christi und der Jungfrau Maria, die Verbreitung der christlichen Botschaft durch die Apostel und die Vita des hl. Markus, einschließlich des Raubs seiner Gebeine aus Alexandria und ihrer Überführung nach Venedig durch zwei venezianische Kaufleute im Jahre 828 zum Thema haben. Diese Darstellungen wurden durch den Mosaikzyklus in der Kuppel der Vorhalle mit Szenen aus der Schöpfungsgeschichte ergänzt. Lange nachdem die politische Botschaft der Entwendung der Reliquien des hl. Markus ihre ideologische Bedeutung verloren hatte, bot das Innere von San Marco ein stilles, mächtiges und unendlich wandelbares Modell für die Künstler Venedigs.

Versetzt man sich in die mittelalterliche Basilika, so mag man einige Empfindungen heraufbeschwören, die für die Maler der Renaissance besonders reizvoll gewesen sein müssen. Vor allem beeindruckt der Goldgrund der lebendigen Mosaike, die sowohl aus Einzelfiguren wie aus kleinen narrativen Tableaus bestehen. Obwohl die figurativen Elemente Hauptbestandteil der Oberfläche sind und die Zweidimensionalität der Wand nicht in Frage stellen, ist der Effekt alles andere als statisch. Der Hintergrund aus goldenen Mosaikplättchen, den sogenannten *Tesserae,* die in verschiedenen Winkeln angeordnet sind, um das Licht einzufangen, verleiht den Oberflächen der Kuppeln und Gewölbe eine schimmernde, aktive Präsenz. Dieses gläsern-goldene Feld schafft nicht nur einen gemeinsamen und einheitlichen Grund für die einzelnen Figuren und Episoden, es harmonisiert auch die leuchtenden Farben der Mosaike, ohne sie zu absorbieren. Grundbaustein eines Mosaiks ist die *Tessera,* ein kleines gefärbtes Glasplättchen (Abb. 14). Gesicht, Haut und Kleidung einer Figur bestehen aus Hunderten solcher Tesserae, die in Reihen ähnlicher oder leicht unterschiedlicher Farben angeordnet sind und deren Farbe sich mit den wechselnden Lichtverhältnissen verändert. Nur selten besteht ein Feld aus einer einheitlichen Farbe; und gerade diese Unregelmäßigkeit und feine Modulation verleiht der Mosaikkunst ihren glühenden und sinnlichen Effekt. Die strahlende Farbpalette von Giovanni Bellini, Tizian und anderen venezianischen Künstlern nimmt hier ihren Ursprung. Sie umfaßt nicht leuchtende Farben an sich - die Farben waren in der florentinischen Malerei meist intensiver - sondern eher Schattierungen, die großartig orchestriert sind und durch eine gemeinsame, warme Tonalität miteinander verschmelzen.

Ein großer Teil des Reizes der Mosaike liegt in ihrer Struktur. Von nahem betrachtet sind sie einfach nur Stücke reiner Farbe, die sich jedoch aus einiger Entfernung zu einer gleichmäßigen Oberfläche verdichten. Man wird an impressionistische Gemälde erinnert, wo die Farbpunkte ebenfalls durch das Auge zu erkennbaren Formen zusammengebracht werden. Der Betrachter eines Mosaiks ist sich stets der materiellen Substanz des Mediums und der Tatsache bewußt, daß die Oberfläche greifbar gegenwärtig ist. Es handelt sich nicht bloß um ein transparentes Fenster in eine andere, hinter der Oberfläche liegende Welt. Diese Form einer geschlossenen Oberfläche sollte sich auch in der Malerei der venezianischen Renaissance fortsetzen. Dabei erfolgt dieser Einfluß der Mosaiken nicht nur passiv. Tatsächlich sind die Künstler der Renaissance auch sehr konkret mit der Restaurierung oder Ergänzung durch

15 Paolo Veneziano
Polyptychon von S. Chiara, um 1350. Tafel, 170 x 290 cm. Gallerie dell'Accademia, Venedig.

Im Tod des Heiligen Franziskus in der zweiten Tafel von rechts erscheint die kleine Figur einer Franziskanernonne, vermutlich die Auftraggeberin der Arbeit. Sonne und Mond zu Füßen der Jungfrau deuten auf die Vision des Evangelisten Johannes in der Apokalypse hin (Offenbarungen 12.1).

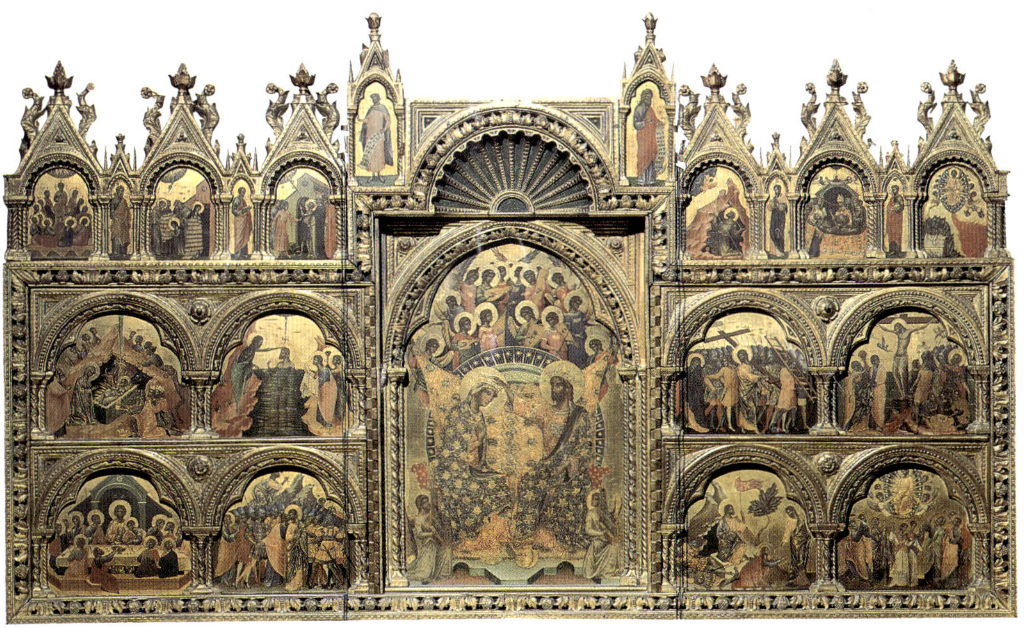

eigene Entwürfe mit den Mosaiken beschäftigt. So wurde etwa der *Segnende Christus* in der Chorkuppel 1506 von einem Meister Pietro geschaffen, der, wenn auch bereits in der Mitte der Hochrenaissance, das ehrwürdige byzantinische Original aus dem 12. Jahrhundert historisch nachbilden wollte. Der selbe Künstler fertigte auch ein Mosaik des Evangelisten Matthäus, das rechts in der südöstlichen Kuppel der Apsis in vollendetem Renaissancestil zu sehen ist (Abb. 13). Bekanntere Künstler wie Tizian, Veronese, Tintoretto und Palma il Giovane steuerten ebenfalls ihre eigenen Kartons oder Probetafeln bei, um die mittelalterlichen Mosaike in zeitgemäßer Form zu »restaurieren«.

16 Giovanni Bellini
Altarbild von S. Zaccaria,
1505. Vom Holz auf Leinwand übertragen, 500 x 240 cm.
S. Zaccaria, Venedig.

Die Madonna mit dem Kind wird von den Heiligen Petrus, Katharina, Luzia und Hieronymus flankiert. Die Verbindung von Bellinis gemalter Apsis mit dem Marmorrahmen war gewiß deutlicher zu sehen, bevor das Gemälde zu einem Rechteck beschnitten wurde.

In dem Maße, wie die Mosaike im Laufe der Jahrhunderte von Künstlern restauriert, ersetzt und ergänzt wurden, betrachteten auch nachfolgende Generationen das Innere der Basilika mit anderen Augen und entnahmen ihm unterschiedliche Botschaften. Die stilistische Entwicklung des venezianischen Altarbildes demonstriert Macht und Wandlungsfähigkeit des byzantinischen Modells.

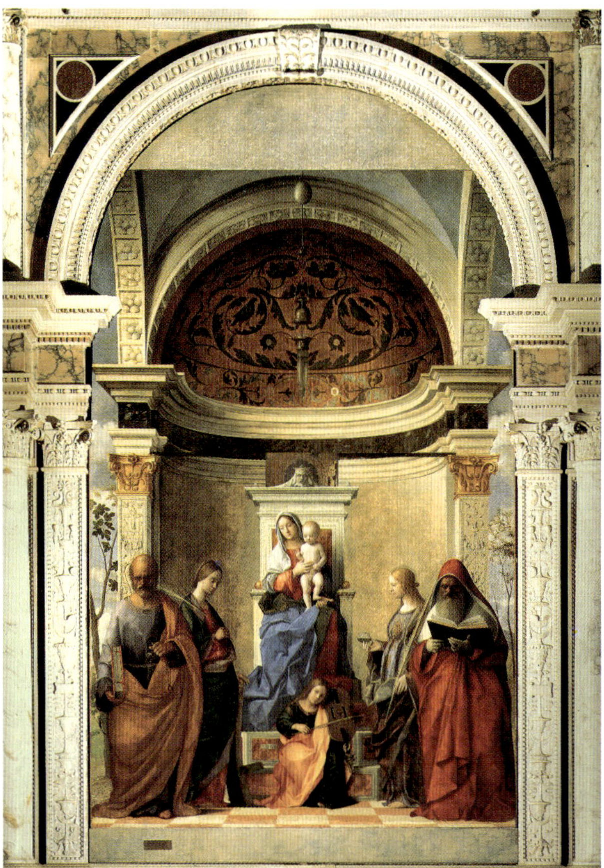

Paolo da Venezia (um 1290–1358/62) wurde im Trecento vom goldenen Strahlen, der leuchtenden Transparenz der Farben und der materiellen Kostbarkeit inspiriert. Er gilt als der erste Künstler der Stadt und führte das aufgefächerte Polyptychon ein, eine Bildform, die in Venedig zur Norm werden sollte (Abb. 15). In seinem Polyptychon der hl. Klara vereint er byzantinische und gotische Elemente in einer neuen, idiosynkratischen aber dennoch überzeugenden Synthese. Gemalt in der auf genauester Wiedergabe winziger Details basierenden Miniaturtechnik, wirkt das Ensemble aus der Entfernung wie ein komplexer Wandteppich. Die große Mitteltafel zeigt die Krönung der Jungfrau Maria, ursprünglich ein französisches Thema, bei der Christus und Maria auf einem Doppelthron sitzen und von einem Chor musizierender Engel umgeben sind. Die Krönungstafel wird von

Szenen aus dem Leben Christi und des hl. Franziskus umrahmt. Die kostbaren Gewänder der Heiligenfiguren sind nach dem Vorbild chinesischer Seidengewänder und Keramiken mit floralen Mustern bestickt – ein anschauliches Indiz für Venedigs Handel mit dem Fernen Osten.

Zwar übte die Ornamentik der Mosaike von San Marco auf venezianische Künstler im Quattrocento noch immer ihren Reiz aus, wurde aber jetzt gemäß den Normen des Naturalismus neu interpretiert. Giovanni Bellini gelang es (um 1430–1516), beiden Aspekten in vielen Altartafeln gerecht zu werden, die in der 1505 entstandenen *Pala von S. Zaccaria* ihren Höhepunkt fanden (Abb. 16). Nur wenige Künstler verwendeten noch Blattgold für den Hintergrund ihrer Altarbilder, denn in einer Zeit, da naturalistische Darstellungen geschätzt wurden, sollten die Heiligenfiguren in einer glaubhaften geographischen Umgebung erscheinen. Bellini, vermutlich von der Basilika inspiriert, erdachte eine einzelne Mosaikapsis als Rahmen für die Madonna und gestaltete den traditionellen, von Paolo da Venezia eingesetzten goldenen Hintergrund in naturalistischer Weise. Mit meisterlicher Beherrschung der Perspektive, die in Florenz von Brunelleschi (1337–1446) entdeckt und von Alberti kodifiziert worden war, schuf er die Illusion einer dreidimensionalen Welt auf einer zweidimensionalen Oberfläche. Dabei folgte er einer geometrischen Formel, die den Bildraum als Fenster auffaßt, und brachte die Heiligenfiguren innerhalb einer architektonisch rational aussehenden Kirchenumgebung in meßbare Beziehung zueinander. Bellini ging noch darüber hinaus und malte die den Gewölbegrat stützenden Bögen im fiktiven Bildraum als eine Fortsetzung des tatsächlichen Marmorrahmens. Die Abstufung der Farben – in Schatten hinübergleitendes Licht – scheint die Oberflächen zu formen und ihnen eine überzeugende Dimensionalität zu verleihen; die Farben sind in goldenes Licht getaucht und verschmelzen miteinander. Mit dem Hinweis auf die San-Marco-Mosaike verlieh Bellini seinem Altarbild symbolisch etwas von der Sakralität der mittelalterlichen Basilika. Nachdem es in dem in der Frührenaissance entstandenen Mittelschiff von S. Zaccaria installiert war, erschien die Altartafel als architektonischer Bestandteil, für den physischen Raum des Betrachters zugänglich.

Bellini interessierte sich weniger für die Struktur des Mosaiks als für seine präzise Erscheinung. So strebte er auch in der Ölmalerei danach, die lichterzeugenden Eigenschaften der Glasplättchen nachzuempfinden. Indem er die Leinwand weiß grundierte und sie Schicht um Schicht mit einer dünnen Lasur überzog, erreichte er jenen Effekt eines inneren Leuchtens, bei dem das Licht aus der

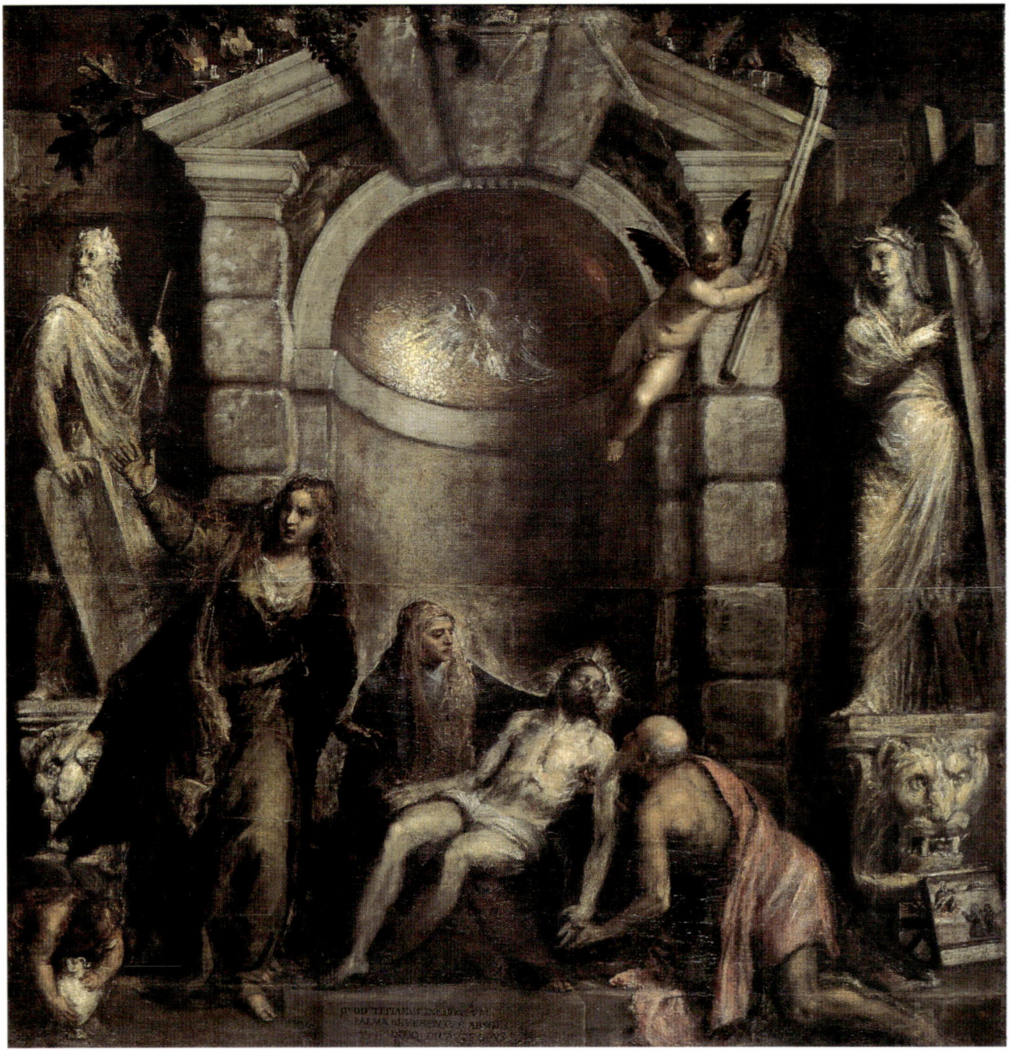

17 Tizian
Pietà, um 1570. Öl auf Leinwand, 350 x 350 cm. Gallerie dell'Accademia, Venedig.

Tiefe des Bildes selbst hervorzukommen scheint. 70 Jahre später beschäftigt Tizian (Tiziano Vecellio, um 1488–1576) sich mit dem optischen Lichteffekt auf der Oberfläche des Mosaiks. Für die *Pietà*, die über seinem Grab in der Frarikirche angebracht werden sollte, erfand er ein äußerst rustikales Bauwerk, dessen Mosaikapsis nur noch wie eine freundliche Geste gegenüber den Mosaiken von San Marco erscheint (Abb. 17). Wie Bellini verwendete Tizian zuweilen Lasuren, um Transparenz und Leuchtkraft zu erzielen, wandte sich aber gleichzeitig von dessen glatten, polierten Oberflächen ab. Die vermutlich von Vittore Carpaccio (um 1465–1526) und Giorgione da Castelfranco (1476/77–1510) zu Beginn des 16. Jahrhunderts eingeführte grobe Oberflächenstruktur wurde bald zu einem charakteristischen Merkmal der venezianischen Schule. Statt des traditionellen Malgrunds mit fein geschliffenen Tafeln oder glatten, gespannten Tüchern, wurde grob gewebte Leinwand bevorzugt. Die Ölfarbe wurde mit Pinsel oder Spachtel dünn aufgetragen, damit die Leinwandstruktur durchscheinen konnte, oder mit dicken Impastostrichen verteilt, um die Oberfläche hervorzuheben. Die so erzeugte Beschaffenheit von Farbe und Leinwand erinnert an die plastische Qualität der Mosaike und verweist gleichzeitig auf die Gegenwart des Künstlers. Tizian verlieh seiner Apsis auch eine zeitliche Dimension, indem die Figuren im sich verfinsternden Zwielicht fast zu entschwinden scheinen. Das Gefühl von Vergänglichkeit ist konkret wie symbolisch in diesem Gemälde eingefangen, das als sein Vermächtnis gilt.

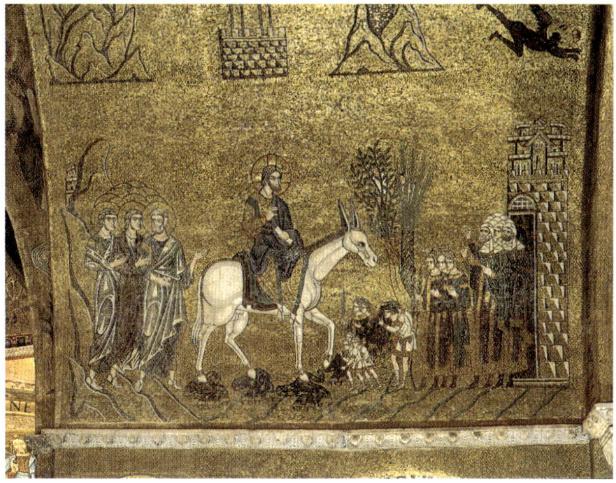

18 *Einzug Jesu in Jerusalem,* 12. Jh. Mosaik, Westbogen des südlichen Querschiffs, San Marco, Venedig.

Die Renaissancekünstler sahen in den Mosaiken San Marcos auch maßgebliche Kompositionsmodelle. Der *Einzug Jesu in Jerusalem* (Abb. 18) in der Kuppel des südlichen Querschiffs ist bezeichnend für ein narratives Paradigma, das in der venezianischen Kunst von nachhaltiger Konsequenz sein sollte. Die Darstellung faßt Prozession und Ankunft der nach Art eines Frieses arrangierten Figuren zusammen und beschränkt die Bewegung auf den Vordergrund. Während die Maler sich überschneidende Formen verwendeten, um die Illusion eines dreidimensionalen Raums zu schaffen, bleiben im Mosaik die festen Formen meist auf der Oberfläche stehen. Die Ausgewogenheit der Komposition wird durch Linie und Muster sowie durch die sich wiederholenden Gesten in der rhythmischen Bündelung der Figuren erreicht.

Dieses Prinzip eines lateralen Rhythmus, bei dem sich die Erzählung im Vordergrund des Bildes abspielt, wurde so verbindlich, daß es nicht nur in narrativen Gemälden, sondern auch beim Aufbau des ikonischen Raumes der Altarbilder angewandt wurde (Abb. 19).

Die Mosaike von San Marco blieben damit lebendiges Vorbild für venezianische Künstler. Hier entlehnten sie ihren subtilen Farbumgang, Erkenntnisse über das Handwerkliche in der Kunst, Kompositionsmodelle und Oberflächenqualität, vor allem aber eine Wahrnehmung und Darstellung des Lichts als Mittel, die Form gleichzeitig hervorzuheben und aufzulösen.

Eine Stadt der Immigranten

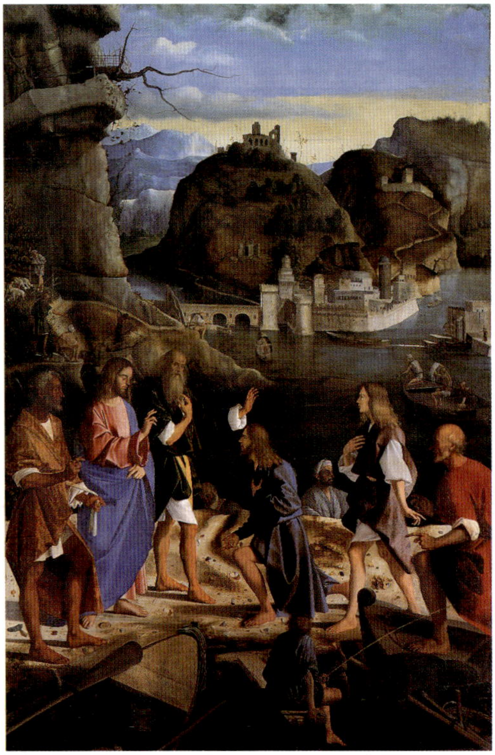

19 Marco Basaiti
Berufung der Söhne des Zebedäus, 1510. Tafel, 390 x 270 cm. Gallerie dell'Accademia, Venedig.

Das Werk wurde ursprünglich für den Hochaltar der Kirche S. Andrea della Certosa angefertigt. Die Landschaft zeigt eine von Mauern umgebene Stadt im Wasser, die Ähnlichkeit mit Candia, der Hauptstadt der ägäischen Insel Kreta hat.

Die eigentlichen Wurzeln der Venezianità liegen allerdings in der Bevölkerung Venedigs, das seit seinen Anfängen eine Stadt der Immigranten war. Alle großen Familien stammten nicht aus Venedig, und frühe Chroniken dokumentieren sehr genau die erstaunliche Vielfalt der Herkunft aus fast allen Teilen Italiens und der Adriaregion. Ethnographische Interessen wurden bereits in den Mosaiken der Pfingstkuppel von San Marco aus dem 12. Jahrhundert deutlich (Abb. 20; auch Abb. 14, S. 28). Obwohl das Bildprogramm insgesamt auf der traditionellen byzantinischen Ikonographie basiert, zeigen die Figurenpaare zwischen den Fenstern am unteren Ende der Kuppel deutliche Unterschiede der Kleidung, Gesichter und Hautfarbe, um die verschiedenen Nationen der Welt anzuzeigen. Eine so detaillierte Präzision war typisch venezianisch.

Die Serrata von 1297 hatte die Bevölkerung in drei rechtlich definierte Gruppen eingeteilt. An der Spitze einer äußerst stabilen sozialen Hierarchie stand die herrschende Oligarchie der *Nobili,* die sich selbst Patrizier nannten. Am Ende des Quattrocento machten sie etwa fünf Prozent der Bevölkerung aus. Obwohl sie einander in politischem Sinne gleichgestellt waren und alle volljährigen Männer in den Großen Rat gewählt werden und öffentliche Ämter bekleiden konnten, sorgten die Vermögensunterschiede dafür, daß es unter den Patriziern sehr reiche und nahezu bettelarme gab. Aus ihren Reihen wurde der Doge gewählt, der jedoch mehr Galionsfigur als Monarch war und als *primus inter pares,* als erster unter gleichen galt.

Auf die Adligen folgten die *Cittadini* oder Bürger Venedigs, die etwa acht Prozent der Bevölkerung ausmachten. Diese Gruppe kann mit der modernen Bourgeoisie verglichen werden. Wie die Patrizier verdienten auch die meisten Cittadini ihren Lebensunterhalt durch kaufmännische Aktivitäten, und einige von ihnen häuften große Vermögen an. Wenn sie den Beweis erbringen konnten, daß weder sie noch einer ihrer Vorfahren ein Handwerk ausgeübt hatte, konnten sie in die permanente, gehaltsempfangende Bürokratie eintreten. In dieser Rolle sorgten sie für Kontinuität und Stabilität in einem von »noblen Amateuren« regierten Staat, indem sie kontinuierlich in

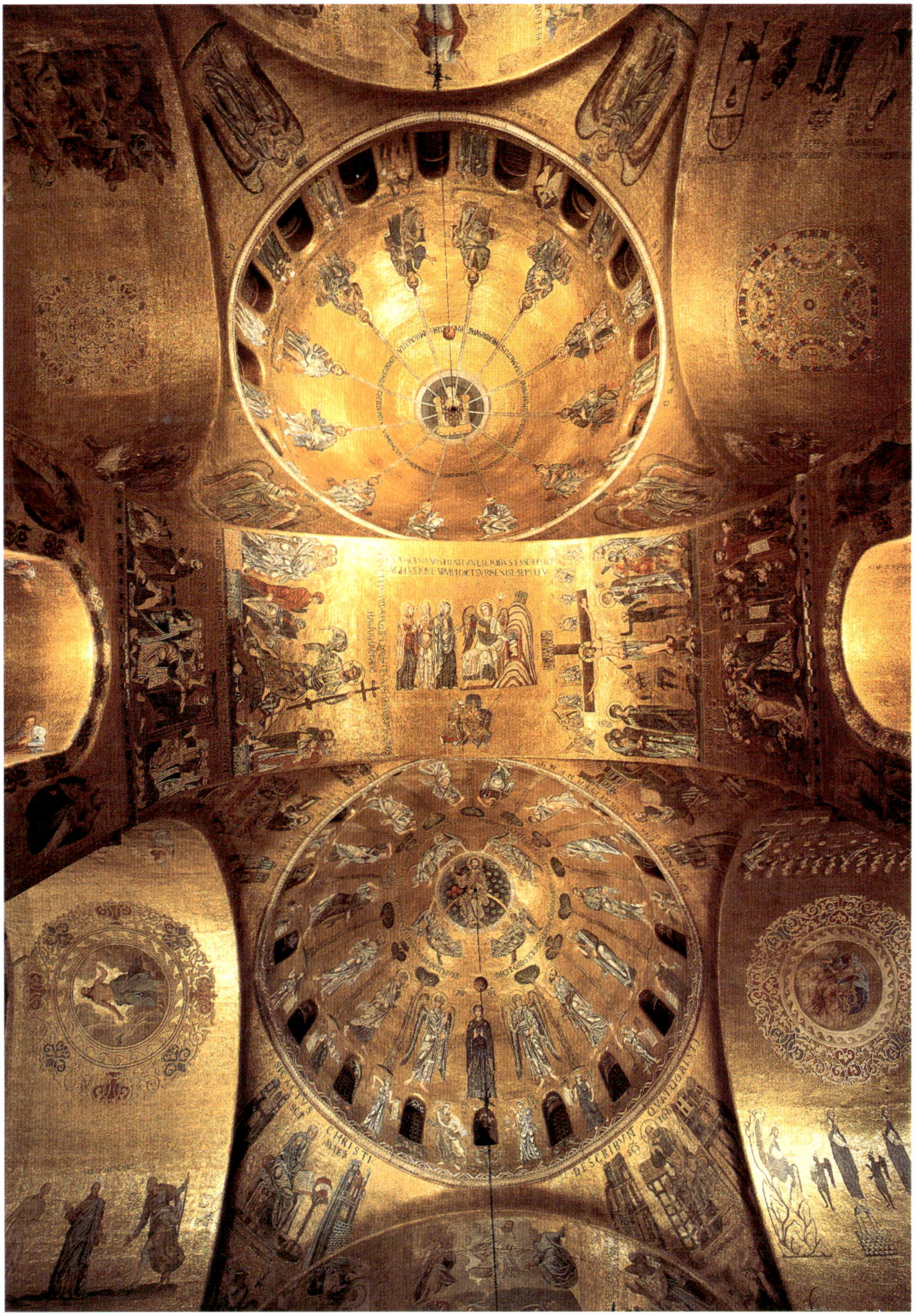

20 *Himmelfahrtskuppel* (oben); *Heilige Frauen am Grab* (westl. Bogen); und *Pfingstkuppel* (oben). Mosaik, 12. Jh. San Marco, Venedig. Die Pfingstkuppel symbolisiert die Institution der Kirche und das Hinabkommen des Heiligen Geistes nach der Himmelfahrt Christi. Die zwölf Apostel, erfüllt vom Heiligen Geist, der von der Taube in der Mitte der Kuppel aus-strahlt, empfangen die Gabe, in fremden Zungen zu sprechen, und die Botschaft, allen Völkern der Welt zu predigen (repräsentiert durch die Figurenpaare zwischen den Fenstern am unteren Ende der Kuppel).

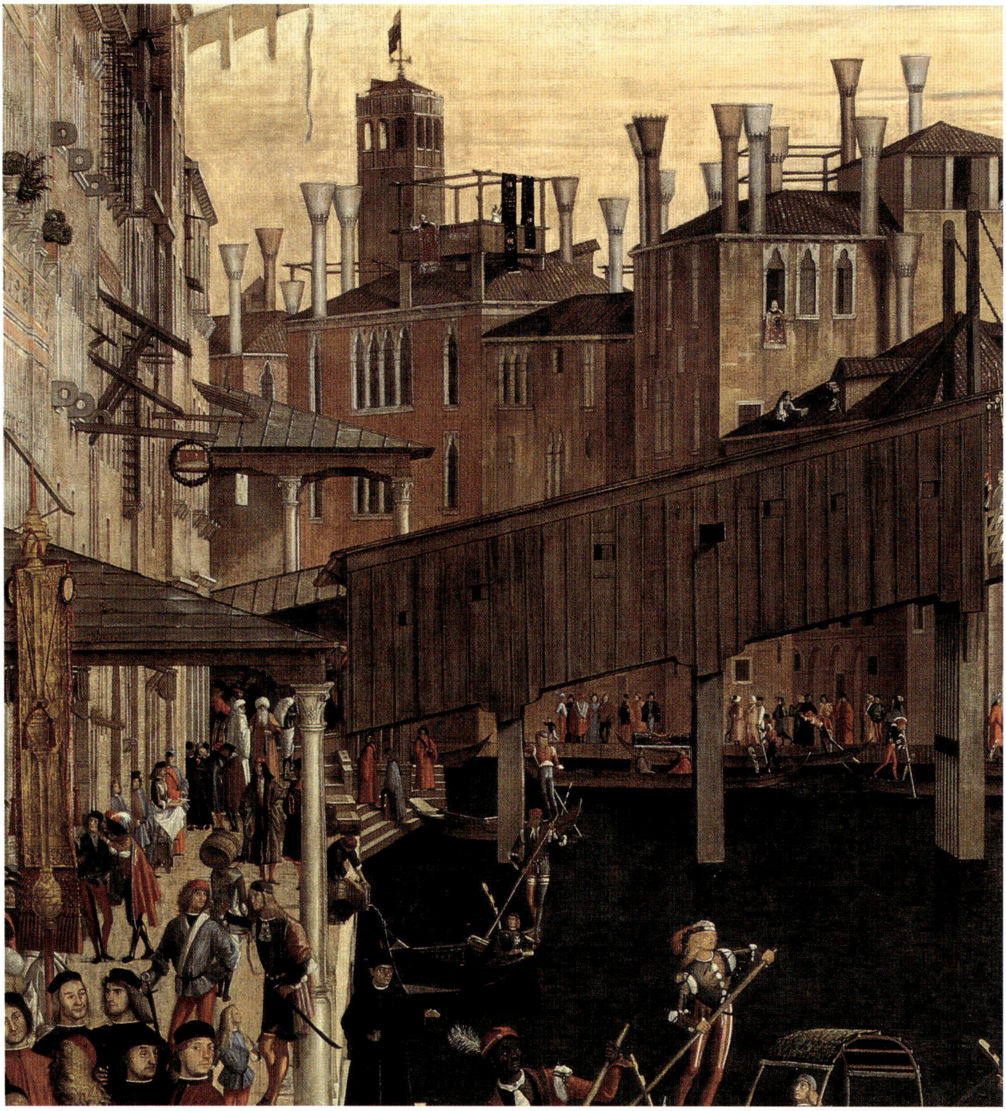

21 Vittore Carpaccio
Heilung des Besessenen, 1494 (Detail). Leinwand, insgesamt 370 x 390 cm. Gallerie dell'Accademia, Venedig.

den wählbaren Ämtern rotierten. Den niedrigsten Stand bildeten die *Popolani.* Er umfaßte ein breites Spektrum von Berufen und Schichten – von Kunsthandwerkern und Handwerkern, kleinen Geschäftsinhabern und reichen Einwanderern bis zu Seeleuten, Werftarbeitern und Hilfsarbeitern – und stellte zwar ebenfalls eine gesellschaftliche Kategorie, jedoch keine ökonomische Klasse dar.

Am Ende des Quattrocento hatten die Handelsaktivitäten und die Zahl der Einwanderer aus den westlichen Gebieten des türkischen Reiches zu einer der heterogensten Bevölkerungen in Europa geführt. Die *Calli* und *Campi* (venezianischer Dialekt für Straßen und öffentliche Plätze) waren so voll von exotisch gekleideten Besuchern und Einwanderern – darunter Deutsche, Slawen, Albaner, Dalmatiner, Türken, Mamelucken, Araber, Afrikaner, Perser, Griechen sowie levantinische, deutsche und spanische Juden – daß ein Besucher über die Stadt sagte: »Die meisten ihrer Bewohner sind Ausländer.« (Abb. 21). Diese bunte Mischung trug zum kosmopolitischen Charakter der venezianischen Kultur bei, war jedoch in politischer Hinsicht nicht vollständig integriert.

Auch wenn 95 Prozent der Bevölkerung nicht an der Ausübung politischer Macht beteiligt waren, gab es für sie wichtige Betätigungsbereiche, in denen sie die innere Stabilität der Stadt aufrecht erhielten, wegen der Venedig auch als die *Serenissima,* die heitere Republik, gepriesen wurde. Die größte Bedeutung kam den *Scuole* zu, wie die Venezianer ihre religiösen Bruderschaften nannten. Neben ihren religiösen Aktivitäten, erfüllten sie eine Reihe sozialer Funktionen und widmeten sich wohltätigen Aufgaben. Sie stellten auch die meisten Männer, die in den Prozessionen marschierten, den Eckpfeilern des venezianischen städtischen Rituals. Fast alle Scuole nahmen Adlige und Bürgerliche auf und bildeten so Zusammenhalt, wo Venezianer aller Schichten in einem Umfeld sozialer Solidarität und gegenseitiger Unterstützung zusammenkamen.

Die gesellschaftliche Struktur Venedigs hatte bedeutenden Einfluß auf die Förderung der Kunst. Konsens wurde hoch geschätzt und persönliche Auffälligkeit besonders bei den Patriziern und Cittadini nicht gefördert, um Neid und Wettbewerb zu vermeiden. Prunkvolle Familienkapellen waren die seltene Ausnahme, und beim Bau von Familienpalästen orientierte man sich an vorhandenen Modellen. Durch alle Schichten der Bevölkerung zog sich das Gefühl, an einem gemeinsamen Unternehmen beteiligt zu sein. Folglich war die Förderung durch die Regierung und die Scuolen von größerer Bedeutung als in den meisten anderen Städten der Zeit. Dieses Pflichtgefühl gegenüber der etablierten Ordnung förderte auch in der Kunst eine Konzentration auf Tradition und Kontinuität. Bei allem Respekt vor Petrarca, war Venedig doch mehr als »eine andere Welt«. Die Stadt bestand vielmehr aus mehreren Welten, den sich überschneidenden Bereichen des Öffentlichen, Privaten und Kirchlichen sowie den Hierarchien von arm und reich, adlig und bürgerlich, Mann und Frau. Diese Welten definierten sich und wurden definiert durch die visuelle Kultur der Renaissance, zugleich ephemer und konkret, vielfältig verflochten und sich überschneidend. Zwar wurden die Parameter von der patrizischen Handelskultur aufgestellt, aber es waren die Künstler, die für den ästhetischen Wandel verantwortlich waren und in einem sich stets verändernden Palimpsest die Gegenwart auf der Vergangenheit aufbauten.

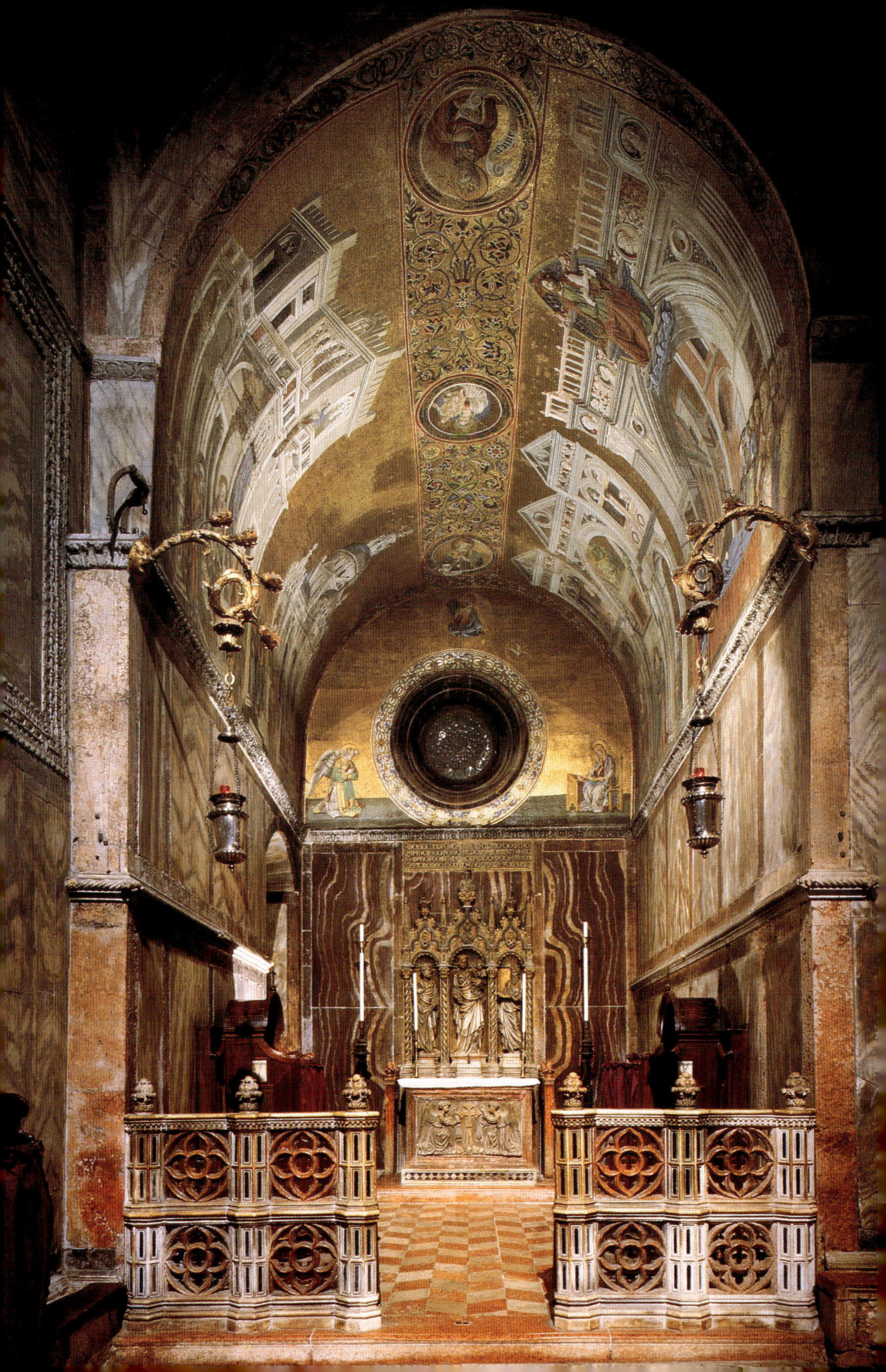

DIE SCHAFFUNG EINER VISUELLEN WELT

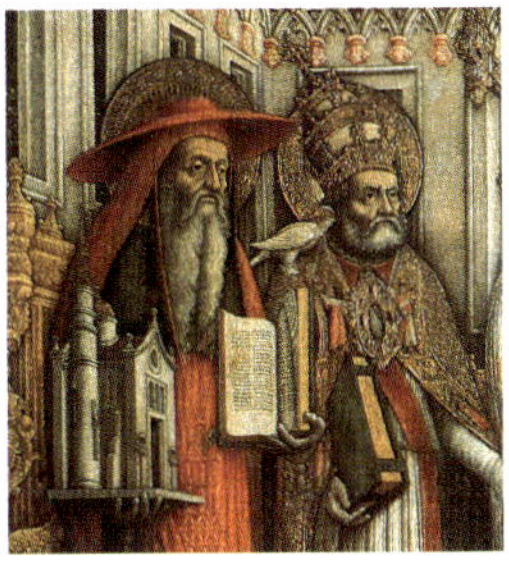

Im Jahre 1504 tat es die deutsche Kolonie in Venedig jenen Fremden gleich, die durch die Mitgliedschaft in einer venezianischen *Scuola* religiösen Beistand und materiellen Vorteil suchten. Zu diesem Zweck gründeten sie die *Scuola dei Tedesci.* Diese neue, der Jungfrau vom Rosenkranz gewidmete Bruderschaft erhielt das Recht auf einen Altar in der Kirche S. Bartolomeo in Rialto. Ganz in der Nähe befand sich der *Fondaco dei Tedeschi,* eine Niederlassung deutscher Kaufleute, in der sie wohnten und ihre Geschäfte abwickelten. In Behauptung ihrer kulturellen Identität übergingen die Funktionäre der neuen Scuola eine Vielzahl venezianischer Künstler und beschlossen, die *Pala,* das Altarbild, bei einem Landsmann in Auftrag zu geben, dem Nürnberger Albrecht Dürer (1471–1528), der bereits in ganz Europa wegen seiner Holzschnitte und Stiche berühmt war.

22 *Cappella dei Mascoli,* San Marco, Venedig.

Marmoraltar: **Bartolomeo Bon,** *Madonna und Kind zwischen den hll. Markus und Johannes,* errichtet 1430. Mosaike: *Das Leben Mariä,* um 1430–1451. Linker Bogen: **Michele Giambono,** *Geburt und Darstellung im Tempel;* Kopfwand: **Michele Giambono,** *Verkündigung;* rechter Bogen: **Andrea Castagno, Jacopo Bellini und Michele Giambono,** *Heimsuchung und Marientod.*

Dürer stellte sich der Herausforderung mit dem Gemälde *Das Rosenkranzfest,* einer einzigartigen Synthese deutscher und venezianischer Werte (Abb. 23). Er übernahm das Format des in Venedig üblichen Altarbildes, drehte es aber auf die Seite, um eine ausgedehnte Landschaft und zahlreiche Porträts unterzubringen, darunter auch sein eigenes. Dürer erwies auch Giovanni Bellini seine Ehrerbietung. In einer anmutigen Paraphrase von dessen Altarbild in S. Zaccaria, das nur wenige Monate zuvor enthüllt worden war (s. Abb. 16, S. 30), malte er zu Füßen der Maria einen musizierenden Engel. An seinen Freund Willibald Pirckheimer in Nürnberg schrieb er über seine Freundschaft mit Bellini und bemerkte: «Er ist sehr alt, aber noch immer der beste Maler von allen.«

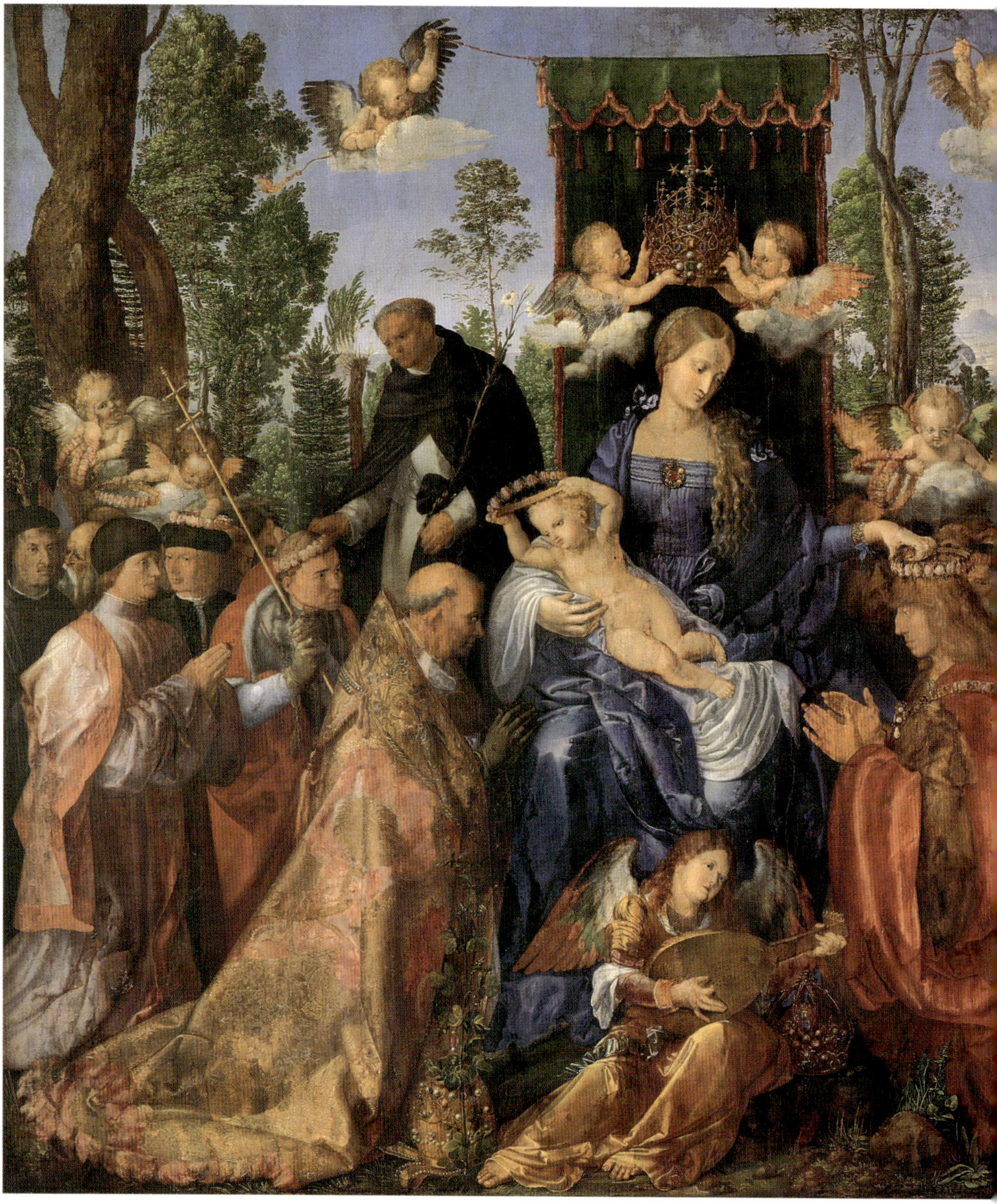

23 Albrecht Dürer
Das Rosenkranzfest, 1506. Tafel, 160 x 190 cm. Nationalgalerie, Prag.

Papst Julius II. und der deutsche Kaiser Maximilian I. knien im Vordergrund, während Dürer rechts im Hintergrund steht und eine Inschrift mit seiner Signatur hält. Die anderen Figuren sind vermutlich Funktionäre der Scuola und Mitglieder der deutschen Gemeinde in Venedig.

Mit seinen leuchtenden Farben, seiner detaillierten Landschaft, den prägnanten Porträts und dem Anschein von Bewegung überraschte Dürers *Rosenkranzfest*, und ganz Venedig, darunter auch der Doge und der Patriarch, strömte herbei, um es zu sehen.

Dürer litt kaum unter falscher Bescheidenheit und schrieb Pirckheimer, daß »es im ganzen Land kein besseres Bild der Jungfrau gibt«. Seine Stellung in Venedig war dennoch nicht unproblematisch, weil die Bewunderung der Aristokratie im Gegensatz zu den Ressentiments der Künstler stand. Bereits zu Anfang seines Venedigaufenthalts hatte Dürer Pirckheimer gestanden: »Unter den Italienern habe ich viele gute Freunde, die mich davor warnen, mit ihren Malern zu speisen. Viele von ihnen sind meine Feinde und kopieren meine Arbeit in den Kirchen und wo immer sie sie finden, um sie dann zu verunglimpfen und zu sagen, der Stil sei nicht ›antikisch‹ und nicht gut.« Einige Monate später beschwerte er sich: »Die Maler hier, laß Dir gesagt sein, sind sehr unfreundlich zu mir. Sie haben mich drei Mal vor die Richter zitiert, und ich muß zwanzig Dukaten an ihre Scuola zahlen.« Trotz seines guten Rufes war er in die streng geregelte Welt der Zünfte geraten.

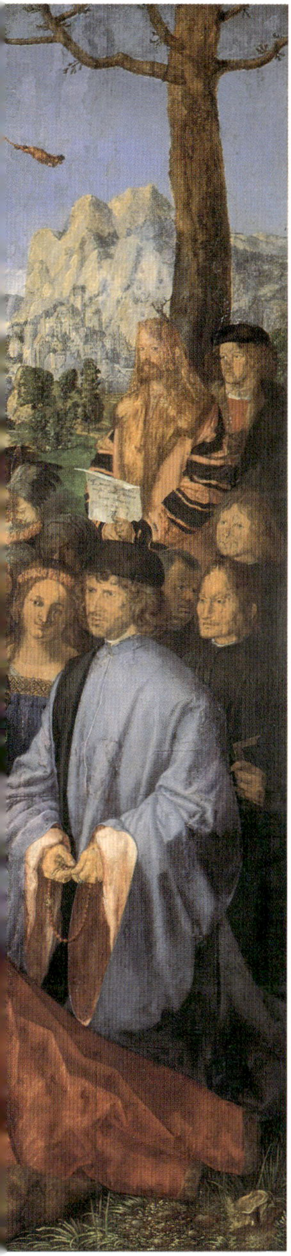

Die Welt der Zünfte

Das Kunstschaffen war zu dieser Zeit in ganz Europa eher ein kommerzielles Geschäft als ein Mittel des Selbstausdrucks, und in Venedig war die merkantile Seite der Kunst besonders ausgeprägt. Wie fast jedes andere Geschäft in dieser Stadt standen auch die Künste unter dem Schutz und der Kontrolle des Staates. Archi-

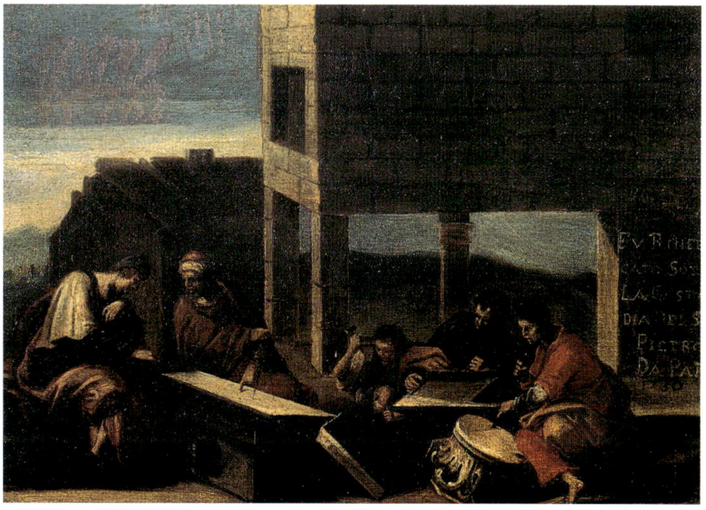

Rechts
24 Schild der *Arte dei Tagliapietri* (Steinmetze), 16. Jh. (1730 restauriert). Tafel. Museo Civico Correr, Venedig.

tekten und Steinbildhauer mußten sich der *Arte dei Tagliapietri,* der Steinmetzzunft, anschließen (Abb. 24), während Holzschnitzer ihre eigene Gruppe, die *Arte dei Intagliatori* bildeten. Die *Arte dei Depentori,* deren Statuten aus dem Jahre 1271 datieren und sie damit zur ältesten bekannten Malerzunft Italiens machen, stand allen künstlerischen Berufen offen. Am Ende des 16. Jahrhunderts war ihre Mitgliedschaft in acht, *Colonelli* genannte Kategorien aufgeteilt. Diese umfaßten nicht nur Figuren- und Buchmaler, die ab jetzt als echte und eigentliche Künstler definiert werden sollten, sondern auch Vergolder, Stoffgestalter und Bildsticker, Schnallenmacher, Spielkartenmacher, Maskenhersteller und Schildermaler.

Durch diese Verallgemeinerung kam es zu einer gewissen Nivellierung der Genres, ohne eine offizielle Hierarchie oder Unterscheidung zwischen Kunsthandwerk und der »bildenden Kunst«. So dauerte es in Venedig auch deutlich länger als in anderen Zentren Europas, bis die Bildnismalerei als freie Kunst betrachtet wurde; erst 1682, ein Jahrhundert später als in Florenz, trennten sich die Maler ab und gründeten ihre eigene Zunft, das *Collegio dei Pittori.* Zwar konnten einzelne Maler in mehreren von der Zunft anerkannten Bereichen arbeiten (darunter so bedeutende Künstlern wie Paolo Veneziano im 14. bis zu Tizian im 16. Jahrhundert) und kunsthandwerkliche Aufgaben wie Festdekorationen, Mosaikentwürfe und Flaggengestaltung ausführen, aber es wurde streng darauf geachtet, daß sie die Grenzen zur Bildhauerei nicht überschritten. Gerichtsprotokolle lassen vermuten, daß Kompetenzstreitigkeiten an der Tagesordnung waren und Bildhauer und Maler entschlossen (wenn auch nicht immer erfolgreich) das exklusive Recht zur Ausübung ihrer Kunst verteidigten.

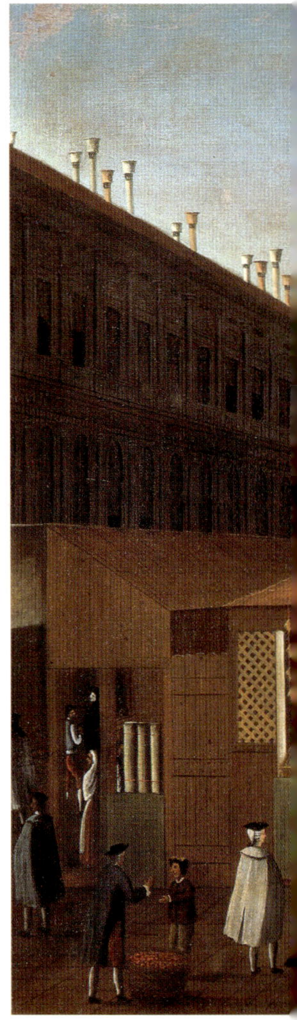

Die Zünfte beeinflußten das Leben der Künstler auf vielfältige Weise und besaßen auch politische Funktionen, die jedem neuen Mitglied bewußt wurden, wenn es seine Treue gegenüber dem Dogen geloben mußte. Im Jahre 1310 erhielten die Funktionäre der Malerzunft Gelegenheit, ihre Loyalität unter Beweis zu stellen und beteiligten sich an der Zerschlagung einer der wenigen Rebellionen in der Republik. Der von dem Patrizier Baiamonte Tiepolo angeführte Aufstand wurde schnell beendet, als die Maler sich mit Mitgliedern der Scuola di S. Maria della Carità zusammenschlossen, um die flüchtenden Rebellen auf dem Campo S. Luca zu besiegen. Dieser patriotischen Tat wurde mit dem Sockel einer Fahnenstange gedacht, in den die Embleme jeder einzelnen Scuola eingemeißelt sind.

Die Zünfte spielten auch eine wichtige Rolle bei den zahlreichen Festlichkeiten der Stadt. Zweimal im Jahr, an den Feiertagen des hl. Markus und an Fronleichnam, demonstrierten sie ihre Zusammengehörigkeit in aufwendigen Prozessionen rund um den

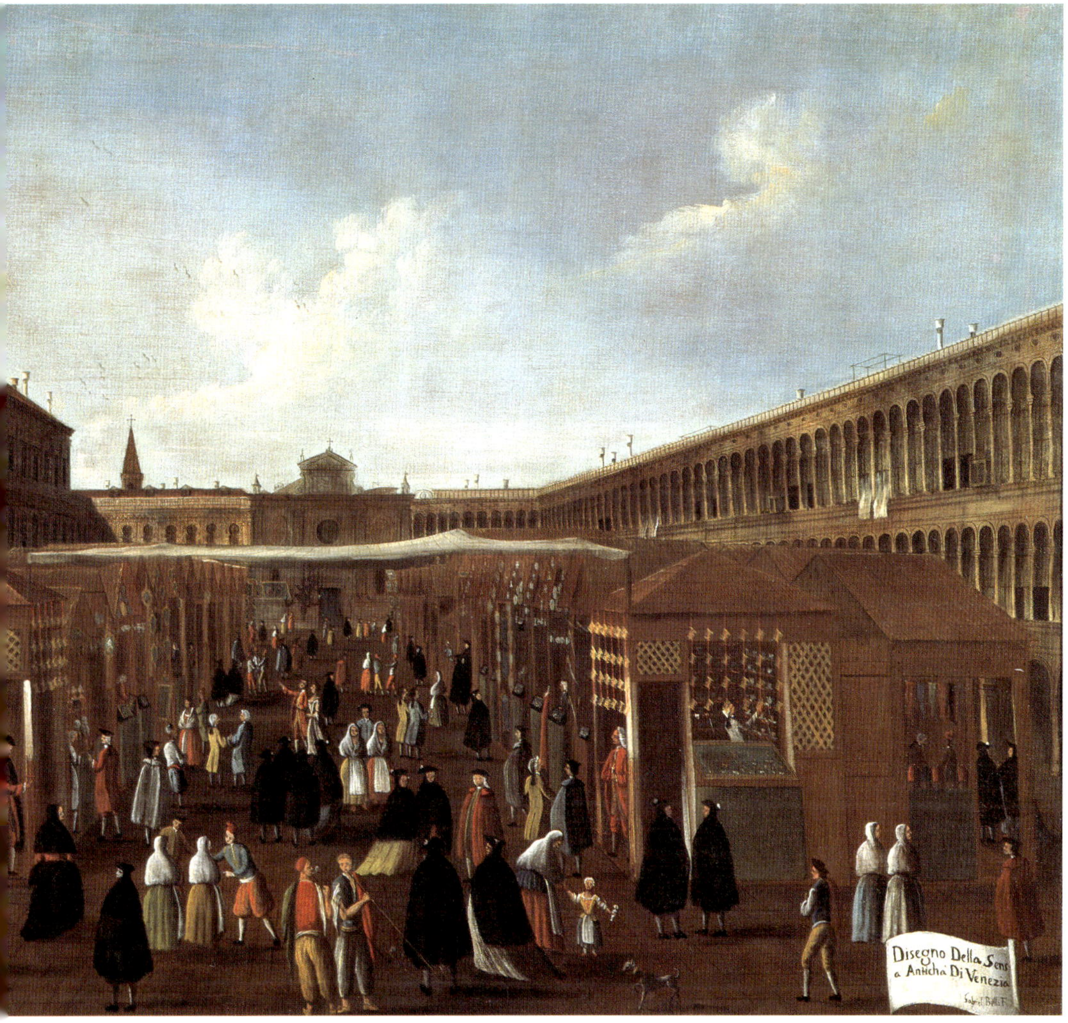

25 Gabriele Bella
Das alte Fest der Sensa, um 1790. Öl auf Leinwand, 98 x 148,5 cm. Pinacoteca della Querini-Stampalia, Venedig.

Markusplatz. Viele Handwerkszweige, die mit Luxusartikeln verbunden waren – Gemälde, Möbel, Stoffe, Teppiche, Spiegel und Objekte aus Glas, Gold und Silber – stellten ihre Waren an Feiertagen aus, wenn die Geschäfte per Erlaß geschlossen bleiben mußten. Das berühmteste dieser Ereignisse war das alljährliche Fest der *Sensa,* ein zweiwöchiger Markt, der in dem alten Ritual der Vermählung mit dem Meer am Himmelfahrtstag seinen Höhepunkt hatte, wenn jedes Jahr die Herrschaft des Dogen und damit Venedigs über das Meer gefeiert wurde. Eine kaleidoskopische Vielfalt importierter und einheimischer Waren wurde in den *Botteghe* (Ständen) und auf Handkarren auf dem Markusplatz ausgestellt (Abb. 25). Es war auch die einzige Jahreszeit, zu der fremde Künstler ihre Bilder in Venedig verkaufen durften.

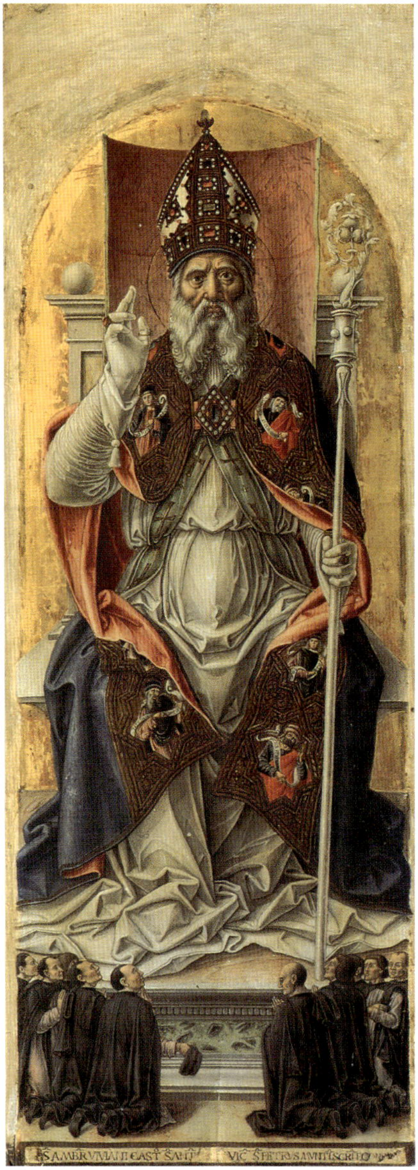

26 Bartolomeo Vivarini
Altar des hl. Ambrosius,
(Mittelteil), 1477. Tafel,
125 x 47 cm. Gallerie
dell'Accademia, Venedig.

Das Kunsthandwerk spielte auch bei anderen Festen eine wichtige Rolle, etwa bei den Umzügen nach dem venezianischen Sieg bei Lepanto 1571. Zu diesem Anlaß schmückte die Zunft der Textilkaufleute die Rialtobrücke mit Markisen und Laternen und versah die Seiten mit buntem Fahnentuch. Die Malerzunft verwendete diesen Aufbau als Hintergrund für die Ausstellung der Leinwände ihrer berühmtesten Mitglieder, darunter Giovanni Bellini, Giorgione, Pordenone, Tizian und Jacopo Bassano. Aber im Gegensatz zu ihren Pendants in Florenz und anderswo übten die venezianischen Zünfte nie politische Macht aus. Ein starkes Gemeinschaftsgefühl und eine Rhetorik der Zugehörigkeit boten wirksamen Ersatz für politische Macht.

Die venezianischen Zünfte waren in erster Linie mit dem alltäglichen Handel beschäftigt und beeinflußten das Leben der Künstler am stärksten im ökonomischen Bereich. Sie beschränkten die Zahl der Lehrlinge, etablierten Normen für die Ausbildung und Lehrzeit sowie den Aufstieg zum Gesellen. So wurde von Bildhauern in der Gesellenprüfung eine *Base attica* (ein klassischer Sockel) verlangt und Malerlehrlinge mußten »un anchona a più colori« (ein Altarbild in vielen Farben) präsentieren. Darüber hinaus legten die Zünfte die Arbeitszeiten fest, führten Qualitätsnormen für die verschiedenen, von den Zunftmitgliedern angefertigten Objekte ein, ließen die fertigen Arbeiten durch eine Jury beurteilen und kontrollierten vertragliche Vereinbarungen. Durch diese Regelungen sollten die Tätigkeitsbereiche der vielen venezianischen Künstler von annehmbarer Kompetenz, aber recht unterschiedlicher Begabung und Kreativität eingegrenzt werden. Sie dienten auch dazu, diesen Künstlern – und der Wirtschaft der Stadt – die größtmöglichen Vorteile gegenüber einer Konkurrenz von außen zu sichern. Die sozialen und religiösen Aspekte des Lebens eines Kunsthandwerkers konzentrierten sich in der Scuola, die einer jeden Handelszunft angeschlossen war. Die Scuole, die auf beruflichen Gruppierungen basierten, funktionierten wie kleine Gemeinden. Ihre Mitglieder waren wohlhabende Meister einer geschäftigen Werkstatt, bis zum einfachen Lehrling, der Pigmente mahlen und den Fußboden fegen mußte. Die Mitglieder wählten jedes Jahr ihre Funktionäre, nahmen an regelmäßigen Versammlungen teil und feierten gemeinsam die Messe. Sie begruben ihre Toten, finanzierten die Mitgift ihrer Töchter und halfen sich gegenseitig in Zeiten der Krankheit und wirtschaftlichen Not. Wie viele der Scuole betrieb auch die Scuola dei Pittori ihr eigenes kleines Lazarett.

Jede Scuola unterhielt einen Altar in einer Pfarrkirche oder, wenn sie wohlhabend war, in ihrem eigenen Versammlungshaus; dekorative Verschönerungen gereichten jedenfalls immer zur Ehre der Bruderschaft. So gaben die Steinmetze für ihren Altar in S. Aponal 1477 bei Bartolomeo Vivarini (um 1432–91) ein Altarbild in Auftrag. Einer Inschrift zufolge waren mindestens zwei der fünf dargestellten Heiligenfiguren Namensheilige des *Gastaldo* und des *Scrivan*, der obersten Funktionäre der Scuola. Ihre Darstellung in einer Gruppe von Betenden, die in der Mitteltafel zu Füßen des hl. Ambrosius knien, weist auch auf deren finanziellen Beitrag zum Auftragsbild hin (Abb. 26). Dieses Bild kollektiver Gottesfürchtigkeit ist emblematisch für die Ideale der Solidarität und Zusammenarbeit der Bruderschaft.

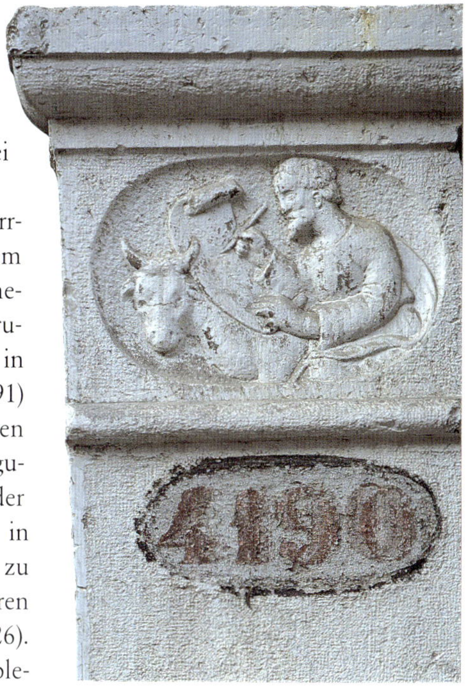

27 *Der Evangelist Lukas*, 1572. Relief aus istrischem Stein, 21 x 33 cm. Kopf der Eckpilaster am Eingang der ehemaligen Scuola dei Pittori, Strada Nova, Cannaregio 4186–4190, Venedig.

Begleitet von einem Stier, seinem traditionellen Attribut, ist der hl. Lukas beim Malen dargestellt. Die Räume der Scuola befanden sich im *Piano nobile*, dem Stockwerk über den Geschäftsräumen im Erdgeschoß. Frühen Aufzeichnungen zufolge waren die Außenwände mit Fresken dekoriert, während im Inneren Gemälde der berühmtesten Mitglieder der Bruderschaft an den Wänden hingen. Cannaregio ist einer der größten, *Sestiere* genannten Bezirke Venedigs.

Die Scuola dei Pittori traf bis 1532 in S. Luca, der Kirche ihres Schutzheiligen zusammen, als eine sehr großzügige Hinterlassenschaft ihres Mitglieds Vincenzo Catena den Bau eines eigenen Versammlungshauses in der Nähe von S. Sofia ermöglichte. Das Gebäude dient schon seit langem anderen Zwecken, doch zeigen die Türpfosten noch Reliefs des hl. Lukas und der anderen Evangelisten sowie Embleme der Scuola (Abb. 27).

Wie Dürer zu seinem Verdruß erfahren mußte, verlangten die Zünfte Geldbußen von ausländischen Künstlern, die ihre Werke in Venedig anfertigten und verkauften. Auch wenn er seinen festen Wohnsitz in der Stadt und damit das Recht gehabt hätte, der Malerzunft beizutreten, wäre die Aufnahmegebühr für Dürer doppelt so hoch gewesen wie für einheimische Künstler und er hätte seine Arbeiten ausschließlich in seinem Geschäft verkaufen dürfen. Die protektionistische Politik der Zünfte zielte auf die Bewahrung einer exklusiven Kaste ab. Wie Dürers Beliebtheit bei der herrschenden Elite der Patrizier zeigte, war die Haltung der Regierung eine andere. Auf der einen Seite sollten zum Wohle der lokalen Wirtschaft Exporte gefördert und Importe eingeschränkt werden. Folglich wurden ausländische Altarbilder mit hohen Einfuhrzöllen belegt und die Normen der für den Export bestimmten Werke gelockert. Zur Förderung bestimmter wirtschaftlicher Ziele wurden

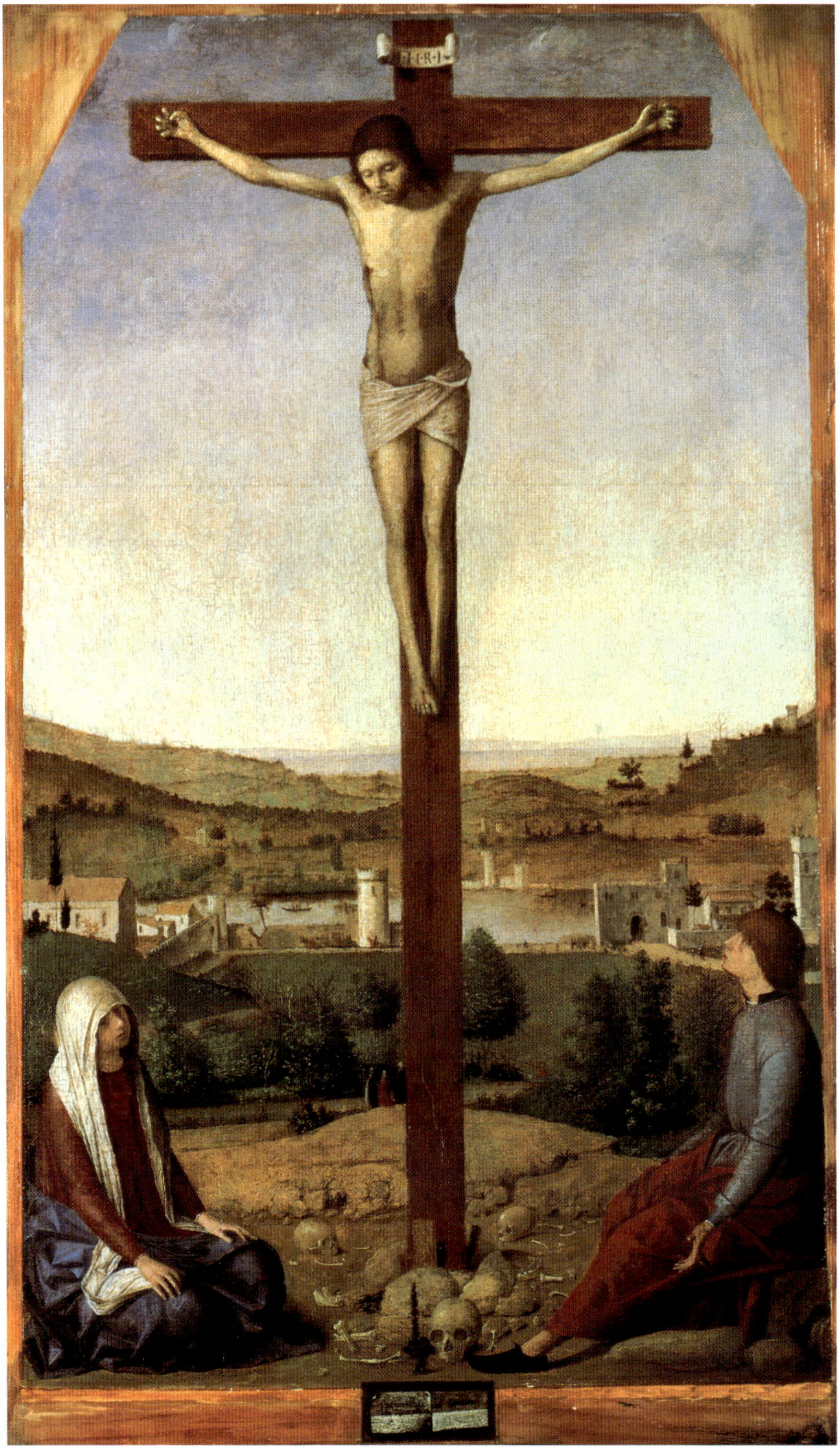
I·N·R·I

Sondergenehmigungen erteilt. Den Malern war es von Regierungsseite aus nur dann gestattet, an gesetzlichen Feiertagen zu arbeiten – etwa 90 ansonsten unprofitable Tage – wenn sie mit für den Export bestimmten Altarbildern beschäftigt waren. Die Angehörigen der Glasmacherzünfte, die interne Kenntnisse über einen der einträglichsten Herstellungszweige Venedigs besaßen, mußten besonders strenge Auflagen erfüllen, um die venezianische Vormachtstellung auf dem Markt nicht zu gefährden. Sie durften weder außerhalb Venedigs arbeiten, noch Glas in der Stadt verkaufen, das nicht in der Stadt produziert worden war.

Andererseits waren, zumindest von den Patriziern, talentierte Fremde, die in der Stadt arbeiten wollten, mehr als willkommen. Einige, darunter Dürer, kamen als Besucher und führten private Aufträge aus, die venezianischen Künstlern dann neue Ideen lieferten. Antonello da Messina (um 1430–79), ein Maler aus dem Süden Italiens, der die flämische Maltechnik vermutlich in Neapel erlernt hatte, hielt sich nur ein Jahr (1475–76) in Venedig auf. Aber in dieser kurzen Zeit führte er räumliche Klarheit in venezianische Devotionalbilder ein und demonstrierte die neue Technik der Ölmalerei, mit der sich jener bewunderte Effekt der flämischen Naturnähe erzielen ließ (Abb. 28). Der florentinische Bildhauer Donatello (um 1385/86–1446), der bereits wegen seiner Arbeiten im nahen Padua Berühmtheit erlangt hatte, fertigte eine Holzstatue von Johannes dem Täufer, die noch immer in polychromer Pracht in der Frarikirche auf dem Altar der Scuola dei Fiorentini steht, der Bruderschaft der Florentiner Gemeinde. Leonardo da Vincis (1452–1519) kurzer Aufenthalt in der Stadt, der in den impressionistischen Leinwänden von Giorgione deutlich wird, trug maßgeblich zu einer wichtigen stilistischen Revolution in der venezianischen Kunst bei. Fremde führten auch prestigeträchtige Regierungsaufträge an Orten aus, die für die Stadt von zentraler Bedeutung waren. Paolo Uccello (1396/97–1475) und Castagno (1419/21–57) waren an Mosaiken in San Marco beteiligt, und Perugino (um 1445/50–1523) erhielt einen großen Auftrag für ein Gemälde in der Versammlunghalle des Großen Rats (das nie fertiggestellt wurde).

Die traditionelle venezianische »Ästhetik der Vielfalt« war nirgendwo wirksamer als in den heterogenen Ursprüngen jener eingewanderten Künstler, die auf dem Festland geboren waren und nach Venedig übersiedelten. Fast alle großen Bildhauer und Architekten des 15. und 16. Jahrhunderts stammten nicht aus Venedig: Pietro Solari aus der Lombardei (um 1435–1515), der sich zusammen mit seinen Söhnen Tullio (um 1455–1532) und Antonio (um 1485–1516) den Beinamen Lombardo zulegte, Mauro Codussi (Um 1440–1504) aus einem Dorf in der Nähe von Bergamo, Jacopo Sansovino

Gegenüberliegende Seite
28 Antonello da Messina
Kreuzigung, 1475. Öl auf Holz, 42 x 25,4 cm. National Gallery, London.

(1486–1570) aus Florenz, Michele Sanmicheli (um 1484–1559) aus Verona, Andrea Palladio (1508–80) aus Padua und Alessandro Vittoria (1525–1608) aus Trient. Die Liste auswärtiger Maler ist beeindruckend: Giorgione aus dem nahegelegenen Castelfranco Veneto, Giambattista Cima (um 1459–1517/18) aus Conegliano, Paolo Caliari (um 1528–88), bekannt als Veronese, dessen angenommener Nachname auf seine Geburt in Verona hinweist, und schließlich Tizian aus dem kleinen Alpendorf Pieve di Cadore.

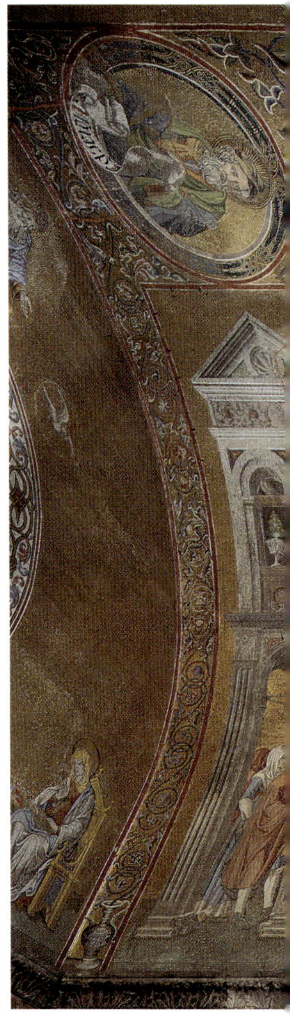

Das Problem der Autorenschaft

Anders als in Florenz, wo Konkurrenz eine wichtige Triebfeder für Entwicklungen in der Kunst darstellte, war der herrschende Ethos während des Quattrocento in Venedig die Zusammenarbeit. Dieser Gegensatz läßt sich an der unterschiedlichen Dekoration des Sitzungssaals des Großen Rates der beiden Städte ablesen. Im Jahre 1474 beauftragten die Venezianer Gentile Bellini (um 1429/30–1507) mit der Erneuerung eines Freskenzyklus in der Halle des Großen Rates im Dogenpalast, in Wirklichkeit aber sollte er ihn durch neue Gemälde auf Leinwand ersetzen. Gentiles Bruder Giovanni beteiligte sich kurze Zeit später an den Arbeiten und übernahm schließlich die Leitung des Künstlerteams. Zur Zeit der Gebrüder Bellini fertigten Alvise Vivarini (um 1457–um 1504/05) und Carpaccio ebenfalls Werke für dieses Bildprogramm, orientierten sich dabei jedoch wahrscheinlich an dem charakteristischen, von den führenden Künstlern etablierten Stil. Da die Gründer der kurzlebigen florentinischen Republik von 1494 die Institution des Großen Rates als eines der Geheimnisse von Venedigs Langlebigkeit betrachteten, verwendeten sie zwar die venezianische *Sala del Maggior Consiglio* als Modell für den Palazzo Vecchio, gestalteten die Innendekoration aber in typisch florentinischer Art. In der Annahme, der Wettbewerb würde sie anspornen, Werke von größerer Originalität zu schaffen, wurden Leonardo da Vinci und Michelangelo (1475–1564) jeweils große Wandflächen zur Bemalung zugeteilt. Das Scheitern dieses Unternehmen ist anschaulicher Beweis für das Mißverständnis der Florentiner, über den Konsens für die Gewährleistung der Ruhe und Ausgeglichenheit der Serenissima.

Die starke Betonung der Gruppenidentität führte in Venedig zu unterschiedlichen Auffassungen von Autorenschaft und Künstlersignatur. Die Ausprägungen des Gemeinschaftsideals, die durch ein gewisses Maß an *Campanilismo* – städtische Engstirnigkeit – und eine Abschottung der Künstler gegen Neulinge innerhalb von

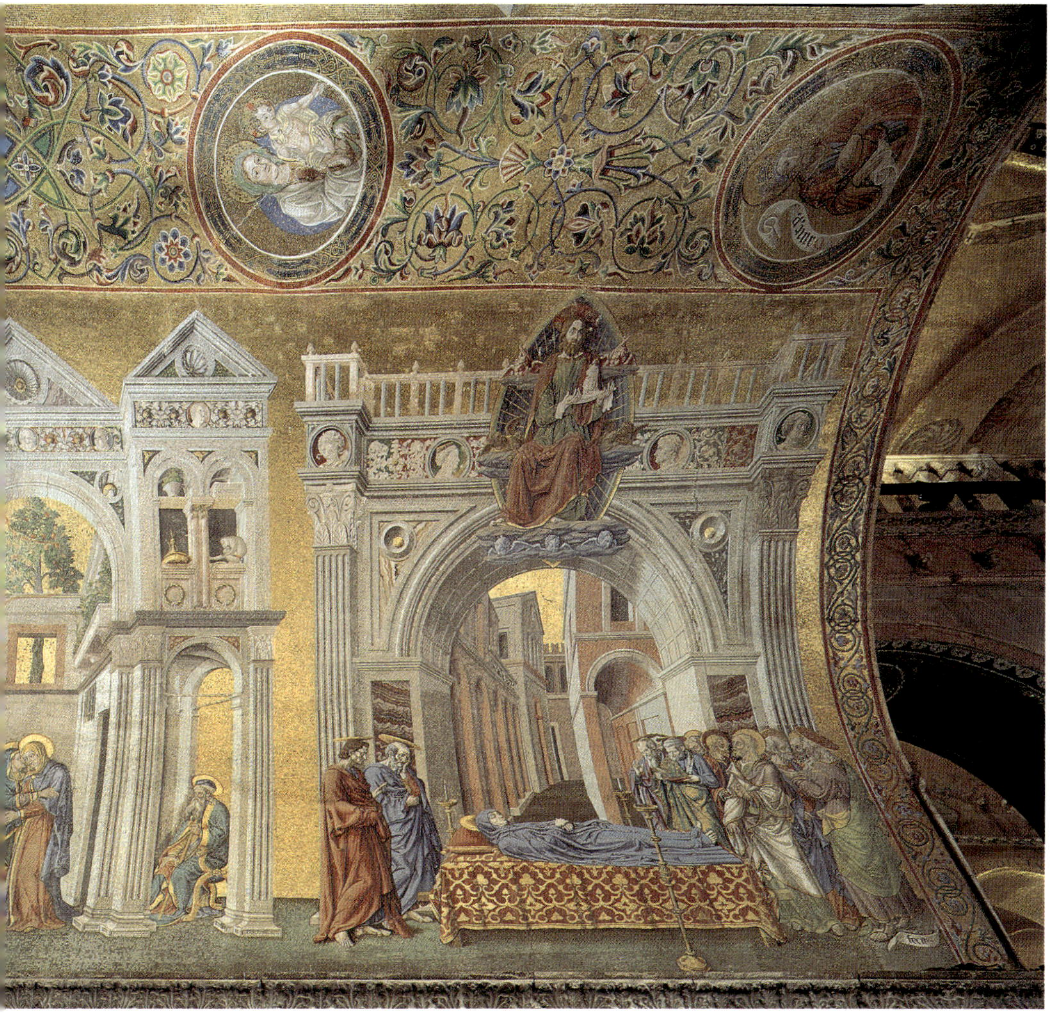

29 Andrea Castagno, Jacopo Bellini und **Michele Giambono**
Heimsuchung und *Marientod*, vollendet um 1451. Mosaik, Tonnengewölbe, Cappella dei Mascoli, San Marco, Venedig.

Zunftgemeinschaften noch verstärkt wurde, läßt sich an zwei bedeutenden künstlerischen Projekten des Quattrocento erkennen. Das erste Beispiel ist die *Cappella dei Mascoli (*Abb. 22, S. 39, und Abb. 29). Von dem Dogen Francesco Foscari 1430 als Erweiterung von San Marco begonnen, wurde sie um 1451 mit einer Mosaikdekoration vollendet, die fünf Szenen aus dem Leben der Jungfrau Maria erzählt. Beginnend mit Geburt und Tempelgang Mariens auf der linken Seite des Tonnengewölbes, wird die Sequenz mit der Verkündigung im Rundfenster der Stirnwand fortgesetzt und gipfelt in Heimsuchung und Tod Mariens. Folgt das Auge der chronologischen Entwicklung der Erzählung, bewegt es sich von der räumlichen Uneindeutigkeit und dekorativen Fülle der spätgotischen Palastarchitektur in den ersten beiden Szenen zu einem

Triumphbogen in der letzten Darstellung, die stilistisch schmucklos klassisch und in ihrer rationalisierten Perspektive exemplarisch für die Renaissance ist. Die stilistischen Diskrepanzen zwischen beiden Seiten sind anschaulicher Beweis dafür, daß sie nicht von einem Künstler gestaltet sein können. Und doch erscheint nur ein Name in den beiden Inschriften, die in den Mosaikhintergrund eingearbeitet sind. Ein *Titulus* (Inschrift) neben der Szene des Tempelgangs dokumentiert die Beteiligung des venezianischen Malers Michele Giambono (aktiv von 1420 bis zu seinem Tod 1462): MICHAEL ZAMBONO VENETUS FECIT. Giambono war einer von Venedigs führenden Vertretern der Internationalen Gotik oder des höfischen Stils, mit dem eine Phantasiewelt eleganter Kostüme, kostbarer Stoffe, kunstvoller Architektur, Genreelementen und faszinierenden anekdotischen Einzelheiten heraufbeschworen wurde.

Als deskriptive Kunst zeigte sie häufig ein hohes Maß an empirischem Realismus, der sich jedoch nur auf die Oberflächen und Details beschränkte und nicht auf die Strukturierung einer überprüfbaren Bildwelt ausdehnte. Giambonos Verantwortung für die Szenen auf der linken Seite und für die Verkündigung ist glaubwürdig, aber für die Szenen auf der rechten Seite ist sie unwahrscheinlich. Die geometrische Perspektive in der Darstellung des Todes läßt auf einen florentinischen Künstler schließen. Die meisten Experten sind sich einig, daß der Entwurf überwiegend das Werk von Andrea Castagno ist, der zu dieser Zeit kurzfristig an Fresken von S. Zaccaria arbeitete. Wahrscheinlich ist er nach Florenz zurückgekehrt und hat den Karton unvollendet zurückgelassen, und Giambono beendete die Arbeit zusammen mit einem anderen Venezianer, Jacopo Bellini (um 1400–70/71).

30 Andrea Verrocchio und **Alessandro Leopardi**
Reiterstandbild des Bartolommeo Colleoni,
1481–88/96. Vergoldete Bronze auf Marmorsockel, Höhe der Statue 4 m. Campo SS. Giovanni e Paolo, Venedig.

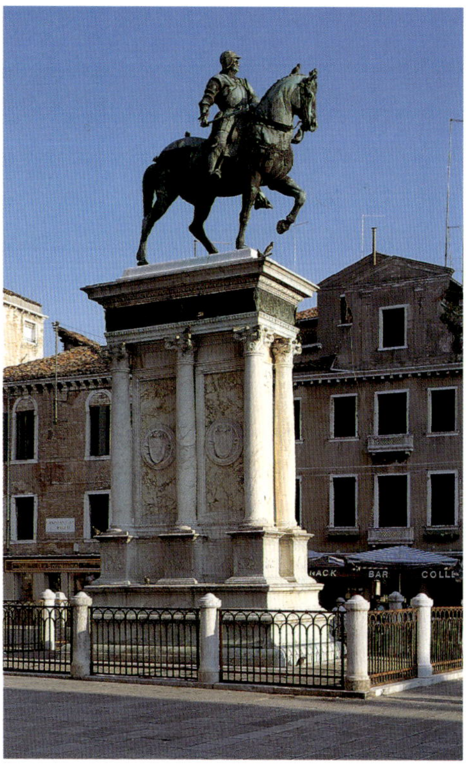

Indem diese Seite der Kuppel ebenfalls nach einem klaren Hinweis auf die Autorenschaft verlangte, fügte Giambono einen Schnörkel in derselben gotischen Schrift mit der kryptischen Aussage *fecit* (er schuf es) hinzu. Der Name des Künstlers mochte bei einer Restaurierung verlorengegangen sein, aber es waren keine näheren Angaben erforderlich. Auch wenn sich in der *Bottega* (Werkstatt) unter den einheimischen Künstlern zumindest ein Ausländer befand, wurde die eigentliche Autorenschaft letztlich immer einem venezianischen Meister zugeschrieben.

Ein noch deutlicheres Beispiel der venezianischen Eigenart, fremdes Talent für sich zu beanspruchen, findet sich in der Geschichte des Reiterstandbildes zu Ehren von Bartolomeo Colleoni (1400–76; Abb. 30, s. auch S. 47). Der wohlhabende Condottiere aus Bergamo, der für die Republik Venedig bedeutende militärische Dienste geleistet hatte, hinterließ eine große Summe für ein Denkmal, das ihm auf der Piazza San Marco errichtet werden sollte. Die Venezianer, die sich lange dagegen wehrten, eine einzelne Person in dem geheiligten Bezirk der Piazza zu ehren, zögerten jedoch nie, Reichtümer zum Vorteil der Stadt einzusetzen. Schließlich interpretierte man die Bestimmung des Standortes einfach als den Bereich vor der Scuola Grande di San Marco auf dem Campo SS. Giovanni e Paolo.

Im Jahre 1479 wurde ein Wettbewerb für das Standbild ausgeschrieben, und Verrocchio, ein Favorit der Medici, präsentierte ein lebensgroßes Wachsmodell des Pferdes. Anfänglich erhielt er den Auftrag für Roß und Reiter, aber dann, so Vasari, wurde sein Anteil an dem Auftrag auf das Pferd reduziert und die Anfertigung des Reiters wurde einem venezianischen Bildhauer übertragen – ein Vertragsbruch, der nur aus der Intervention einer der Zünfte resultieren konnte. Vasari berichtet, daß ein wütender Verrocchio die Beine und den Kopf seines Modells zertrümmerte und wieder nach Florenz verschwand. Von den venezianischen Behörden überredet, für den doppelten Lohn zurückzukehren und den ursprünglichen Auftrag für Roß und Reiter auszuführen, hatte er, als er 1488 starb, nur ein Tonmodell fertiggestellt. In seinem Testament bat er, daß sein Schüler Lorenzo di Credi (um 1458–1537) die Erlaubnis erhalten sollte, das Modell in Bronze zu gießen. Doch wurde diese prestigeträchtige Aufgabe Alessandro Leopardi (von 1482 –1522/23) übertragen, einem Venezianer, vornehmlich mit Erfahrungen als Bronzegießer in der Münze. Nachdem er die Figuren in Bronze gegossen und auf einen von ihm entworfenen Marmorsockel gestellt hatte, signierte Leopardi das Werk auf dem Sattelgurt des Pferdes, deutlich sichtbar: ALEXANDER LEOPARDVS V. F: OPVS. Daraufhin erhielt er den Spitznamen Alessandro del Cavallo, aber auch die volle Anerkennung für das Werk.

Selbst in Werkstattgemälden, die für Privatpersonen und nicht für den Staat angefertigt wurden, waren Signaturen keine Garantie für Authentizität. Viele von Bellinis Devotionalbildern wurden von seinen Gesellen vollendet oder reproduziert, die sie dann mit dem Namen des Meisters signierten. Umgekehrt blieben Werke, die er mit Sicherheit alleine gefertigt hat, unsigniert. Andere Signaturen belegen eine Verbindung, indem sie den Namen des tatsächlichen Malers zwar nennen, ihn aber als Schüler des Meisters ausweisen.

Künstlerische Dynastien

Kollektive Tendenzen und künstlerische Kontinuität wurden in Venedig durch eine langjährige Tradition von Familienbetrieben gewährleistet. Diese umfaßten meist Schwiegereltern und Geschwister sowie Angehörige mehrerer Generationen. In der Regel stand eine Werkstatt unter der Führung eines *Paterfamilias,* dessen Söhne im gemeinsamen Unternehmen mitarbeiteten. Erst nach dem Tod des Vaters eröffneten sie ihre eigenen Werkstätten. Paolo da Venezia, selbst Bruder eines Malers mit Namen Marco, hatte drei Söhne, die ebenfalls Maler wurden, Luca, Giovannino und Marco. Die ersten beiden arbeiteten mit dem Vater an der *Pala Feriale,* einer bemalten Schutzhülle für die Pala d' Oro in San Marco. Nur Marco, vermutlich der jüngste Sohn, wurde als unabhängige Künstlerpersönlichkeit mit einem signierten Altarbild und einer Reihe ihm zugeschriebener Gemälde bekannt.

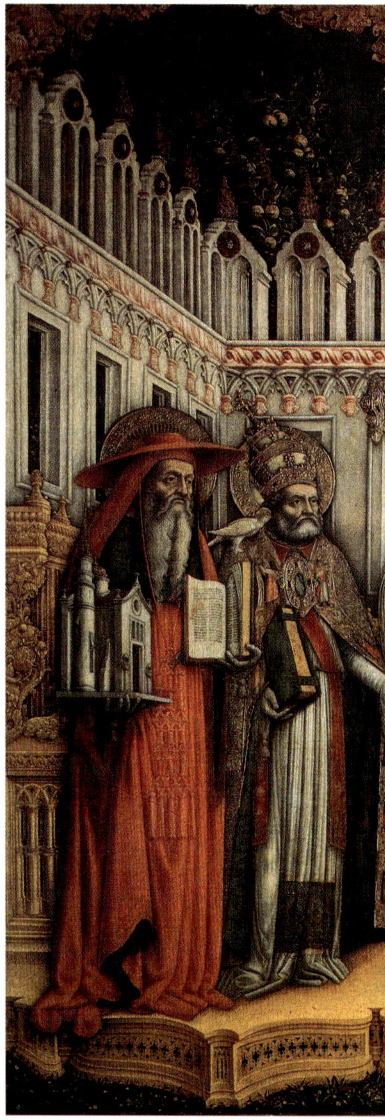

Bisweilen führten unterschiedliche Fertigkeiten zu kontinuierlicher Zusammenarbeit zwischen einzelnen Berufszweigen. Der Maler Andrea da Murano (von 1463–1504) betrieb im Laufe einer langen und offenbar einträglichen Karriere die gemeinsame Werkstatt mit seinem Bruder Girolamo, einem Rahmenmacher. Ebenso kam es vor, daß eine einzelne Familie eine Reihe von begabten Malern hervorbrachte, von denen jeder einzelne eine erfolgreiche und unabhängige Laufbahn einschlagen konnte. Dies war bei den zwei Familien der Fall, welche die venezianische Malerei des Quattrocento dominierten: die Vivarini und die Bellini.

Antonio Vivarini aus Murano (tätig um 1440 bis um 1476/84) arbeitete zuerst in einer gemeinsamen Werkstatt mit seinem Schwager, Giovanni d'Alemagna (gestorben 1450). Zusammen fertigten sie eine Reihe bedeutender Altarbilder, darunter ein Triptychon für die Scuola Grande di S. Maria della Carità (Abb. 31). Bei diesem ältesten der noch existierenden venezianischen Gemälde auf Leinwand handelt es sich um ein Übergangswerk. In seinem einheitlichen Bildfeld ist es vorausschauend. Die Heiligenfiguren, die als *Sacra conversazione* angeordnet sind, befinden sich in einem überzeugend angedeuteten dreidimensionalen Raum, der jenseits der Streben des Rahmens zu existieren scheint: Albertis Fenster in eine gemalte Welt. Die uneinheitliche Figurengröße und die

31 Antonio Vivarini und **Giovanni d'Alemagna**
Muttergottes und *Die vier Kirchenväter (Hieronymus, Gregor, Ambrosius und Augustinus),* 1446. Drei Leinwände, Mittelteil 340 x 200 cm; Seiten je 340 x 140 cm. Gallerie dell'Accademia, Venedig.

Der *Hortus conclusus* oder abgeschlossene Garten war eine verbreitete Metapher der Jungfrau. Da die Galerien der Accademia jetzt in den ehemaligen Räumen der Scuola untergebracht sind, befindet sich das Gemälde noch immer in dem Raum, für den es ursprünglich bestimmt war, der *Albergo,* in der die Funktionäre ihre Versammlungen abhielten. Auch wenn es in dem Saal einen Altar gab, wurde das Gemälde offenbar nie darüber angebracht. Tizians *Tempelgang Mariä* (1534–38) wurde später im selben Raum installiert und befindet sich noch heute dort.

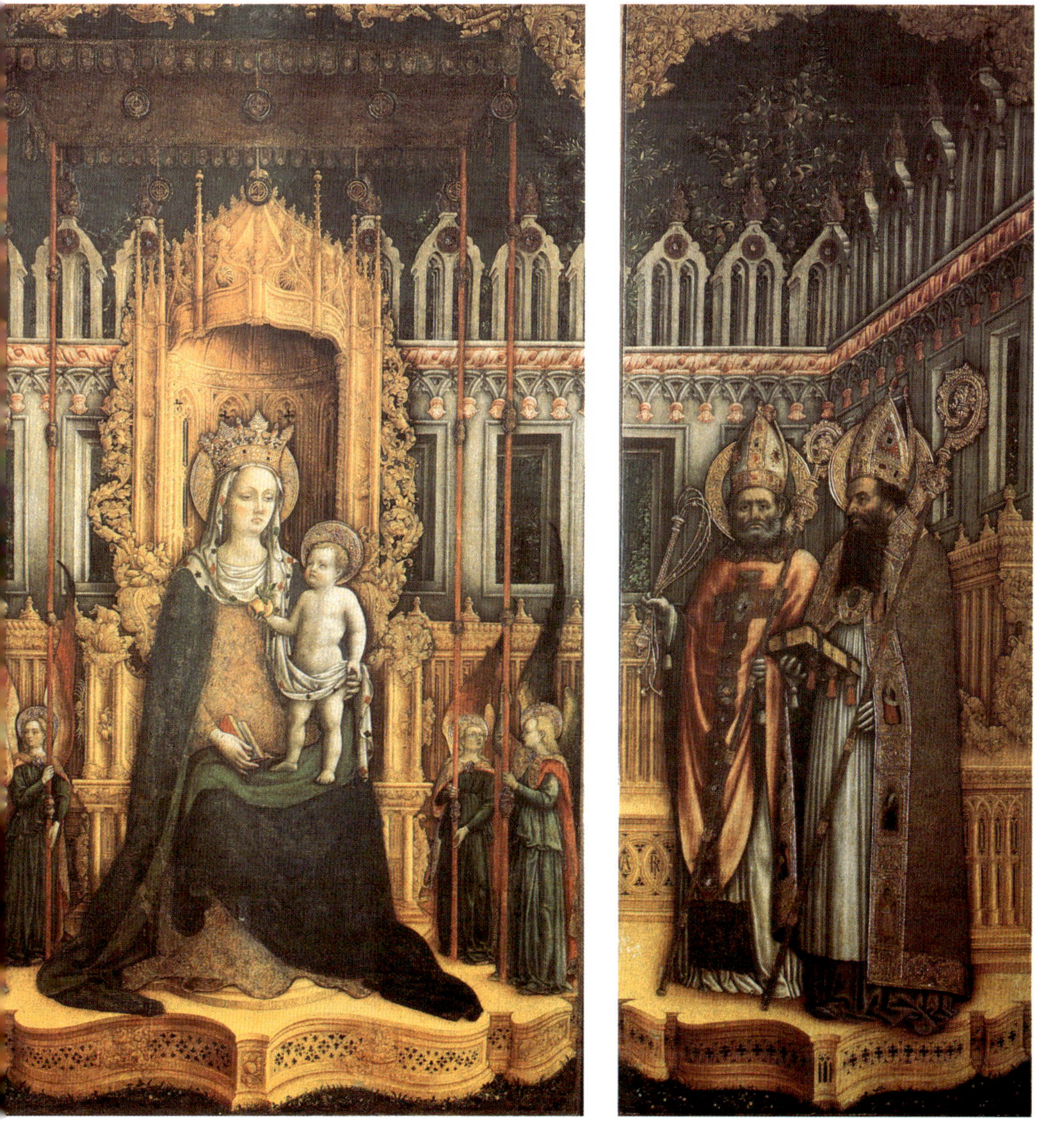

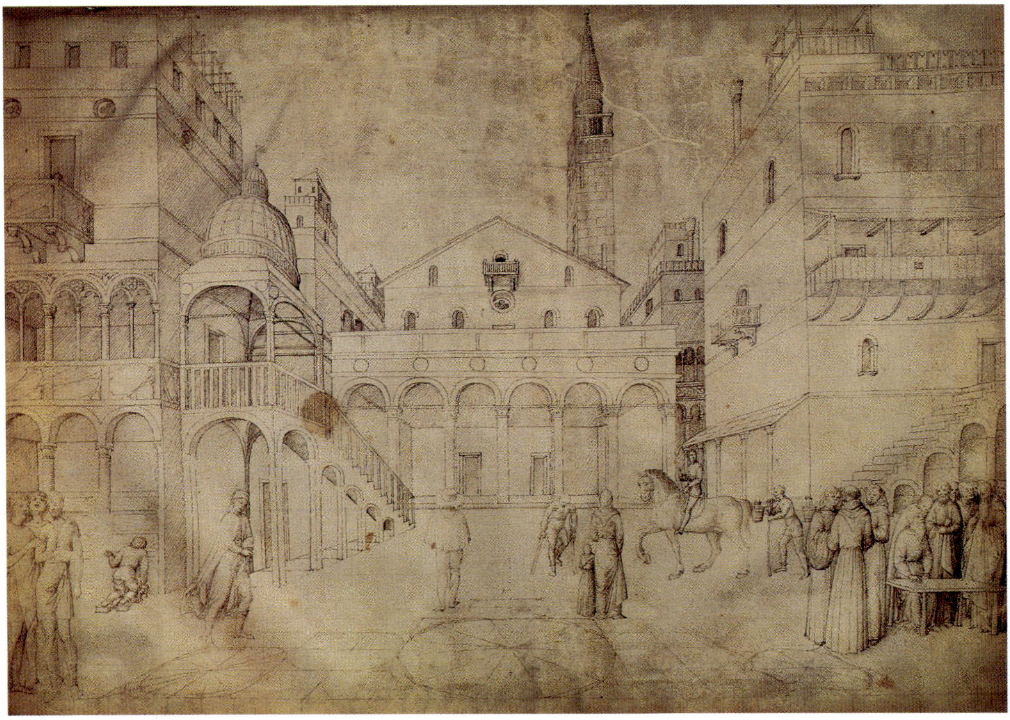

32 Jacopo Bellini
Campo vor einer Kirche, um 1550–55. Tusche und Silberstift auf einem Pergament aus dem 13. Jh., ca. 42,7 x 29 cm. Louvre, Paris.

Der Künstler folgte Albertis Regeln der Fluchtpunktperspektive bei der Anlage des Bildraums und seine Konstruktionslinien sind noch immer im Vordergrund zu erkennen. Die Horizontlinie ist durch die Bodenlinie des Gebäudes mit dem Säulengang im Hintergrund definiert. Der Fluchtpunkt liegt unmittelbar über dem Fuß der zentralen Säule.

opulente Fülle des dekorativen Apparats lassen dieses Bild jedoch rückständig erscheinen. Als seien kunstvolle Architektur und luxuriöse Stoffe nicht genug, sind die Heiligenscheine, die Gewandmuster und die liturgischen Utensilien in einem letzten üppigen Aufblühen der Internationalen Gotik in *Pastiglia* gearbeitet, einer kalkartigen Paste, die geformt, geschnitzt und mit einem dekorativen Muster versehen, dann bemalt und vergoldet wird. In dieser Hinsicht ist das Gemälde kein Fenster, sondern eine Oberfläche.

Nach dem Tod von Giovanni d'Alemagna 1450 ging Antonio eine Partnerschaft mit seinem jüngeren Bruder Bartolomeo ein (s. Abb. 26, S. 44). Antonios Talent lebte weiter in dessen Sohn Alvise, der ein anerkannter Maler des späten Quattrocento wurde.

Die Errungenschaften der Vivarini wurden indes von Jacopo Bellini mit seinen talentierten Söhnen Gentile und Giovanni noch übertroffen. Jacopo Bellini unternahm die ersten konsequenten Schritte, die florentinische Renaissance in einen venezianischen Dialekt zu übersetzen. Zwar war auch er noch in der Tradition der Internationalen Gotik ausgebildet, und sein Mentor war kein geringerer als Gentile da Fabriano (um 1370–1427), der führende Vertreter dieses Stils. Doch war er früh für den Reiz der Antike und die revolutionären Auffassungen des bildnerischen Realismus aufgeschlossen, die aus Florenz und Padua kamen. In seinen späteren Jahren wurde er auch durch das einzigartige Werk Andrea Mantegnas (um 1431–1506) beeinflußt, der seine Tochter Nicolosia geheiratet hatte.

Da die meisten seiner Gemälde heute nicht mehr existieren, auch nicht jene lebensnahen Porträts, für die er berühmt war, beruht Jacopo Bellinis künstlerisches Vermächtnis auf zwei großen Skizzenbüchern mit 230 Zeichnungen (Abb. 32 und 33). Seine Frau Anna erbte beide Bücher und vermachte sie ihrem Sohn Gentile. Als Gentile vom venezianischen Senat 1479 nach Konstantinopel geschickt wurde, um das Porträt Sultan Mehmet II. und seines Hofs zu malen, überreichte er dem osmanischen Herrscher jenen Band, der sich heute im Louvre befindet. Den anderen vermachte er seinem Bruder Giovanni, heute ist er im Besitz des British Museum.

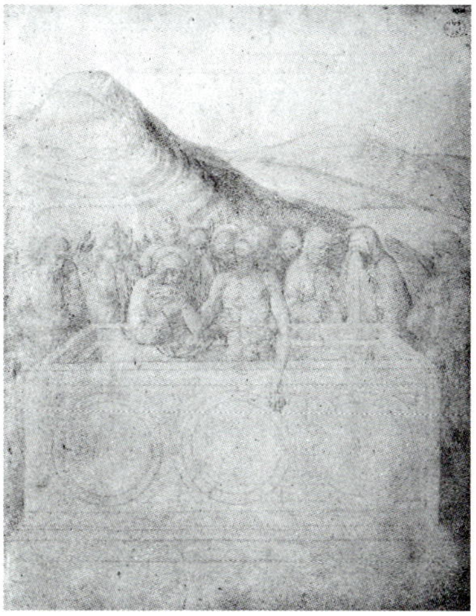

33 Jacopo Bellini
Pietà, um 1460. Grauer Silberstift auf Papier, 41,5 x 33,6 cm. British Museum, London.

Jacopos Skizzenbücher sind nur die Relikte eines größeren Vermächtnisses. Von regem und sehr originellen Geist führte er die meisten der für die venezianische Renaissancemalerei wegweisenden Themen ein: die Konstruktion bildhafter Erzählungen, Landschaften und Stadtansichten in einer Zeit der Linearperspektive, die sinnliche Darstellung des menschlichen Körpers und tief empfundener Gefühle sowie eine romantische Sicht der Antike, die auf dem Studium der Geschichte des Altertums und einer naturalistischen Vorstellungskraft basierte. Das erhaltene Werk von Jacopos beiden Söhnen läßt vermuten, daß sie diese ästhetische Begabung entsprechend ihrer eigenen, sehr unterschiedlichen Interessen und künstlerischen Stärken unter sich aufteilten. In der letzten Dekade des Quattrocento war Gentile Venedigs herausragender Vertre-

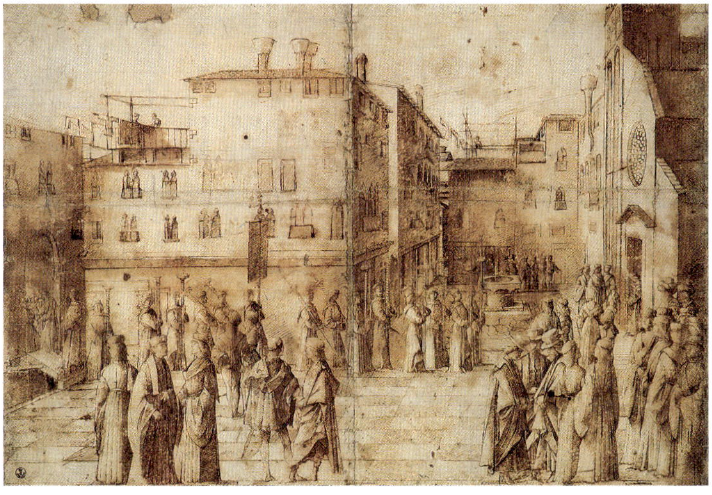

34 Gentile Bellini
Prozession auf dem Campo S. Lio, um 1494. Tusche auf braunem Papier, 44,2 x 59,1cm. Uffizien, Florenz.

Die Skizze ist eine vorbereitende Studie von Gentile für das Wunder an der Brücke von S. Lio, gemalt von Giovanni Mansuetti. Sie gehörte zu dem Zyklus der neun narrativen Gemälde, in denen die Wunder der Kreuzreliquie dargestellt sind und die 1409 von der Scuola Grande di S. Giovanni Evangelista in Auftrag gegeben wurden.

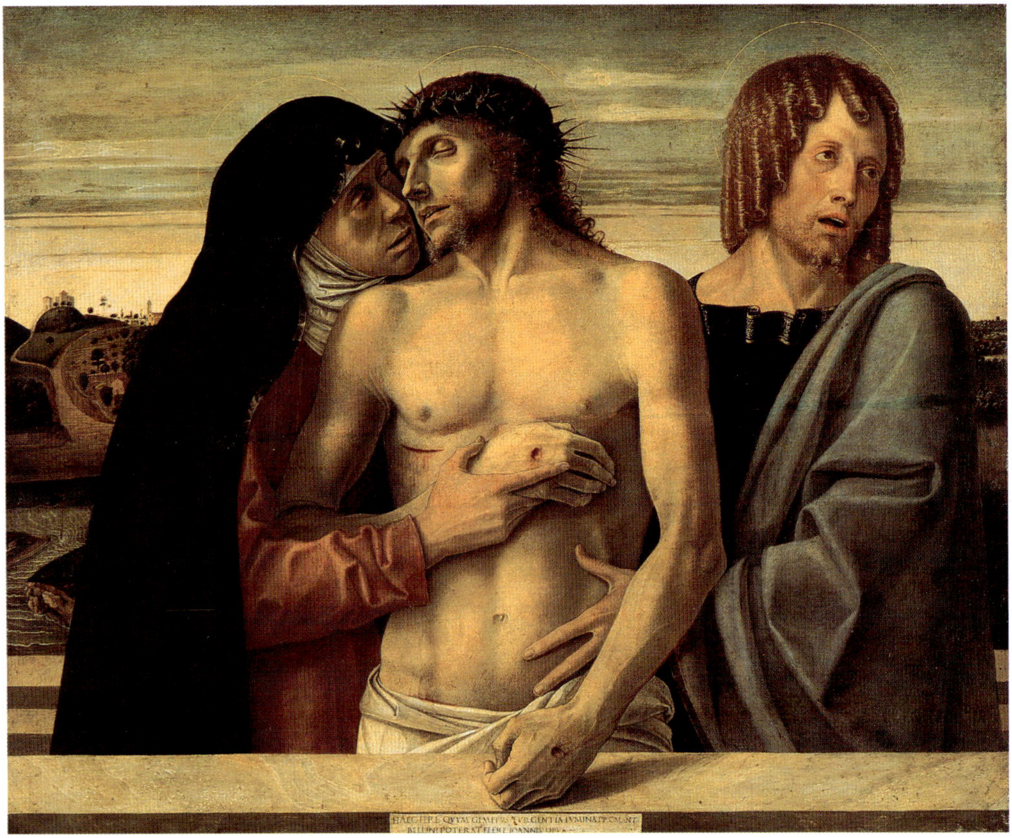

35 Giovanni Bellini
Pietà, um 1467. Tempera auf Holz, 86 x 107 cm. Pinacoteca di Brera, Mailand.

Giovannis frühe Arbeiten zeigen in ihrer plastischen Modellierung und expressiven Betonung tief empfundener Gefühle den Einfluß von Mantegna.

ter der narrativen Malerei. Mit seiner Vorliebe für komplizierte architektonische Konstruktionen und detaillierte Szenen des städtischen Lebens wurde er als der Maler der Zeremonien und des öffentlichen Lebens gefeiert (Abb. 34). Giovanni hingegen suchte nach der vollkommenen Schönheit und beschäftigte sich mit dem Menschen und der natürlichen Welt. In seinen Andachtsbildern erforschte er die weiten Mysterien menschlicher Psychologie und Spiritualität. Zudem strebte er in profanen und sakralen Bildern nach einer tiefen Harmonie zwischen dem Mensch und der Natur (Abb. 35).

Familienwerkstätten, in denen die weniger großen Talente mit einem begabteren Verwandten oder Künstlerdynastien zusammenarbeiteten und Neffen und Söhne die Ausübung des Handwerks fortsetzten, spielten in Venedig während der gesamten Renaissance eine wichtige Rolle. Jacopo Palma, genannt il Vecchio (um 1480–1528), war ein führender Maler der ersten Jahrzehnte des 16. Jahrhunderts. Am Ende des Jahrhunderts genoß sein Großneffe Palma il Giovane (um 1548–1628) großes Ansehen, insbesondere, weil er

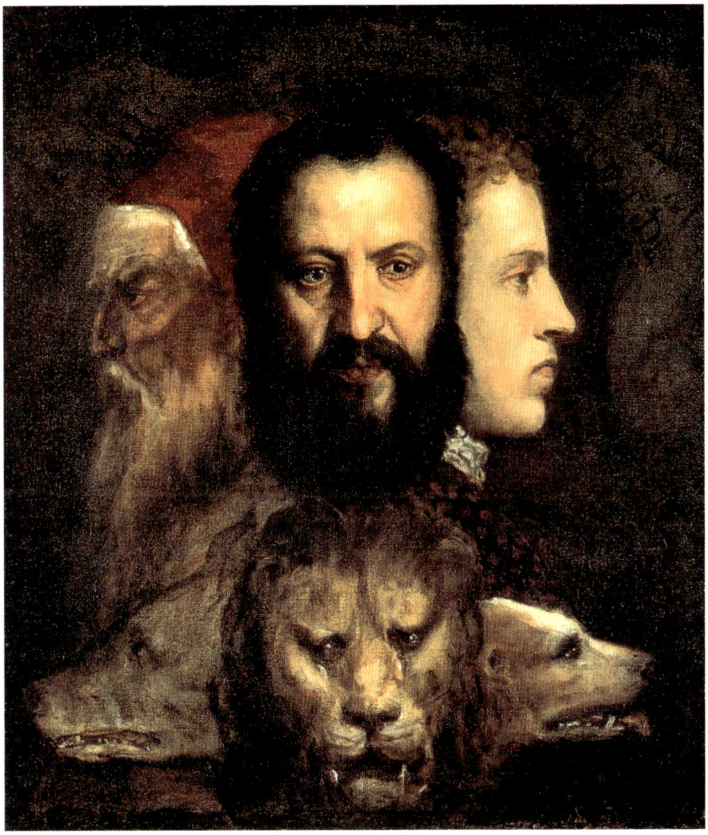

36 Tizian
Allegorie der Klugheit, um 1565. Öl auf Leinwand, 76,2 x 68,6 cm. National Gallery, London.

Die Porträts repräsentieren die drei Menschenalter. Tizian verstärkt die Metapher, indem er von zarten Pinselstrichen und heller Beleuchtung für den jungen Marco zu einem impressionistischen Farbauftrag für sein eigenes Porträt übergeht, das im Schatten zu verschwinden scheint. Die drei Tierköpfe symbolisieren die Klugheit, eine Hieroglyphe, die auf den Schriften des Macrobius basiert (5. Jh.). Während der Wolf unter Tizian die Vergangenheit darstellt, welche die Erinnerung verschlingt, steht der starke und wilde Löwe für die Gegenwart, und der Hund für die unsichere Zukunft. Eine lateinische Inschrift über den Figuren vervollständigt die Allegorie: »Aus der Vergangenheit handelt die Gegenwart mit Klugheit, will sie nicht zukünftige Taten zerstören.«

Tizians *Pietà* (s. Abb. 17, S. 32) vollendet hatte. Die Tatsache, daß Tizian, selbst Bruder eines Malers, seinen Nachfolger als Angehörigen einer Dynastie sah, wird durch sein Gemälde *Allegorie der Klugheit* (Abb. 36) angedeutet. Darin porträtiert er sich selbst mit seinem Sohn Orazio (1525–76) und seinem Neffen Marco (1545–1611), ebenfalls Maler. Nach dem Tod von Paolo Veronese, setzten dessen Bruder Benedetto Caliari (1538–1598) und die Söhne Carletto (1570–96) und Gabriele (1568–1631) die Familientradition fort und signierten ihre Gemälde mit *Credi di Paolo* (Erben von Paolo).

Jacopo Robusti, genannt Tintoretto (1518–94), besaß eine große Familie und eine geschäftige Werkstatt. Seine drei Hauptassistenten waren seine Söhne Domenico (um 1560–1635) und Marco (gestorben um 1637) sowie seine Tochter Marietta (um 1556–um 1590). In seinem Testament bat er Domenico, die zum Zeitpunkt seines Todes noch nicht fertiggestellten Bilder zu vollenden und wünschte, daß alle Zeichnungen, Gipsabgüsse und Modelle im Unternehmen der Familie verbleiben sollten.

Der Künstler als Individuum

Solche Familienunternehmen sorgten zwar für Kontinuität, konnten jedoch auch individuelle Kreativität unterdrücken. So sehr man gemeinsame Unternehmen schätzte, fehlten venezianische Künstler nicht bei den Debatten über das Wesen des künstlerischen Genius. Ein humanistischer Dichter am Hofe von Ferrara widmete Jacopo Bellini 1441 ein Sonett: »Wie kannst du frohlocken, Bellino, daß, was dein heller Geist fühlt, deine eifrige Hand in reiche und ungewöhnliche Form bringt. So daß du alle anderen die wahre Art des göttlichen Apelles und des edlen Polyklet lehren kannst. Denn wenn die Natur dich perfekt gemacht hat, ist dies ein Geschenk des Himmels und dein Schicksal.« Jacopo war durchaus empfänglich für derartige Schmeicheleien und zögerte nicht, 1448 einer Madonna mit dem Kind eine Inschrift hinzuzufügen, die bestätigte: HAS DEDIT INGENUA BELINUS MENTE FIGURAS (Bellini brachte diese Formen durch sein Genie hervor). Zehn Jahre später verwendete der Medailleur Zuan Boldù (tätig 1454 bis zu seinem Tod um 1477) ein anderes Medium, um dem höheren Geist des künstlerischen Selbst Auszudruck zu verleihen (Abb. 37 und 38). Er stellt sich selbst auf der Vorderseite eines Porträtmedaillons in ausgesprochen klassischer Art dar, die Schultern heroisch entblößt und das lockige Haar mit einem Efeukranz gebunden. Auf der Rückseite der Medaille zeigt Boldù eine persönliche Meditation über Tod und Unsterblichkeit. Indem er sich selbst als Ganzfigur abbildet, die sich in einer Geste der Verzweiflung die Hände vor Augen hält, partizipiert der Künstler an seiner Allegorie. Zu seiner Rechten lehnt ein Putto gegen den Totenschädel und hält eine Flamme. Putto und Totenschädel symbolisieren die Unabwendbarkeit des physischen Todes, während mit der Flamme die Möglichkeit der Unsterblichkeit durch die Beständigkeit des Ruhms angedeutet wird. Der Künstler bestätigt nicht nur seine Identität, sondern auch seine Kenntnisse in den klassischen Sprachen – das Zeichen einer guten humanistischen Erziehung – mit derselben Aufschrift auf jeder Seite der Medaille, auf der Vorderseite in Griechisch und auf der Rückseite in Latein: »Ionnis Boldù, Maler aus Venedig.«

Unten und gegenüber
37 und 38 **Zuan Boldù**
Selbstporträt (Vorderseite) und *Allegorie des Todes* (Rückseite), 1458. Bronze, Durchmesser 8,5 cm. Museo Civico Correr, Venedig.

Am Ende des 15. Jahrhunderts latinisierten die meisten venezianischen Künstler ihre Namen, um sich klassische Wurzeln zu verleihen. Aus Vetor Scarpazza (bekannt als Vittore Carpaccio) wurde Victor Carpathius. Giovanni Bellini signierte mit Ioannes Bellinvs, und Lorenzo Lotto nannte sich Lavretivs Lotvs.

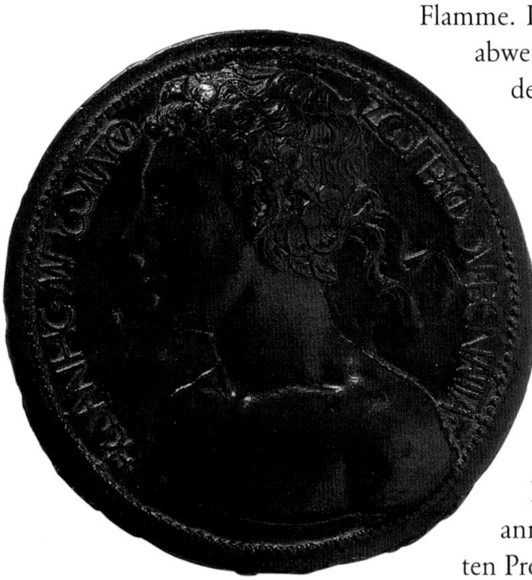

Weitere zehn Jahre später macht Giovanni Bellini mit der Autorität der Klassiker in einer anmutigen Paraphrase des antiken römischen Poeten Properius auf seine eigenes Talent aufmerksam. Er schrieb sie auf ein *Cartellino* (wörtlich: kleine Karte) der *Pietà*, die sich heute in der Pinacoteca di Brera in Mailand befindet (s. Abb. 35, S. 56). Hier spielt er auf die überlegene Fähigkeit des Malers an, beim Betrachter eine lebendige Präsenz heraufzubeschwören und Empathie zu wecken: HAEC FERE QVVM GEMITVS TVRGENTIA LVMINA PROMANT BELLINI POTERAT FLERE IONAANIS OPVS (Wenn diese leidenden Augen Seufzer heraufbeschwören, so vergießt auch dies Werk von Giovanni Bellini Tränen). Die Tatsache, daß es sich bei dem Cartellino selbst um eine Täuschung, um ein fiktives Stück Papier handelt, das anscheinend auf den Sarg aufgeklebt ist, deutet auch darauf hin, daß die Malerei der Schrift in der Erfassung der Realität überlegen ist.

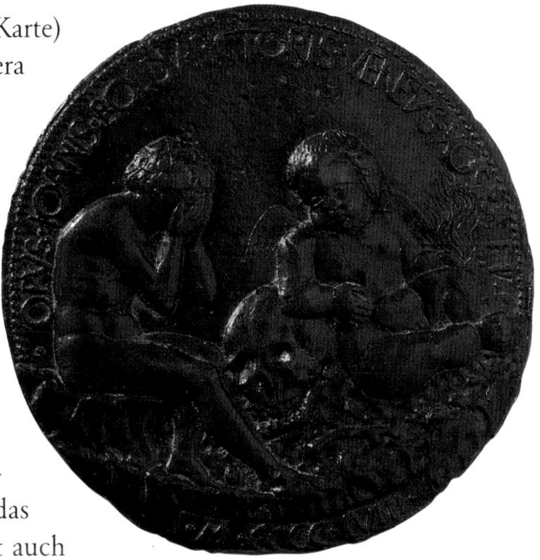

Ebenso wie Boldù mit dem Medaillon seine humanistische Bildung gefeiert hatte, setzten andere Künstler ihre künstlerischen Fertigkeiten ein, um ihre Position in der gesellschaftlichen Ordnung zu definieren. Als Funktionär der Scuola Grande di San Marco konnte Gentile Bellini sein eigenes sowie das Porträt anderer Angehöriger der Bruderschaft in sein Gemälde *Predigt des hl. Markus in Alexandria* aufnehmen, ohne die kollektive Mentalität zu beleidigen (Abb. 39). Auch zögerte er nicht, sich selbst mit einer roten Toga und der goldenen Kette der Ritterschaft auszustatten, die ihm 1479 vom osmanischen Sultan Mehmet II. verliehen worden war.

Trotz der Lobpreisungen der Bellini durch Dichter und Humanisten blieben die Maler im wesentlichen Männer der Werkstätten. Die meisten Werke wurden für spezielle politische, religiöse oder didaktische Funktionen an bestimmten Orten der Stadt angefertigt. In den Werken von Giovanni Bellinis Schüler Giorgione finden sich jedoch die Anfänge eines neuen Genres der Kabinettmalerei, meist kleinere Arbeiten, die ausschließlich zur Erbauung einer neuen Kategorie von Auftraggebern geschaffen wurden: dem Kunstsammler. Man trifft den Künstler in literarischen und philosophischen Kreisen an. Giorgione schuf die visuelle Umsetzung der arkadischen Welt, die Pietro Bembo (1470–1547) in »Gli Asolani« heraufbeschworen hatte, einer Sammlung platonischer Dialoge über die Liebe, in der ländlichen Umgebung von Asolo geführt. Vasari bemerkte 50 Jahre nach dessen Tod, der »sanftmütige und höfliche« Giorgione sei »stets ein sehr romantischer Mann gewesen und liebte besonders die Laute, die er so meister-

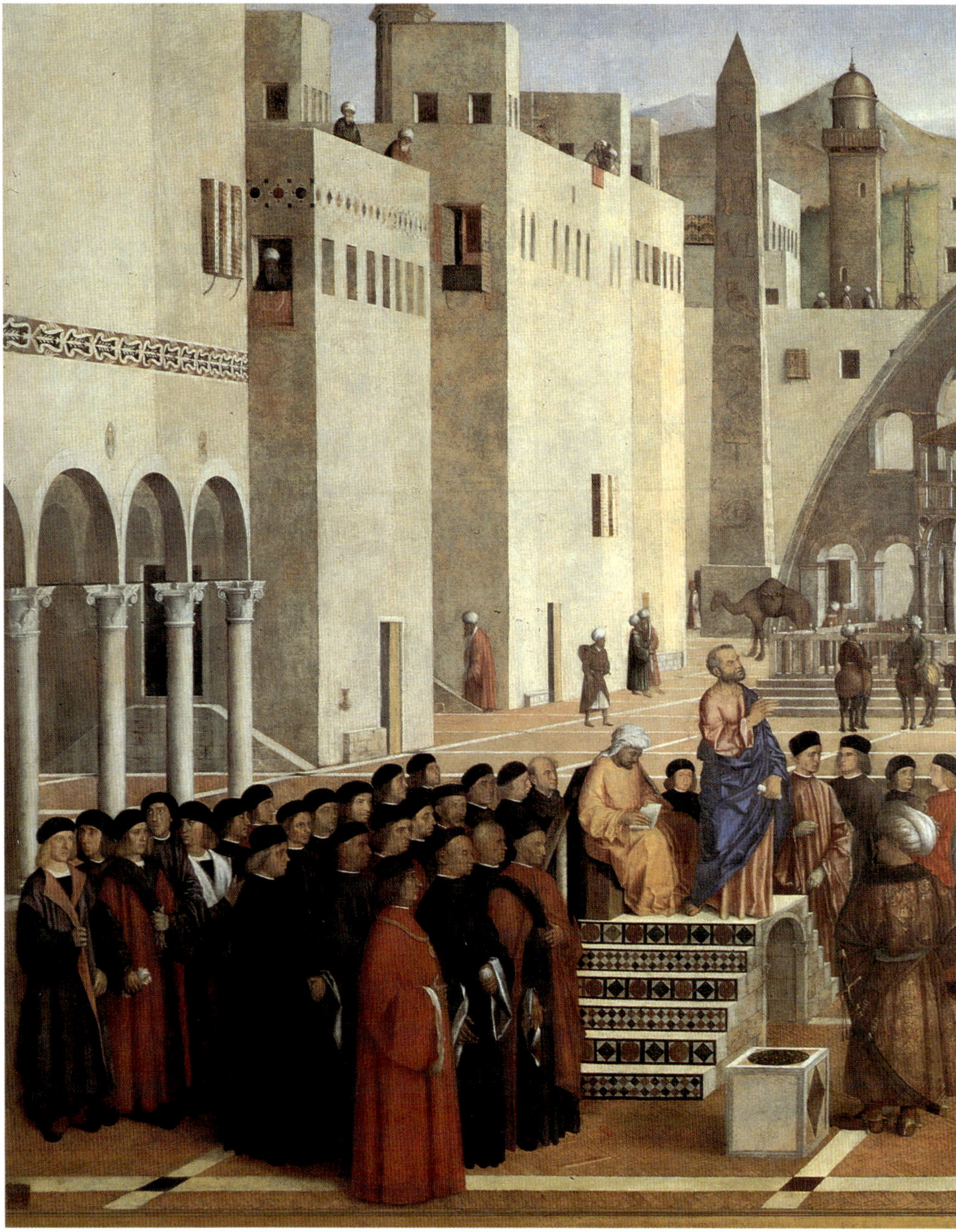

39 Gentile Bellini
Predigt des hl. Markus in Alexandria, 1507 (Detail). Öl auf Leinwand, 350 x 770 cm. Pinacoteca di Brera, Mailand.

Die Hieroglyphen auf dem Obelisk direkt über dem Kopf des hl. Markus zeugen von einer verbreiteten Faszination für ägyptische Überlieferungen und waren Erfindungen der Renaissance. Humanisten sahen in den Piktogrammen nicht nur einen Schlüssel zu den Mysterien des Altertums, sondern auch eine universelle Sprache, mit der zumindest Eingeweihte jeden Gedanken und jede metaphysische Vorstellung ausdrücken konnten.

lich zur Begleitung seines eigenen Gesangs spielte, daß seine Dienste häufig bei Konzerten oder Versammlungen in Anspruch genommen wurden.« Ob man Vasaris Bericht nun im einzelnen Glauben schenken darf oder nicht, wichtig ist, daß er auf eine neue, romantische Sicht des Künstlers hinweist, der nicht nur Schaffender ist, sondern auch eine eigene Persönlichkeit besitzt.

Der frühe Tod beendete Giorgiones bereits zu Lebzeiten legendäre Karriere. Er war ein Künstler von unvergleichlicher Originalität und setzte die Maßstäbe für die Malerei des Cinquecento in Venedig, wie Jacopo Bellini es für die vorherige Generation getan hatte. Aber es war Giorgiones Nachfolger Tizian, der durch seinen internationalen Ruhm selbst Michelangelo Konkurrenz machte.

Tizians Karriere überspannt ein Dreiviertel Jahrhundert und ist durch kontinuierliche Errungenschaften und Erfolge gekennzeichnet. Von Kaiser Karl V. 1533 zum Pfalzgrafen und zum Hofmaler ernannt, war er nicht nur Maler, sondern auch ein Mann von Stand. Zudem war Tizian einer der ersten Künstler, dessen Ansehen durch die Schriften zeitgenössischer Kritiker gefördert wurde und er galt in den großen ästhetischen Debatten des 16. Jahrhunderts als Verkörperung der venezianischen Malerei schlechthin. In einer Analogie zwischen Tizians Pinsel und seiner Feder pries der Schriftsteller Pietro Aretino (1492–1556) in der Paragone-Debatte den Meister für seine Fähigkeit, mit der Natur konkurrieren zu können. Aber das Nachahmungstalent, das Aretino als Tugend betrachtete, bedeutete eine Infragestellung der toskanischen Auffassung von Malerei, die das Geistige über das Sinnliche stellte. Deshalb kritisierte Vasari die venezianischen Künstler und sogar Tizian, den er gleichzeitig widerstrebend bewunderte. Ihr Mangel lag in dem Beharren auf der Privilegierung des sinnenhaften Aktes des *Colorito* (der Farbgebung) gegenüber dem intellektuellen Prozeß des *Buon disegno* (des guten Entwurfs von der Idee bis zur Zeichnung) als grundlegende Komponente unter den drei Eckpfeilern der Malerei: *Invenzione, Disegno, Colorito* (Erfindung, Entwurf, Farbgebung). Nach Ansicht Vasaris konnte die Kunst mit Hilfe des Disegno über die Ordnung der Natur erhoben werden. Meßbar, rational und konkret, war Disegno zudem der Vater aller Künste: Malerei, Architektur und Skulptur.

Ludovico Dolce (1508–68) stellte sich in der sogenannten Disegno-colorito-Kontroverse auf die Seite der Venezianer und lobte Tizian für eben jene Mißachtungen, die Vasari so verärgert hatten. Vermutlich war es Dolce oder Aretino, der eine persönliche *Impresa* (ein heraldisches Emblem und Motto) für den Künstler erdacht hatte (Abb. 40). Es besteht aus dem Bild einer Bärin, die ihr Junges in Form leckt, und dem Motto: NATURA POTENTIOR ARS

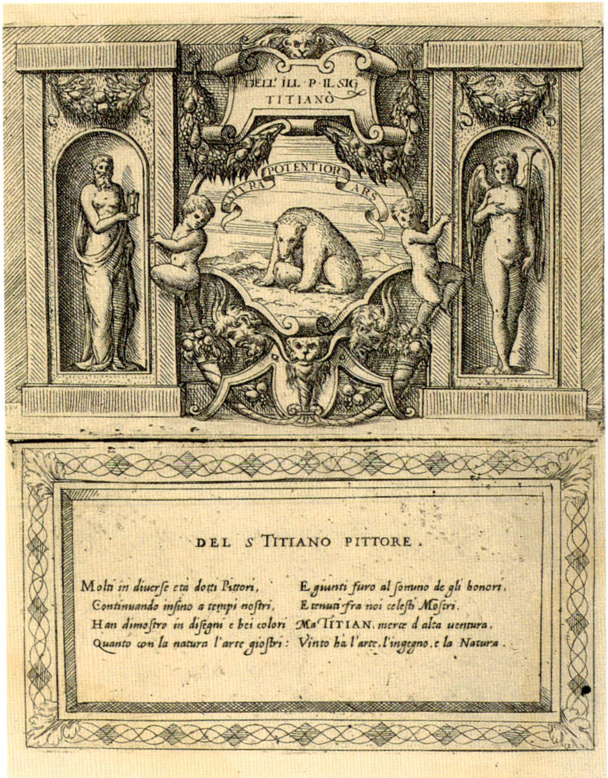

40 Tizians Impresa, aus: **Battista Pittoni,** *Imprese di diversi prencipi, duchi, signori, e d'altri personaggi et huomini letterati et illustri . . . Con alcune stanze del Dolce che dichiarano i motti di esse imprese,* 1568, Nr. XXXXIII. Privatsammlung.

Der Vers unter der Impresa von Ludovico Dolce besagt, es habe die Kunst seit alters her mit der Natur konkurriert, Tizian aber habe über Kunst, Geist und Natur triumphiert.

(Kunst ist mächtiger als die Natur). Bezugnehmend auf ein Gleichnis, das von klassischen Schriftstellern auf die Dichtkunst von Vergil angewendet wurde, implizierte dieses Emblem, daß das Bärenjunge ohne Form geboren war und ihm seine Mutter auf diese Art Gestalt verleihen mußte. Die Analogie zum Künstler war ebenso offensichtlich wie die zum Poeten, denn auch er gab dem Rohmaterial eine Form und übertraf damit die Natur.

Zeit seines Lebens Mitglied der *Arte dei Depentori,* war Tizian stets auch ein Geschäftsmann, der seinen Auftraggebern Produkte von unübertroffener Qualität lieferte. Sein Talent, seine Intelligenz und sein Selbstbewußtsein verliehen ihm mehr Freiheit als den meisten seiner Kollegen. In einem letzten Selbstporträt, das er kurz vor seinem Tod malte, resümiert er das empfindliche Gleichgewicht zwischen Kunst und Handwerk, das es ihm ermöglicht hatte, die Standesgrenzen in einer immer strikteren Gesellschaft zu überschreiten (Abb. 41). Die schwere goldene Ehrenkette, die ihm von Kaiser Karl V. verliehen worden war, ist nur als subtiler Hinweis auf seine Stellung zu erkennen, aber in seiner Hand hält er einen Pinsel, das Werkzeug des Malers.

Tizians überragende Bedeutung sollte jedoch die ungeheure Vielfalt künstlerischen Talents im Venedig der Renaissance nicht vergessen lassen. Die Schaffung dieser visuellen Welt ist das Ergebnis einer breit angelegten Zusammenarbeit zwischen Künstlern von unterschiedlichstem Talent, Auftraggebern aus allen Schichten des wirtschaftlichen und sozialen Spektrums und Betrachtern verschiedenster Herkunft.

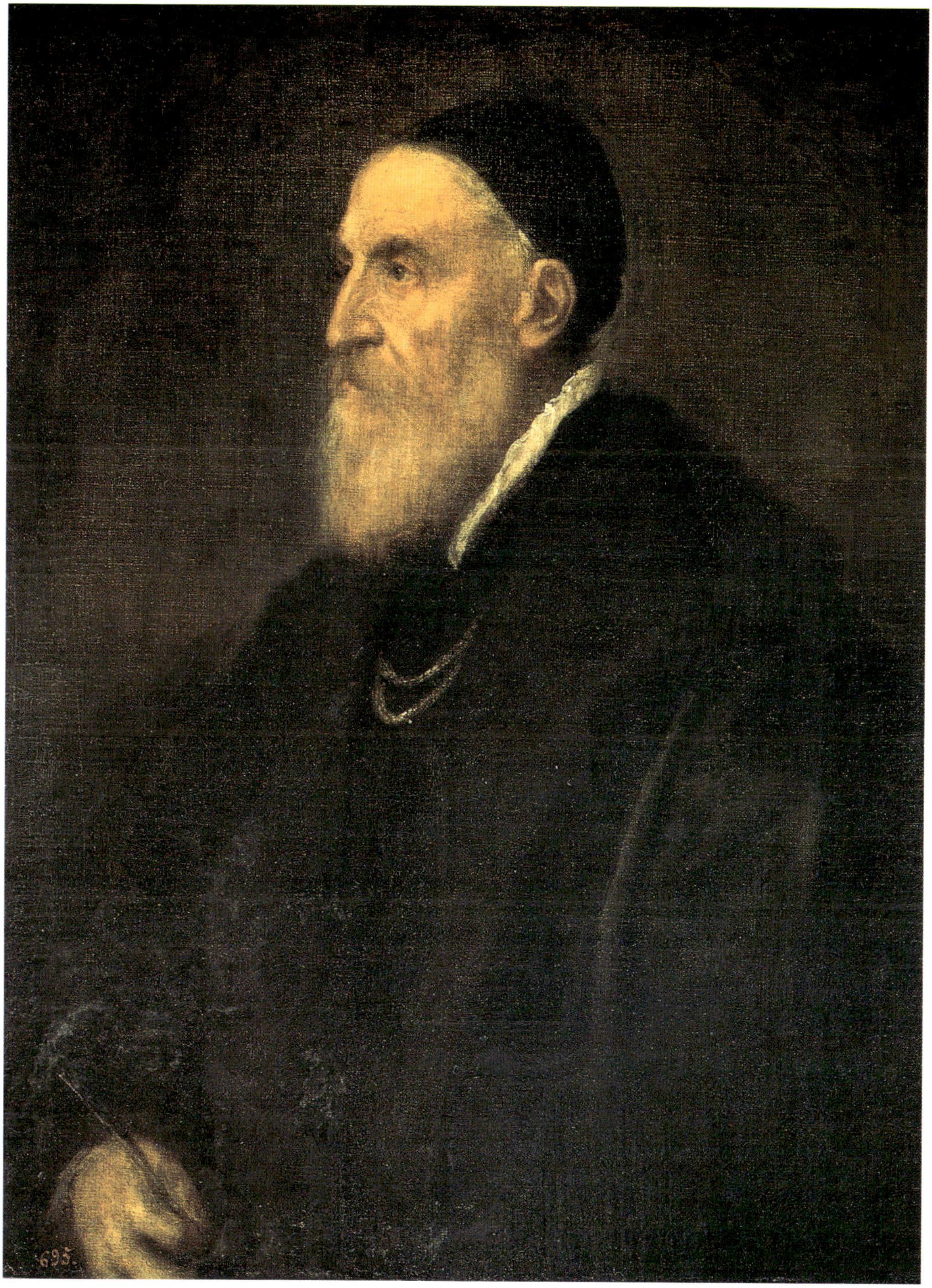

41 Tizian
Selbstporträt, um 1570. Öl auf Leinwand, 86 x 69 cm. Museo del Prado, Madrid.

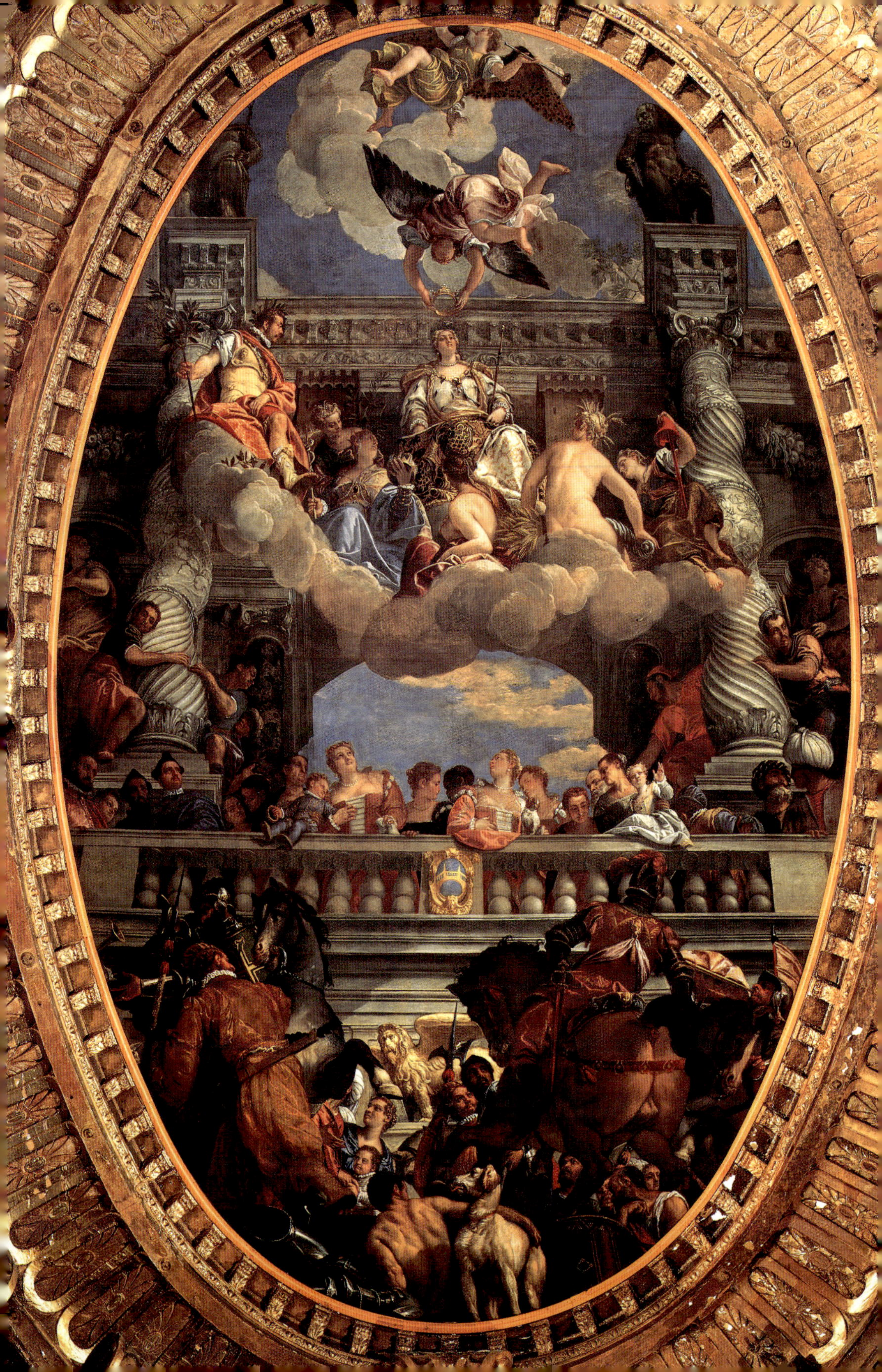

DIE KUNST DES ÖFFENTLICHEN LEBENS

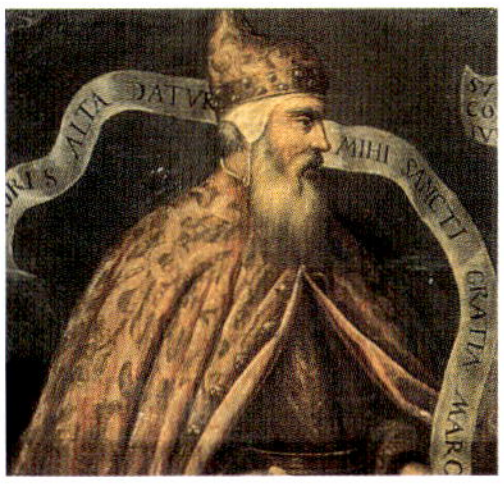

Der Dogenpalast war sichtbarer Ausdruck von Venedigs Selbstbild (Abb. 43). In deutlichem Gegensatz zum festungsartigen Palazzo Vecchio in Florenz war das venezianische Regierungszentrum offen und einladend angelegt, ein Abbild der »Stadt, umgeben von den Mauern der See, unerschrocken und mit offenen Toren«. Das im 14. Jahrhundert im Stil der Gotik erbaute Gebäude besitzt sowohl islamische wie auch antike Elemente und verweist damit auf die tiefverwurzelte Geschichte der Republik und das ausgedehnte Territorium einer großen Handelsnation. Die beiden unteren Stockwerke sind mit anmutigen Arkadenreihen versehen – große Spitzbögen mit massiven Säulen im Erdgeschoß und doppelt so viele, zierlichere Säulen mit Kielbögen und Vierpaßöffnungen im zweiten Stockwerk. Das scheinbar locker auf der zweistöckigen Arkade aufliegende Obergeschoß ist von doppelter Höhe und beherbergt die Versammlungshallen des Staates mit den großen Fenstern. Die Fassade mutet maurisch an und das aus weißem istrischen Kalkstein und rosafarbenem Veroneser Marmor angelegte Rautenmuster des Mauerwerks bewirkt jenen schimmernden Effekt, der die Fläche entmaterialisiert.

42 Paolo Veronese
Apotheose Venedigs: Venetia wird unter die Götter des Olymps aufgenommen, 1583. Öl auf Leinwand, 900 x 580 cm. Decke der Sala del Maggior Consiglio, Dogenpalast, Venedig.

Dieses bedeutende Gemälde im Dogenpalast inspirierte die Künstler des Barock zu zahlreichen Kopien und Zeichnungen. Die Personifikation der Ehre ist in Übereinstimmung mit der frankreichfreundlichen Politik des Dogen Nicolò da Ponte mit Zügen des französischen Königs Heinrich III. ausgestattet.

Perfekter als Rom

Dem Zentrum eines Weltreiches angemessen, war der Dogenpalast mit zahlreichen Gemälden und aufwendigen Decken geschmückt. Der wichtigste Raum war der Sitzungssaal des Großen Rats, in dem

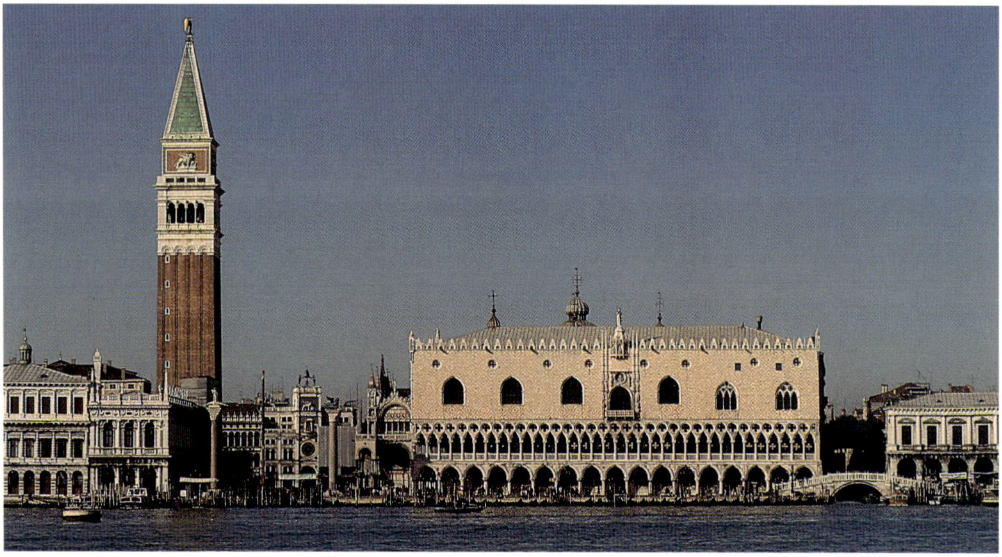

43 Blick auf die Bibliothek von San Marco, den Campanile, die Piazzetta und den Dogenpalast, Venedig.

sich alle männlichen Mitglieder der patrizischen Erbfolge, etwa 2500 am Ende des 16. Jahrhunderts, jeden Sonntagnachmittag versammelten (Abb. 44). Der Saal erstreckte sich über die gesamte Gebäudelänge der Vorderseite und war Mitte des 16. Jahrhunderts mit Dogenporträts und Historiengemälden von Gentile und Giovanni Bellini, Carpaccio, Tizian und anderen Künstlern ausgestattet. Dieser Saal wurde bei dem Palastbrand 1577 zerstört, aber nach Originalplänen wieder aufgebaut und vollständig dem zeitgenössischen Stil entsprechend neu ausgestattet.

Die neue Halle wird beherrscht von Jacopo Tintorettos *Paradies,* einer riesigen Leinwand, die sich über die gesamte Ostwand hinter dem Tribunal erstreckte, wo der Doge und seine Ratsherren saßen. Ursprünglich hatte Veronese den Auftrag als Sieger eines Wettbewerbs erhalten, aber er starb 1588, noch bevor er mit der Arbeit beginnen konnte, so daß Tintoretto mit der Ausführung betraut wurde. Das Gemälde war an Stelle eines verbrannten Freskos der Marienkrönung vorgesehen, das im 14. Jahrhundert von Guariento da Arpo (um 1310–68/70) aus Padua gemalt worden war. In bester Tradition venezianischen Konservatismus, demzufolge Kunstwerke nicht ersetzt, sondern »restauriert« wurden, respektierte Tintoretto das Werk seines Vorgängers. Auch er stellte einen Reigen von Heiligen dar und verwies auf die göttlichen Ursprünge Venedigs, indem er die Szene mit Mariä Verkündigung und dem Erzengel Gabriel umrahmte. Zugleich fertigte er eine Überarbeitung des früheren Werks, dabei griff er auf Michelangelos *Jüngstes Gericht* in der Sixtinischen Kapelle zurück und verzichtete auf den massiven, von Guariento dargestellten Thron und gruppierte die gesamte Heiligenschar in einen großen, wolkigen Raum ohne Größenverhältnis und Tiefe. Damit enthob er sie den irdischen Bezügen und brachte das Himmelsbild in die Versammlungshalle des Großen Rates. Die Jungfrau Maria – als Metapher für Venedig – kniet vor Christus. Daneben befinden sich die Erzengel Gabriel mit Lilienzweig und Michael mit den Waagschalen der Gerechtigkeit. Das darunterliegende Feld zeigt die vier Evangelisten Markus, Lukas, Matthäus und Johannes mit weiteren Heiligen und Propheten. Die Botschaft war eindeutig: In einer absoluten Behauptung der Größe, der Macht und der Gottesfürchtigkeit einer der dauerhaftesten Republiken der Geschichte, werden alle wichtigen Entscheidungen des Staates unter der Schirmherrschaft von Christus und der Jungfrau Maria und mit der Inspiration der himmlischen Heerscharen gefällt.

In den Augen der Venezianer war ihr politisches System die Quelle der Langlebigkeit und des Friedens, die der Lagunenstadt den Namen *Serenissima* eingetragen hatten. Während der Senat die wichtigsten Angelegenheiten des Staates wie Finanzen, Steuern und Außenpolitik regelte, fanden die Wahlen zu den meisten öffentlichen Ämtern im Großen Rat statt (Abb. 45). Am Ende des 15. Jahrhunderts zählte der Chronist Marin Sanudo 831 Ämter, die durch Abstimmungen besetzt wurden. Da viele von ihnen nur eine Amtszeit von weniger als einem Jahr umfaßten, boten die häufig stattfindenden Wahlen Gelegenheit, sich bei Freunden erkenntlich zu zeigen und Feinden zu schaden. Ob die Amtswahl als Ehre oder Last betrachtet wurde, hing von den persönlichen Umständen des Betreffenden ab. Der Doge als höchster Beamter des Staates wurde von den Mitgliedern des Großen Rates in einem speziellen Verfahren gewählt, mit dem Korruption vermieden werden sollte, auch wenn dies nicht immer erfolgreich war. In einer Folge von sich abwechselnder Stimmabgabe und Losentscheid wurden 41 Wahlmänner aus den »Erfahrensten, Würdigsten und Bedeutendsten der Stadt« bestimmt, um den Dogen zu wählen, eine der wenigen Positionen die auf Lebenszeit vergeben wurden.

Die Weisheit solch weitreichender Überlegungen wurde durch ein weltliches Bildprogramm über dem *Paradies* hervorgehoben. Die kostbaren, in kunstvoll vergoldete Rahmen von verschiedener Form und Größe eingefaßten Deckengemälde waren äußerst charakteristisch für Venedig. Veroneses großes Ovalbild *Apotheose der Venetia,* bildet den Höhepunkt des Ensembles (Abb. 42, S. 65). Den schriftlichen Aufzeichnungen recht genau folgend, zeigte Veronese die königliche Figur der Venezia »auf einem Thron über den Türmen und Städten wie Roma, die auf antiken Münzen über der Welt residierte.« Von einem Engel empfängt sie die Krone und

Nächste Seite
44 Jacopo Tintoretto
Paradies, 1588–92. Öl auf Leinwand, 7 x 22 m.
Sala del Maggior Consiglio, Dogenpalast, Venedig.

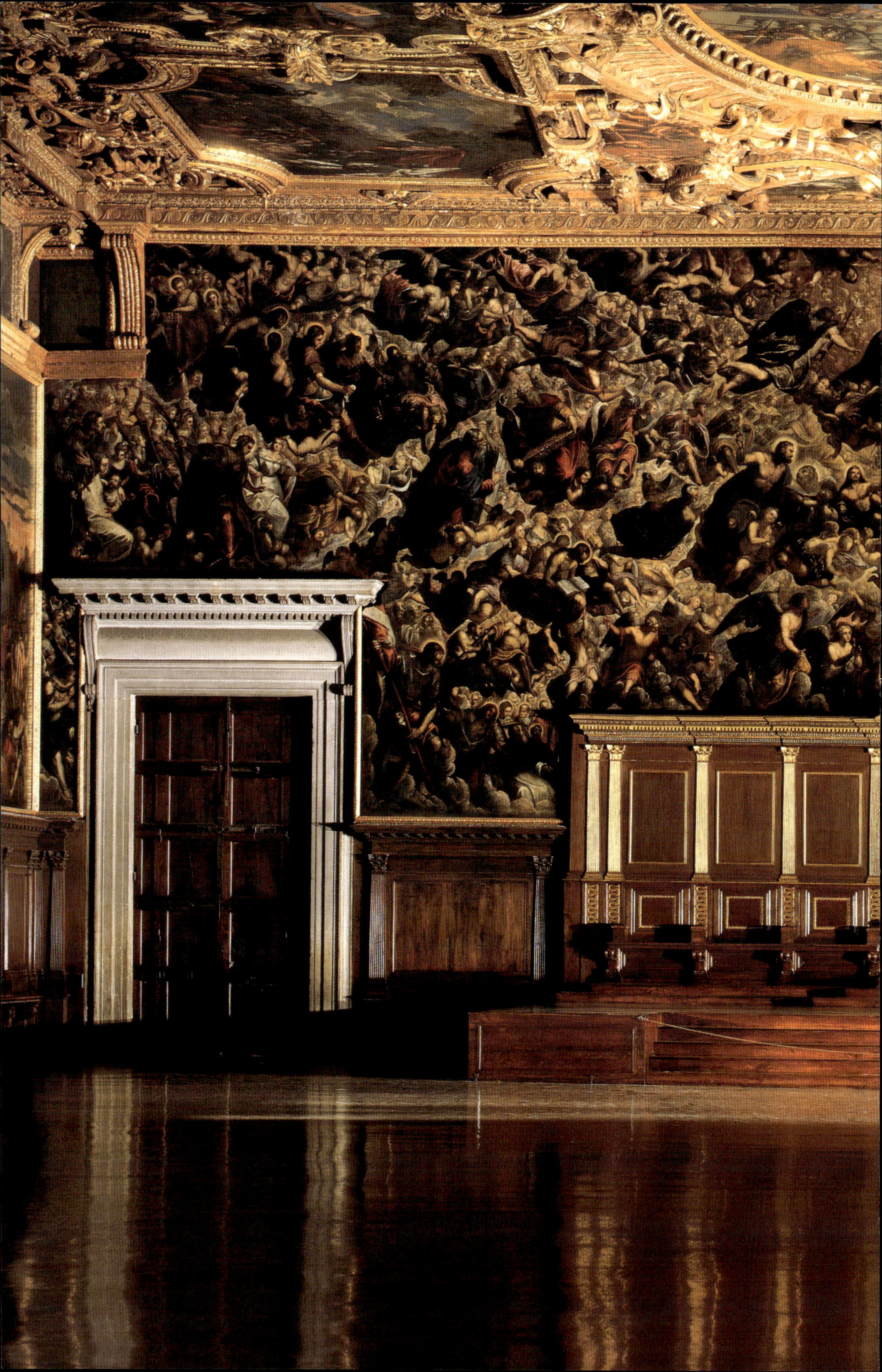

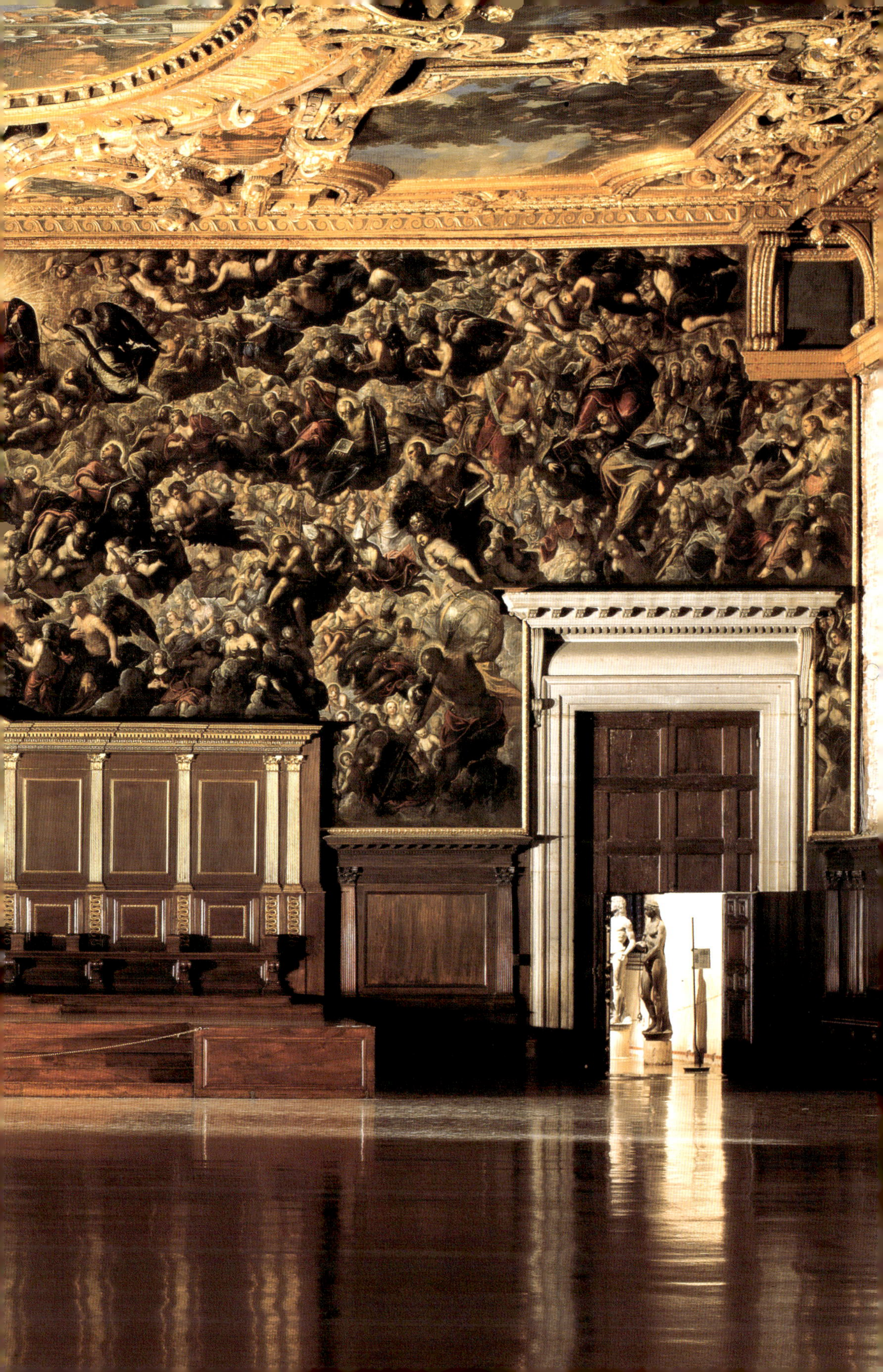

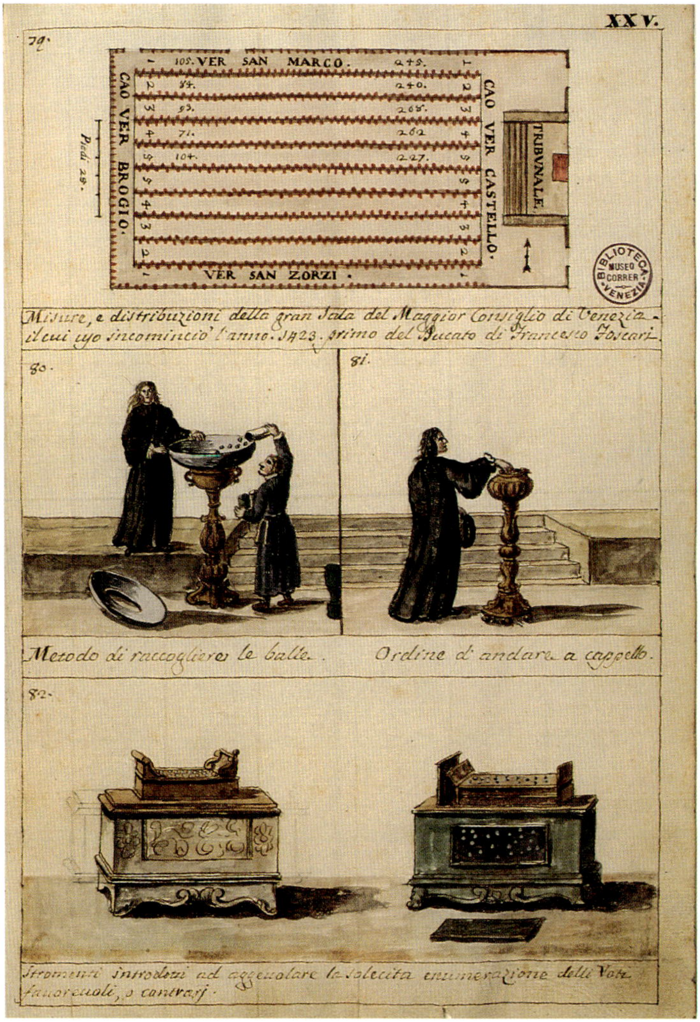

45 Jan Grevembroch (1731–1807) Das Wahlsystem des Großen Rats, aus: *Varie Venete Curiosita Sacre e Profane,* 1755. Aquarell, Museo Civico Correr, Venedig.

Um Wahlfälschungen zu vermeiden, wurde ein kompliziertes Wahlverfahren erdacht. Die Sitzreihen waren so angeordnet, daß man vom Podium aus den besten Überblick hatte, und die Wahlmänner wurden per Los bestimmt. Links füllt ein *Ballotino* eine Urne mit Kugeln entsprechend der Anzahl der anwesenden Patrizier, sechzig goldene und die restlichen versilbert. Wenn der Patrizier auf der rechten Seite eine goldene Kugel zieht, nimmt er am nächsten Wahlgang teil, bei dem nur sechsunddreißig Kugeln gezogen werden. Die dadurch bestimmten Patrizier werden in vier Komitees aufgeteilt, von denen jedes einen Kandidaten für jedes Amt nominiert, das durch die Wahl im Großen Rat vergeben wird.

sieben, in antike Kleider gehüllte Tugenden huldigen ihr. Die Personifikation des Ruhms schwebt über der des Sieges, während Ehre, Frieden, Sicherheit, Glück, Reichtum und Freiheit ihren Hofstaat auf der darunterliegenden Wolke bilden. Unter ihr erkennt man »eine Vielzahl lobpreisender Völker«, Flüchtlinge, die zu allen Zeiten den Schutz der Republik gesucht hatten und deren Heimatländer nun zum venezianischen Reich gehörten.

Veronese, inzwischen ein Meister jener illusionistischen Malerei, die sich durch eine *dal sotto in sù* (wörtlich: von unten herauf) genannte Perspektive auszeichnete, transzendierte die sonoren Platitüden des schriftlichen Programms, um eine lebendige Vision zu schaffen. Schauten die Mitglieder des Großen Rates von ihren Bänken zur Decke hinauf, erblickten sie Venetia und ihr Gefolge, die auf einer Wolke in den Raum hinabzuschweben schienen. Diese Darstellung erfaßte den Übergang von Ideologie zu politischem Handeln, und die Kunst wurde zu einem wichtigen Bindeglied zwischen der Welt der Ideen und der Welt des Menschen.

Die von Veronese eingesetzten architektonischen Versatzstücke zeugten von seinem außerordentlichen Erfindungsreichtum. Die Venezianer waren überzeugt vom Vorrang ihrer Stadt vor Rom, denn sie hatte nicht nur über tausend Jahre ihre Freiheit bewahrt, sondern besaß auch keine heidnische Vergangenheit und war am Tag von Mariä Verkündigung gegründet worden. Mithin war die Christlichkeit der Stadt legitim und unbefleckt. Dies demonstrierte Veronese mit der Darstellung der großen gewundenen Säulen von St. Peter in Rom, kostbare Reliquien, von denen man glaubte, sie stammten aus dem Tempel König Salomos. In der Metaphorik der Renaissance war Venedig nicht nur zu einem perfekteren Rom, sondern auch zu einem neuen Jerusalem geworden.

Emblematische Ereignisse

Die Wandbemalungen der Halle des Großen Rates kommentierten Venedigs historische Vergangenheit. Hier definierte die Republik ihre Souveränität und militärische Stärke, denn im Vordergrund standen Szenen von Schlachten und diplomatischen Triumphen (Abb. 46). Vor dem Brand 1577 war der Raum dem Frieden von Venedig gewidmet, jenem denkwürdigen Ereignis von 1177, als der Doge Sebastiano Ziani den deutschen Kaiser, Friedrich I. Barbarossa, und Papst Alexander III. zur Unterzeichnung eines Friedensvertrags empfing. Im 15. Jahrhundert war die Geschichte – die sich auf eine wahre Begebenheit gründete – durch Erzählungen beträchtlich erweitert worden. Zum Dank für venezianischen Schutz und militärische Unterstützung hatte der Papst dem Dogen angeblich eine Reihe symbolischer Geschenke, die *Trionfi* (Triumphe) überreicht: Eine weiße Kerze als Symbol des Glaubens, ein Schwert als Zeichen der Souveränität und Gerechtigkeit, einen von drei Regenschirmen, durch den Venedig mit dem Papsttum und dem Reich gleichgestellt wurde, ein goldener Ring als Zeichen von Venedigs Vermählung mit dem Meer sowie eine *Sedia*, ein zeremonieller Thron, silberne Trompeten und Banner als Zeichen der königlichen Würde. Die Trionfi wurden zu den offiziellen Insignien des Dogen, die er stets bei sich trug, wenn er an den Prozessionen teilnahm.

Nach dem Brand wurde die Nordwand des Saals mit einer verkürzten Version des Zyklus bemalt, während auf die übrigen Wände

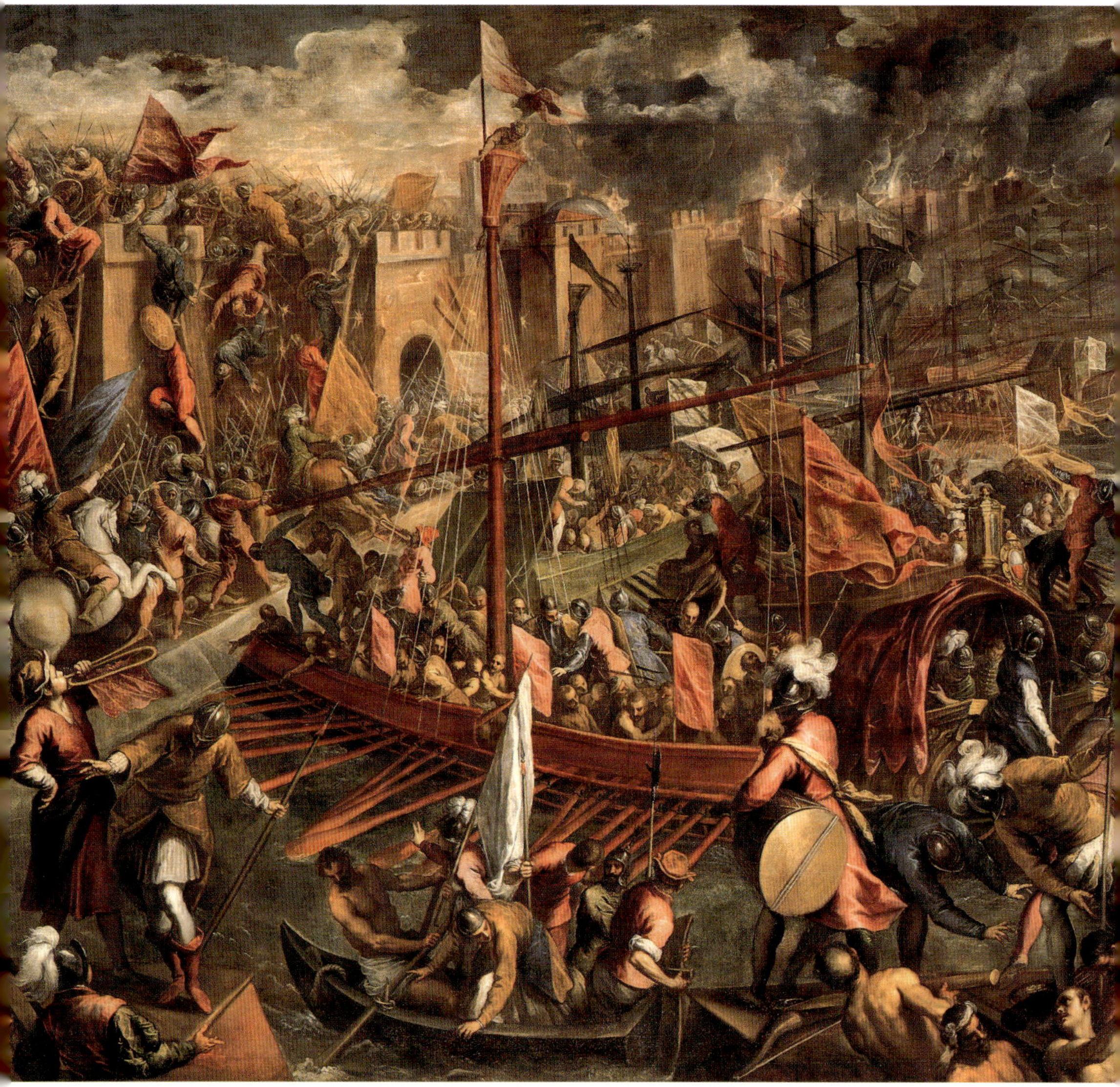

46 Jacopo Palma il Giovane
Sieg von Konstantinopel, um 1587. Öl auf Leinwand, 580 x 630 cm. Sala del Maggior Consiglio, Dogenpalast, Venedig.

Das Gemälde feiert Venedigs Rolle im Vierten Kreuzzug 1204. Die venezianischen Streitkräfte zu einem einträglichen Erfolg über die christliche Hauptstadt Byzanz führend, treibt der achtzigjährige und fast blinde Doge Enrico Dandolo seine Truppen von der Galeere im Zentrum der Szene aus zum Kampf an. Obwohl sie von anderen europäischen Mächten für ihre Mitwirkung an dem fragwürdigen Unternehmen kritisiert wurden, feierten die Venezianer es weiterhin als ein emblematisches Ereignis, das den Aufstieg der Republik zur Weltmacht markierte.

Szenen aus dem Vierten Kreuzzug (1204) und dem Chioggia-Krieg (1378–81) aufgebracht wurden. Von dem Bildprogramm vor dem Brand sind nur noch wenige Spuren erkennbar. Tizians *Schlacht von Spoleto* ist heute nur noch durch seine eigenen Entwurfszeichnungen und verschiedene Kopien anderer Künstler bekannt (Abb. 47). Diese zufälligen Überbleibsel bezeugen sein dramatisches Talent als Historienmaler und zeigen einen weiteren Aspekt eines Künstlers, dessen große noch existierende Werke in erster Linie religiöse Themen, Porträts und Mythologien behandeln. Vor dem Hintergrund einer dicht mit brennenden Gebäuden bestandenen Gebirgslandschaft entwickelt sich die Handlung in einer gegen den Uhrzeigersinn verlaufenden Bewegung um eine Brücke, die den Fluß im Vordergrund überspannt. Die berittenen Truppen des Kaisers in zeitgenössischen Rüstungen überqueren die Brücke und schlagen die Soldaten der päpstlichen Armee in die Flucht, die Rüstungen *all'antiqua* (im antiken Stil) tragen und versuchen, ihre Stellungen auf der gegenüberliegenden Seite zu verteidigen.

Tizian kannte die künstlerischen Entwicklungen in Mittelitalien und wurde gewiß durch jene Fresken inspiriert, die zu Beginn des Jahrhunderts für den Palazzo Vecchio in Florenz geplant waren. Michelangelos Karton für die *Schlacht von Cascina* war zwar nie ausgeführt worden, aber Tizians Darstellung des menschlichen Körpers in verzerrten Posen und gewalttätiger Aktion ist Beweis dafür, daß eine Kopie in den dreißiger Jahren des 15. Jahrhunderts nach Venedig gelangt war. Ebenso läßt die Darstellung der Pferde eine

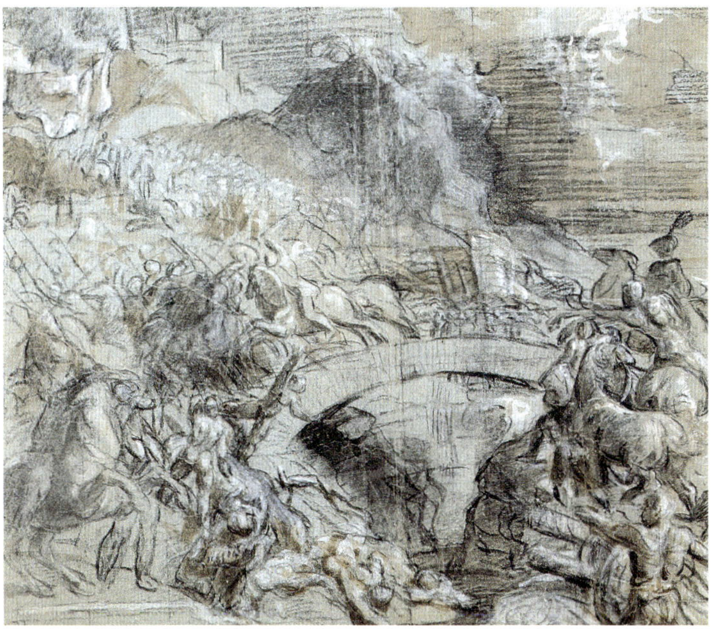

47 Tizian
Die Schlacht von Spoleto, um 1537. Schwarze Kreide, weiß gehöht, auf blauem Papier, 38,3 x 44,6 cm. Louvre, Paris.

Die Arbeit ist auch als *Schlacht von Cadore* identifiziert worden. Der frühe Zyklus wurde von Gentile und Giovanni Bellini 1474 zur Ersetzung eines Freskenprogramms begonnen, das Guariento Mitte des 14. Jahrhunderts teilweise vollendet hatte.

Kenntnis von Leonardos *Kampf um die Fahne* vermuten, der als einzig vollendeter Teil seiner *Schlacht von Anghiari* zu sehen war, bis Vasari ihn Mitte des 16. Jahrhunderts übermalte.

Die neue Version des Zyklus, der in der Versammlungshalle des Großen Rates in den 1580er Jahren nach dem Brand installiert wurde, ist emblematisch für die venezianische Einstellung zur profanen Kunst. Vor allem weisen diese zwölf Gemälde eine verblüffende stilistische Einheitlichkeit auf, wenn man bedenkt, daß sie von zwölf Künstlern mit unterschiedlichem Talent und Geschick stammen. Die traditionelle venezianische Betonung von Konsens und Zusammenarbeit wurde in den kollektiven Werkstätten deutlich. In Übereinstimmung mit dem dokumentarischen Status, den man Historiengemälden in Venedig beimaß – sie wurden häufig als visuelle Beweisstücke angeführt – waren die neuen Gemälde zumeist Repliken der Kompositionen, die sie ersetzten. Tizians Schlacht gehörte nicht zu den Themen, die wiederholt wurden, aber Francesco Bassanos (um 1540–92) Gemälde der *Übergabe des heiligen Schwertes* (Abb. 48) griff ein Thema auf, das Gentile Bellini am Ende des 15. Jahrhunderts gemalt hatte. Bassanos Komposition kommt Vasaris Bericht über die frühere Version sehr nah. Vasari schreibt zu Bellinis Bild, auf dem der Doge Sebastiano Ziani die

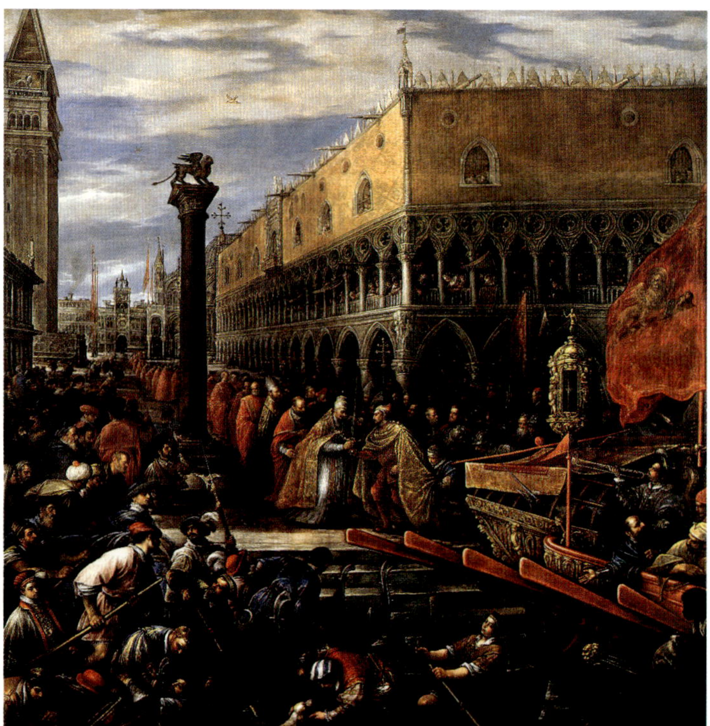

48 Francesco Bassano
Übergabe des heiligen Schwertes durch den Papst an den Dogen, 1584–87. Öl auf Leinwand, 560 x 560 cm. Sala del Maggior Consiglio, Dogenpalast, Venedig.

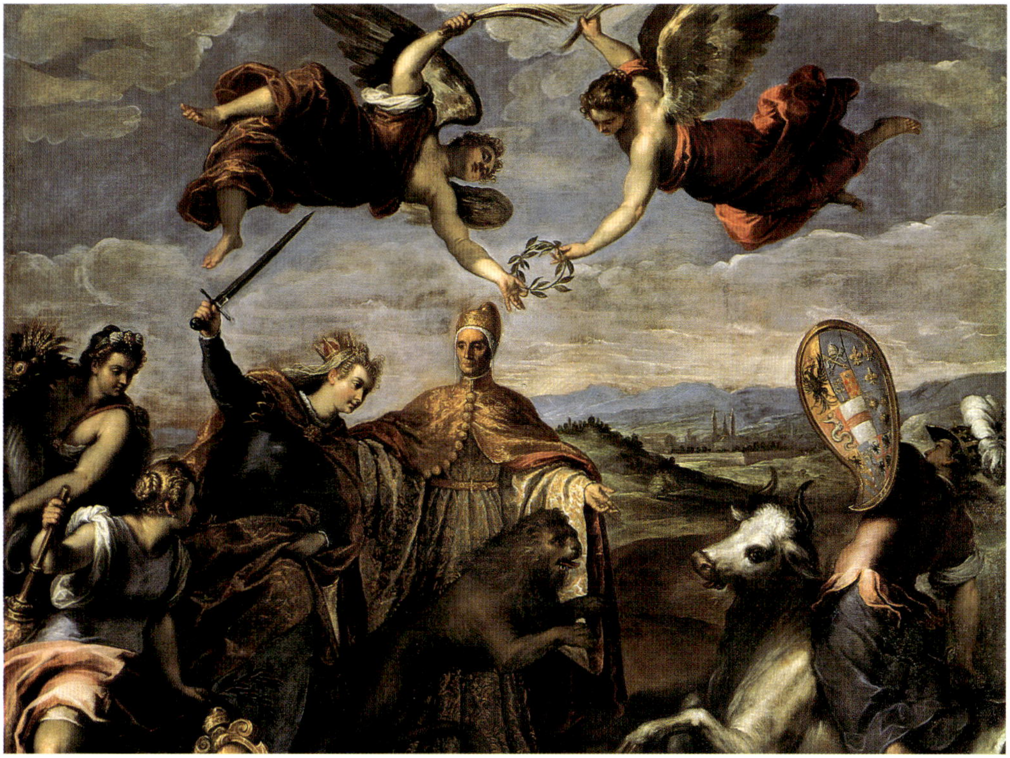

49 Jacopo Palma il Giovane
Allegorie der Liga von Cambrai, 1590–95. Öl auf Leinwand, 390 x 460 cm. Senatssaal, Dogenpalast, Venedig.

venezianische Armee im Namen des Papstes gegen den Kaiser führt, man sieht »wiederum den Papst, diesmal stehend und in vollem Ornat, wie er dem Dogen, der, gewappnet und von vielen Kriegern begleitet, in den Kampf zieht, seinen Segen erteilt. Dem Dogen folgt ein langer Zug von Edelleuten, der Markusplatz mit dem Palast bildet den perspektivischen Hintergrund«.

Vasari hatte das größere Bild zwar gesehen, es aber vielleicht nicht richtig gedeutet. Für das Auge der Venezianer wäre die Übergabe des Schwertes, ein Emblem der Souveränität und gerechten Herrschaft, der konzeptuelle Mittelpunkt der Szene gewesen. Bassano siedelt die Episode in dem geschäftigen Treiben eines festlichen Anlasses am *Molo* der Piazzetta an: Männer in eleganten Gewändern vermischen sich mit Handwerkern und Arbeitern, Bootsmänner lenken ihre Gefährte. Für den venezianischen Betrachter befriedigten solche Details eine Vorliebe für das Zufällige und Triviale. Sie machten die Szene deshalb so glaubhaft, weil die Zeremonie der Schwertübergabe vom Künstler in dem hektischen Treiben wie zufällig »eingefangen« worden war.

Viele Gemälde im Dogenpalast stellten historische Ereignisse als Allegorien dar. Jacopo Palma il Giovane (der Jüngere) malte die *Allegorie der Liga von Cambrai* in der Halle des Senats zum Gedenken an einen der bedrohlichsten Momente in der Geschichte der Stadt. Aus Angst und Verärgerung über Venedigs Imperialismus und Machtstreben hatten die wichtigen europäischen Mächte im Jahre 1508 eine Allianz gebildet, um Venedigs Provinzen in der Terra ferma zu erobern (Abb. 49). Nach einigen demütigenden militärischen Niederlagen, am schlimmsten in der Schlacht von Agnadello 1509, verlor Venedig fast all seine Besitzungen auf dem Festland. Obwohl die venezianischen Armeen diese Gebiete bis 1517 wieder zurückerobert hatten, blieb diese Erfahrung einer Bedrohung der Lagunenstadt in der Erinnerung der Venezianer lebendig. Palma visualisiert es durch eine direkte, aber elegant choreographierte Konfrontation. Flankiert von den städtischen Tugenden des Friedens und Reichtums sowie einem wehrhaften Markuslöwen erhebt Venezia auf der linken Seite ein Schwert. Dahinter erscheint der Doge Leonardo Loredan als stille Präsenz, die Arme in einer Geste des Wohlwollens ausgebreitet. Europa, auf dem Rücken des Stiers, greift von der linken Seite her an und auf ihrem Schild erkennt man die Wappen der Mitglieder der Liga: Kaiser Maximilian, der Papst, der König von Frankreich und der Herzog von Mailand. Als erste Stadt, die wieder in den Schoß der venezianischen Gemeinde zurückkehrt, sieht man Padua im Hintergrund, was auf den positiven Ausgang des Konfliktes hindeutet. Den schließlichen Triumph Venedigs verdeutlichen die geflügelten Siegesgöttinnen, die vom Himmel herabsteigen mit Palmzweig und Lorbeerkranz. Aber sie krönen nicht den Dogen Loredan, sondern den Löwen, denn selbst wenn der Doge lebendes Symbol des Staates war und darin eine Verbindung zum Göttlichen darstellte, besaß er zwar viel Charisma, aber nur wenig wirkliche Macht.

Primus inter pares

Zwar bekleidete der venezianische Doge ein quasi-sakrales Amt, er war jedoch für die Patrizier – die ihn wählten – als Mensch nur *Primus inter pares*, der Erste unter Gleichen. So war der Doge, im Gegensatz zu anderen absoluten Herrschern der damaligen Zeit, durch zahlreiche Vorschriften und Verpflichtungen gebunden. Diese waren in der *Promissione* festgehalten, einer Eidesformel, die bei jeder Dogenwahl mit neuen Zusätzen versehen wurde. Für den Dogen, die Ratsherren und Prokuratoren wurden Kopien angefertigt. Um sicherzustellen, daß er seine Pflichten und Grenzen nicht vergaß, wurde ihm der Text alle zwei Monate vorgelesen.

Offizielle Dokumente waren oft mit Illuminationen von großer Originalität verziert. Eine Seite in der *Promissione des Dogen Antonio*

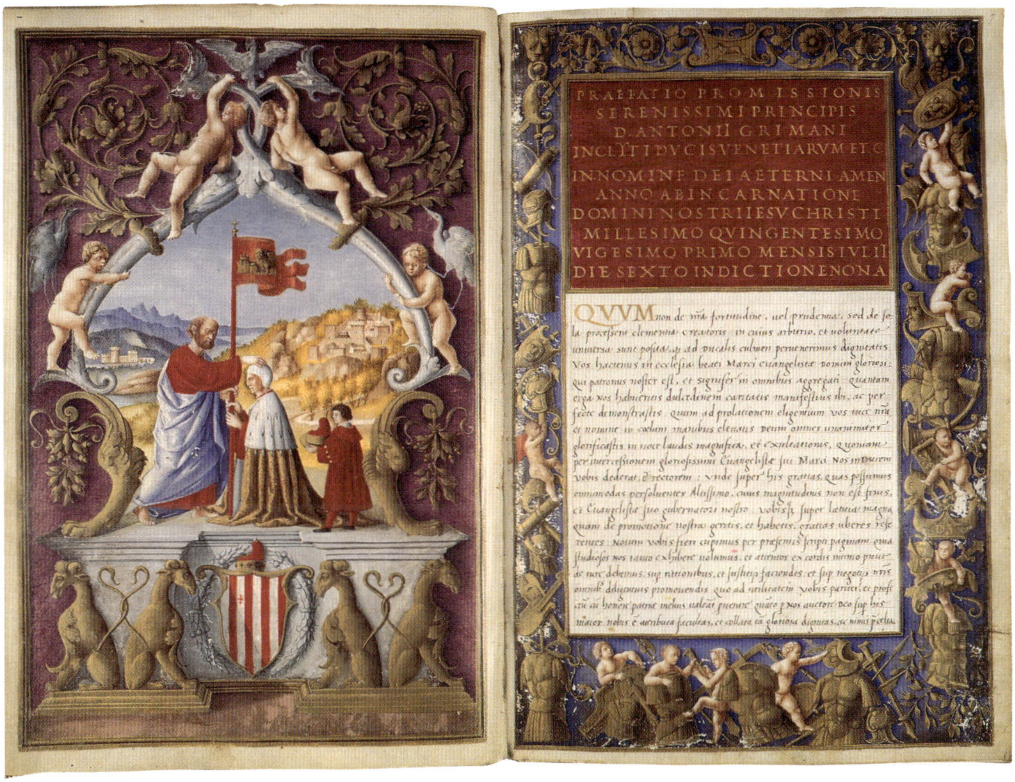

50 *Promissione des Dogen Antonio Grimani,* 6. Juli 1521. Illumination auf Pergament, 30,5 x 22 cm. British Library, London.

Grimani, der im Alter von 78 Jahren in das Amt gewählt wurde, zeigt ihn, wie er vor dem hl. Markus kniet, seinen Segen und das *Vexillum* oder Doganatsbanner empfängt (Abb. 50). Das Thema war jedem Venezianer vertraut, denn es wurde seit dem Mittelalter auf Münzen dargestellt. Hier gestaltete der Buchmaler aber eine interessante räumliche Doppeldeutigkeit. Durch die phantasievolle Komposition aus Akanthusranken, athletischen Putti und zoomorphischen Strukturelementen wird eine Bühne für die Segnungszeremonie geschaffen und eine Öffnung gerahmt, die eine realistische Landschaft der Terra ferma zeigt.

Der Doge ist in seine Amtsrobe mit Hermelinbesatz gehüllt und trägt noch die Leinenmütze, die *Camauro,* bevor er mit dem *Corno,* der Krone aus rotem Samt gekrönt wird, die der kleine Junge hinter ihm bereithält. Der Doge trug den Titel *Il Principe,* der Fürst, und das Corno war vergleichbar mit einer Königskrone. Solche Unterscheidungen hatten Symbolwert und waren wichtig für die Ehre der Republik in der gesamten Welt.

Sie betonten die Überlegenheit des Dogen und seine Gleichstellung mit dem Papst, dem Kaiser und anderen gekrönten Häuptern Europas.

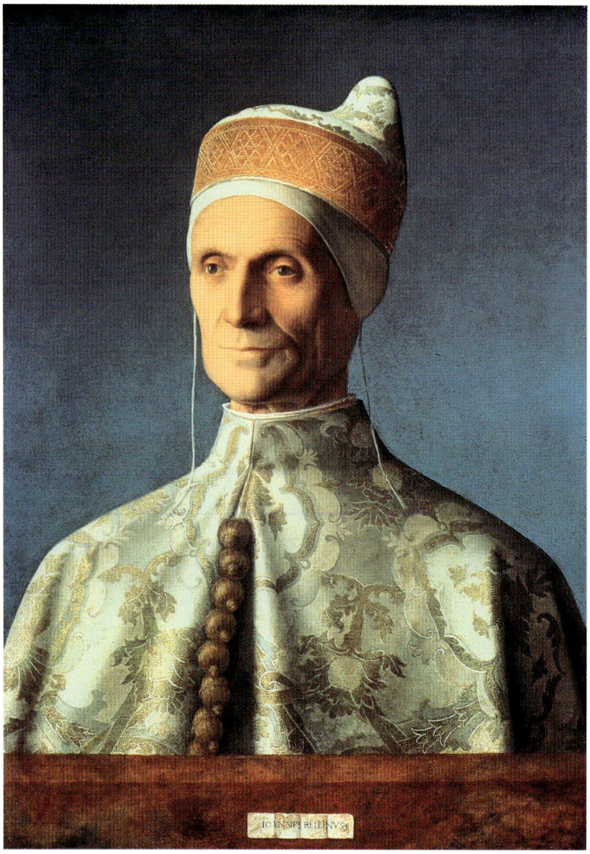

51 Giovanni Bellini
Porträt von Leonardo Loredan, um 1501. Öl auf Holz, 61,6 x 45,1 cm. National Gallery, London.

Giovanni Bellini erfaßte die heilige Majestät des Doganats im *Porträt von Leonardo Loredan,* das er kurz nach dessen Amtsübernahme malte (Abb. 51). Er verwendete die venezianische Form der Halbfigur, die hinter einer Brüstung und vor einem klaren blauen Hintergrund erscheint, und erzielte das exquisite Abbild der Erscheinung des Mannes. Ein scharfer Schatten modelliert das schmale aristokratische Gesicht, und die Camauro ist von einem weißen Corno aus Brokat bedeckt, das farblich mit dem Umhang des Dogen harmoniert. Das Weiß-auf-Weiß-Muster des kostbaren Webstoffs ist mit goldenem Faden abgesetzt. Auch die großen Knöpfe, *Campanoni d'oro* (goldene Schellen) gehören zum Dogenkostüm. Loredan war bekannt für seine sorgfältige Kleidung, und Bellini verleiht ihm nicht nur eine würdevolle Präsenz, sondern auch eine gewisse Wärme. Bei aller Detailgenauigkeit entrückt er den Dogen aus Zeit und Raum – der Mensch ist zum Amt geworden, erscheint so wie die auratische Reliquienbüste eines Heiligen.

Die Rolle des Dogen als Vermittler zwischen dem venezianischen Volk und den himmlischen Mächten wurde in den Votivgemälden im Dogenpalast visuell definiert. Jeder Doge hatte das Recht, nach seiner Wahl ein solches in Auftrag zu geben. Darin lag aber auch die Gefahr, daß die Bilder die Person mehr als das Amt rühmten, und die Patrizier wachten stets darüber, daß dies nicht geschah. Eine erhaltene Skizze für Veroneses *Votivgemälde des Dogen Sebastiano Venier* weist im Vergleich mit dem fertigen Werk eine Abänderung auf, die aufgrund solcher Bedenken erfolgt sein könnte (Abb. 52 und 53). Venier wurde 1577/78 gewählt und das Gemälde sollte seiner heroischen Rolle in der Schlacht von Lepanto 1571 Rechnung tragen. Die im Hintergrund erkennbare Seeschlacht war ein emblematisches Ereignis dieser Zeit und in der öffentlichen Kunst und Staatspropaganda gefeiert. Nachdem Venedig Zypern an die Türken verloren hatte und sein Seereich

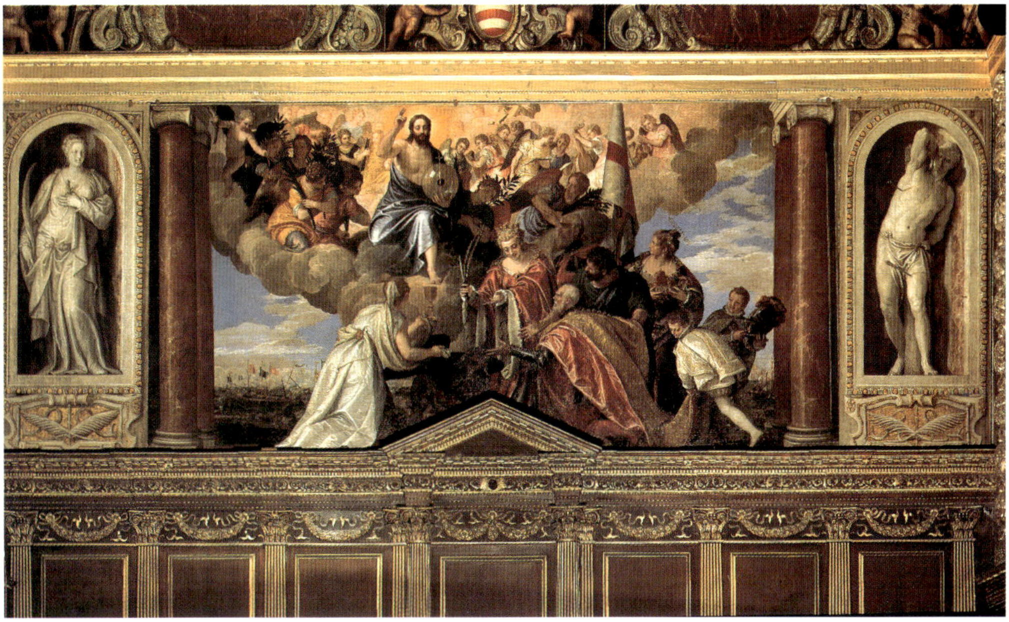

schwinden sah, hatte es sich für einen neuen Kreuzzug mit dem Papst und dem König von Spanien in einer Heiligen Liga zusammengeschlossen. In einer Zeit ständig wechselnder Bündnisse war es nicht ungewöhnlich, daß ehemalige Feinde zu Verbündeten wurden. Die vereinten christlichen Mächte brachten es zusammen auf 40–50.000 Mann, die auf 208 Galeeren verteilt waren, und von denen mehr als die Hälfte unter dem Kommando Venedigs standen. Die türkische Flotte war von gleicher Stärke. Als die gegnerischen Armeen im Golf von Patras bei Lepanto aufeinander

52 Paolo Veronese
Votivgemälde des Dogen Sebastiano Venier, um 1578. Öl auf Leinwand, 280 x 570 cm. Halle des Collegio, Dogenpalast, Venedig.

Das Collegio war die Steuerungszentrale des Senats, der wichtigste Ort politischer Macht in Venedig, an dem die Tagesordnung für dieses Staatsorgan aufgestellt wurde. Das Gemälde befindet sich über dem Tribunal, wo der Doge und seine Gruppe von Ratgebern, die *Signoria,* saßen.

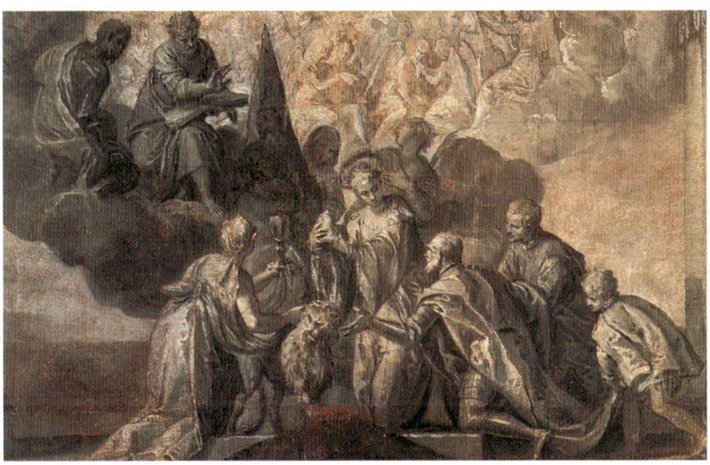

53 Paolo Veronese
Skizze zum *Votivgemälde des Dogen Sebastiano Venier,* um 1578. Ölskizze in Chiaroscurotechnik auf rotem Papier, 29.7 x 47 cm. British Museum, London.

trafen, stellten die Christen auf jeder Galeere ein Kreuz auf und kämpften mit missionarischem Eifer. In einer blutigen Schlacht, die im Nahkampf auf den Decks entschieden wurde, verloren die Christen 9.000 Männer, die Türken mehr als dreimal so viele. Am Ende war der Sieg nur symbolisch, denn Venedig konnte Zypern, seine letzte Besitzung in der Ägäis, nicht mehr zurückgewinnen. Aber Symbole waren wichtig, denn hätten die Türken gesiegt oder die Christen sich kampflos zurückgezogen, hätte auf Jahre kein venezianisches Schiff mehr durch das Mittelmeer segeln können, ohne der türkischen Flotte ausgeliefert zu sein.

In Vernoneses Entwurfszeichnung steht Venezia im Mittelpunkt der Szene und hält das Corno für den vor ihr knienden Dogen. Der Mantel des Dogen, erkennbar an den Campanoni d'oro auf der Schulter, ist zurückgeschlagen, und die Rüstung Veniers sichtbar, um darauf hinzuweisen, daß er wegen seiner Heldentaten in Lepanto zum Dogen gewählt wurde. Zur Linken erhebt die Personifizierung des christlichen Glaubens einen Kelch in Richtung des Corno. Über ihr in den Wolken sitzt der hl. Markus und erteilt der Gruppe seinen Segen. In dem vollendeten Gemälde nimmt Venezia, die noch immer das Corno hält, eine weniger herausragende Position hinter dem Dogen ein. Ihren ursprünglichen Platz in der vorderen Mitte nimmt jetzt eine majestätische hl. Giustina ein, an deren Feiertag die Schlacht gewonnen worden war. Sie ist mit Perlen gekrönt und einem Schwert und einer Siegespalme ausgestattet. Christus dominiert nun die Szene, und der hl. Markus ist von der Wolke herabgestiegen, um seinen Platz neben Venier, einem weiteren militärischen Helden einzunehmen.

Während er in der Zeichnung den sterblichen über den ewigen, mystischen Dogen gestellt hatte, verlieh Veronese dem Gemälde durch die Veränderungen einen universelleren Charakter. Indem er die Positionen der Venezia und des hl. Markus verschob, machte er das Bild weniger spezifisch für die Wahl eines bestimmten Dogen. Der Markuslöwe behielt in beiden Versionen seinen Ehrenplatz in einer zentralen Position, denn er war nicht nur Ikone, sondern auch Wappentier und Symbol des abstrakten Konzepts des Staates.

Symbole des Staates

Venedig konnte als Venezia, als die Jungfrau und sogar als Venus oder andere weibliche Figuren personifiziert werden, aber der Markuslöwe – vom Volk »unser San Marco« genannt – war das älteste und universellste Symbol der Republik. Er empfing die Besucher der Stadt von der Säule auf der Piazzetta aus und war der

Botschafter Venedigs im Ausland. In allen Städten der Terra ferma und im Stato da mar hielt er Wache auf einer Säule und zierte Stadttore und Fassaden der öffentlichen Plätze als permanente Erinnerung an die Herrschaft Venedigs. Innerhalb wie außerhalb Venedigs war er zudem täglich auf Münzen, Bannern, Siegeln des Dogen und offiziellen Dokumenten und Proklamationen zu sehen.

Der Markuslöwe war ein Bildnis mit vielen Bedeutungen und mehr als nur ein Zeichen der Republik und ihrer Präsenz. Er war auch Symbol ihres göttlichen Schicksals und ihres fortdauernden Schutzes. Carpaccios Markuslöwe transportierte diese umfassen-

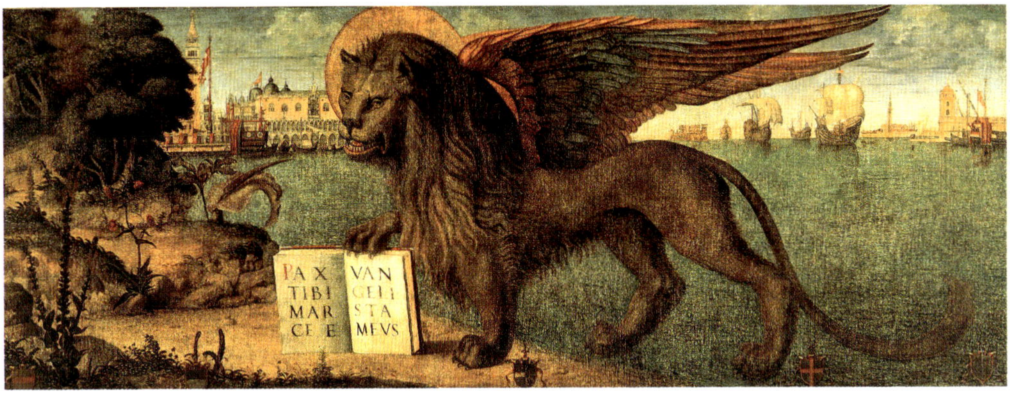

54 Vittore Carpaccio
Markuslöwe, 1516. Leinwand, 140 x 370 cm. Sala delle Volte, Dogenpalast, Venedig.

Im Jahre 1516 für das Schatzamt gemalt, dessen Räume sich im Palazzo dei Camerlenghi in der Nähe der Rialtobrücke befanden, dokumentiert das Bild seine eigene Herkunft mit den Wappen der fünf adligen Staatsbeamten, die es als Querformat in Auftrag gaben. Aufträge für öffentliche Kunst von Amtsinhabern waren akzeptierte Formen der Selbstdarstellung in einem Patriziat von Gleichen.

dere Botschaft (Abb. 54). Mit Flügeln und Heiligenschein deutet er auf den Schutz der Stadt durch den hl. Markus hin. Eine Pfote liegt auf dem offenen Buch mit der Inschrift: PAX TIBI MARCE EVANGELISTA MEVS (Friede sei mit Dir, Markus, mein Evangelist). Einer Legende aus dem 13. Jahrhundert zufolge waren dies die Worte, die der Engel zum hl. Markus in der *Praedestinatio* sprach, als er ihm prophezeite, daß sein Körper die letzte Ruhestätte in Venedig dort finden würde, wo dann die Markuskirche errichtet werden sollte.

Diese Legende rechtfertigte nicht nur den Raub der Reliquien des Heiligen, sondern diente auch als Beweis für die göttliche Bestimmung der Stadt. Mit seinen Vorderpfoten auf der Erde und den Hinterpfoten im Wasser symbolisiert der Löwe Venedigs Herrschaft über Land und Meer. Das politische und religiöse Zentrum der Stadt und die Quelle ihrer Gerechtigkeit, Frömmigkeit und ihres inneren Friedens – Dogenpalast, Campanile und Türme von San Marco – erscheinen im Hintergrund mit dem *Bucintoro,* der zeremoniellen Barkasse des Dogen. Rechts sieht man die Galeeren, den Garanten des Reichtums der Stadt, sowie die Festung San Nicolò, die den Eingang zur Lagune bewachte. Gerechtigkeit als höchste zivile Tugend war ein weiteres Symbol der Republik, über

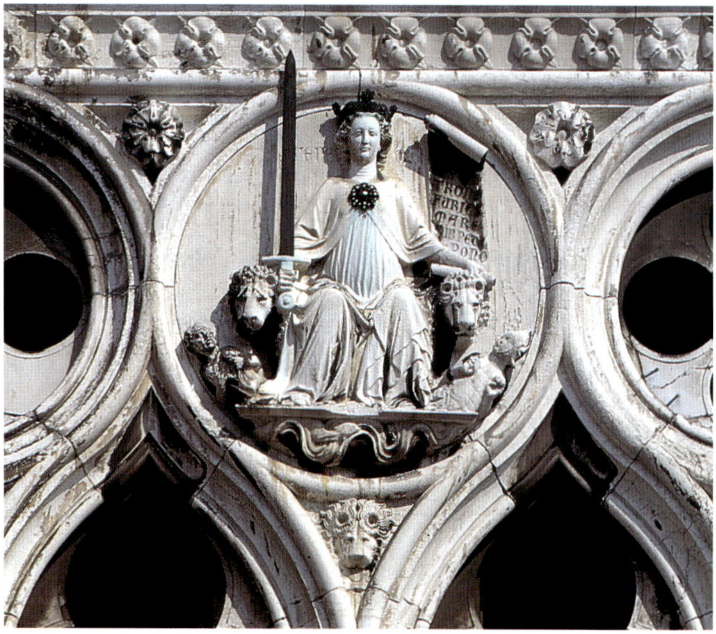

55 *Venezia-Justizia,* Mitte des 14. Jh. Steinrelief. Piazzetta, Westfassade des Dogenpalastes, Venedig.

dem nur das des Markuslöwen stand. Als ein Emblem des Staates trat sie erstmals explizit in einem gemeißelten Reliefmedaillon auf der zur Piazzetta gelegenen Fassade des Dogenpalastes im Zwickel zwischen zwei der sieben großen Säulen der südwestlichen Ecke in Erscheinung (Abb. 55). Das Relief stammt vermutlich aus der Mitte des 14. Jahrhunderts und zeigt eine Frauenfigur, die auf einem salomonischen Thron mit zwei Löwen sitzt. In der rechten Hand hält sie ein Schwert und in der linken eine Schriftrolle: FORTIS / IUSTA / TRONO / FURIAS / MARE / SUB PEDE / PONO (Gerecht und stark throne ich und bezwinge die Furien des Meeres). Die zu ihren Füßen liegenden Furien können als die Laster des Stolzes und des Zorns betrachtet werden und – in einer Ausweitung der Analogie – als die Übel der städtischen Disharmonie und der militärischen Bedrohung. Die weibliche Figur könnte man fälschlich für eine Personifizierung der Gerechtigkeit halten, wäre da nicht die Inschrift über ihrem Kopf – VENETIA – und die Tatsache, daß sie keine Waagschalen hält.

Zu Beginn des 15. Jahrhunderts wurden zwei Ganzfiguren der Gerechtigkeit an noch herausragenderer Stelle des Gebäudes angebracht: eine stehende Figur, die sich über dem Dachgesims erhebt und die Fiale des großen, auf die Lagune hinausgehenden Balkons der Südfassade bildet, sowie eine sitzende Figur über der Porta della Carta, dem Hauptportal des Palastkomplexes. Der Zusammenhang zwischen Dogenpalast und den Tugenden der Gerechtigkeit und der Weisheit wurde durch das Figurenrelief *Das Urteil des Salomon* an der Ecke jenes Gebäudes unterstrichen, das zwischen 1420 und 1430 rechts neben der Porta della Carta für Amtsräume des Justizministeriums errichtet wurde.

Eine noch vielschichtigere Ausarbeitung erfuhr das Thema in der Dekoration der drei bronzenen Fahnenstangensockel, die von dem Bildhauer Alessandro Leopardi gegossen und 1505 vor der Markuskirche aufgestellt wurden (Abb. 56). Pietro Contarini beschrieb den mittleren Sockel um 1541 wie folgt: »Der mittlere Sockel zeigt drei Schiffe, die vom offenen Meer kommen. Am Heck des ersten Schiffes erkennt man die goldene Jungfrau des Pols, die sich, nachdem sie von der schlechten Welt verstoßen wurde, in den Gewässern Venedigs niedergelassen hat. In ihrer rechten Hand trägt sie das geehrte Schwert, aber in ihrer linken hält sie den Kopf eines verurteilten Verräters. Ein Wassergeist geleitet ihr goldenes Schiff, an dessen Bug man die ausgeglichenen Waagschalen erkennt.«

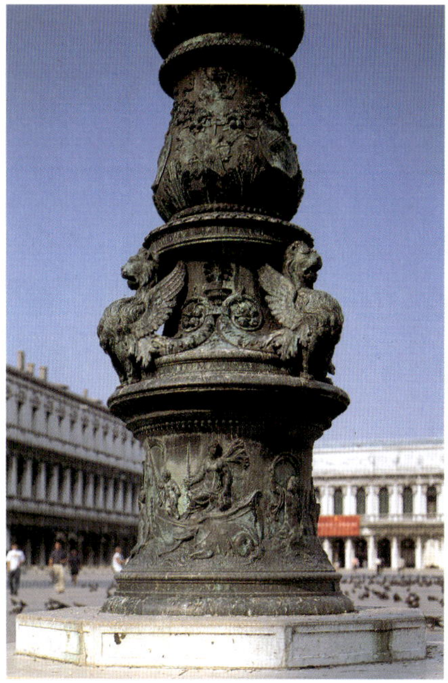

56 Alessandro Leopardi
Asträa-Justizia, 1504.
Bronzepedestal vor der Markuskirche, Piazza San Marco, Venedig.

Die Jungfrau des Pols ist Asträa, die Göttin der Gerechtigkeit, die in Vergils Äneis als die Vorbotin eines neuen Goldenen Zeitalters vorgestellt wird. Zwei weitere Schiffe gehören zu der Prozession, die sich um den Sockel zieht. Auf ihnen fahren Ceres, »die Mutter der Kornkammern«, die eine Weizengarbe und ein Horn mit Früchten trägt, um den Wohlstand zu repräsentieren, sowie die »glückliche Siegesgöttin in einem weißen Gewand«, die einen Palmzweig in der rechten und Beutestücke in der linken Hand hält.

Asträa, die mit dem Schwert eine Figur des Unfriedens bezwingt, ist eine anmutige Metamorphose des im Trecento entstandenen Venezia-Reliefs an der Westwand des Palazzo Ducale zu einer Verschmelzung von Venetia-Justizia-Asträa. Francesco Sansovino interpretierte um 1581 die drei Figuren auf dem Sockel sogar als Metapher für die abstrakte Idee von Venedig als Summe der zivilen Tugenden der Gerechtigkeit, des Wohlstands und des Friedens.

Eine heitere und siegreiche Stadt

Der französische Botschafter Philippe de Commynes war besonders beeindruckt vom venezianischen Zeremoniell und sagte bei einem diplomatischen Besuch im Jahre 1495, Venedig »ist die triumphalste Stadt, die ich je gesehen habe«. Zwar hatte jede Gesell-

Nächste Seite
57 Gentile Bellini
Prozession auf der Piazza San Marco, 1496 (Detail).
Leinwand, insgesamt 370 x 750 cm. Gallerie dell'Accademia, Venedig.

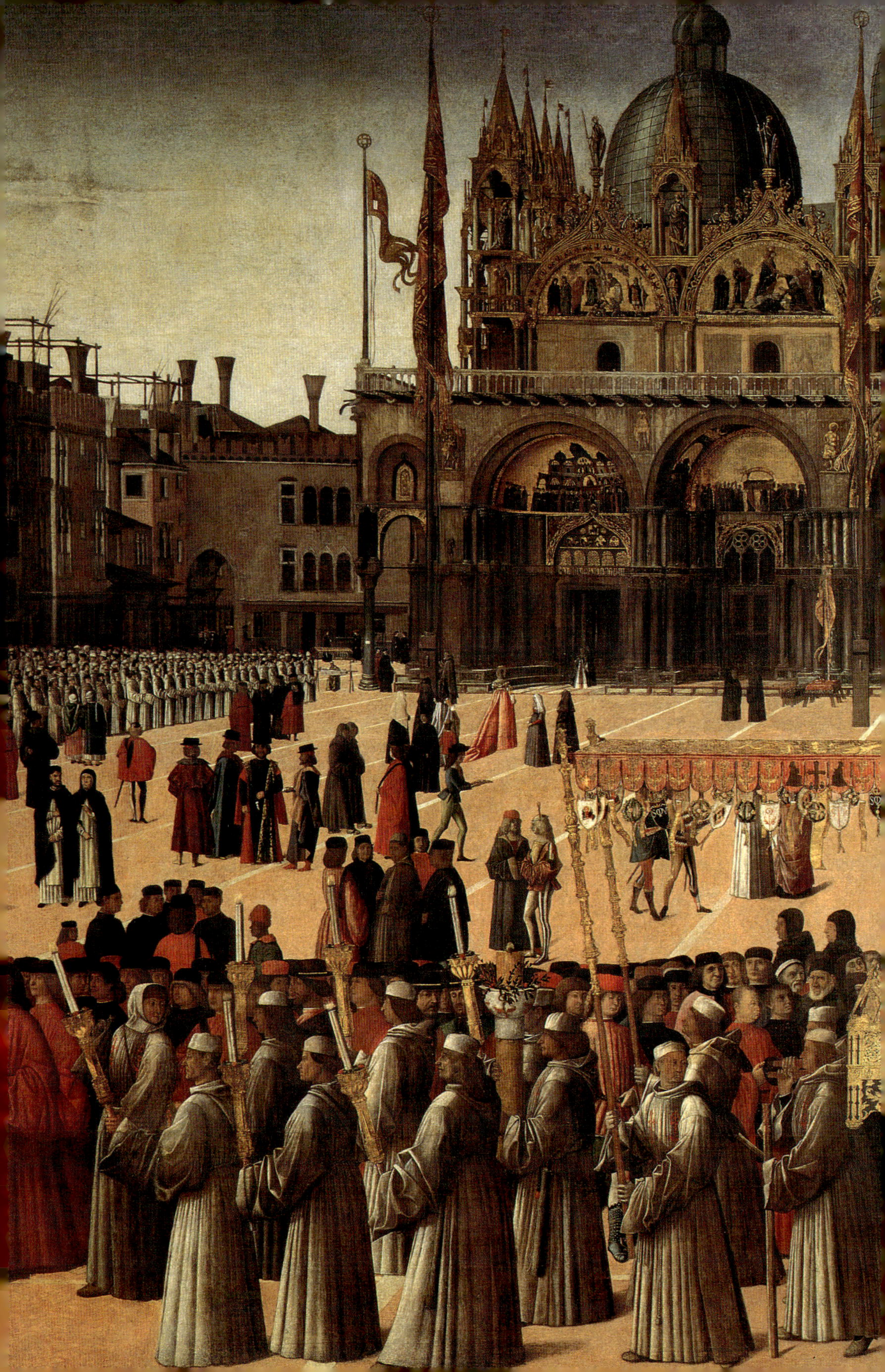

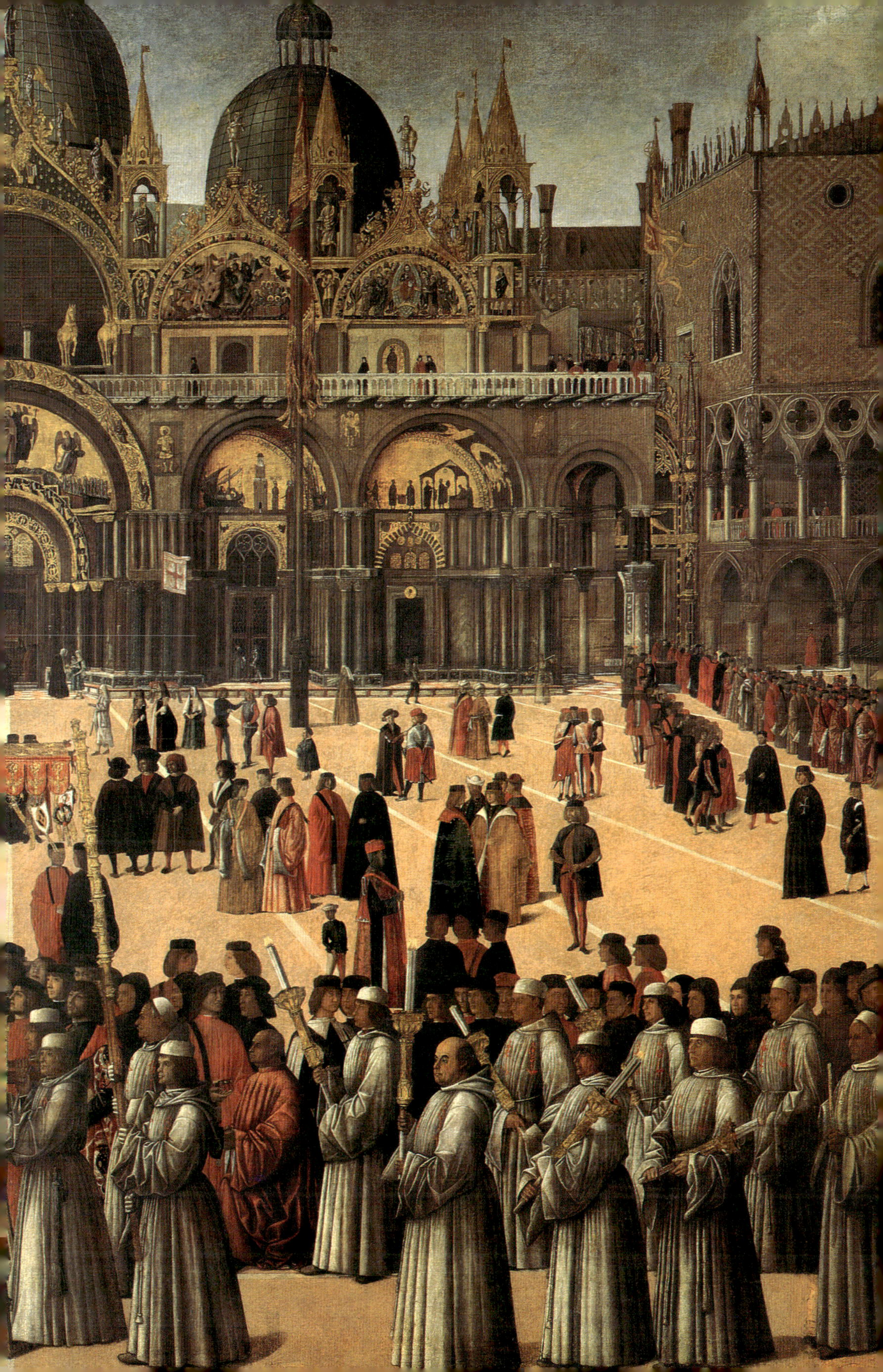

schaft ihre Feste und Zeremonien, aber das städtische Ritual in Venedig war von außergewöhnlicher Prächtigkeit.

Gentile Bellinis *Prozession auf der Piazza San Marco* berichtet vom Feiertag des hl. Markus, der jährlich am 25. April begangen wurde (Abb. 57). Von der Scuola Grande di S. Giovanni Evangelista als Teil eines Gemäldezyklus zu Ehren der wundertätigen Kreuzreliquie in Auftrag gegeben, stellt das Bild Mitglieder der Bruderschaft dar, die über den Markusplatz schreiten, den wichtigsten zeremoniellen Platz der Stadt. Ihnen voran gehen ein Chor und die Ehrengarde von Prozessionsteilnehmern, die riesige, *Doppieri* genannte Kerzen und, unter einem Baldachin, die Reliquie in einem reich verzierten goldenen Tabernakel tragen. Das Gemälde gedenkt der wundersamen Heilung eines Kindes, dessen Vater bittend auf die Knie sinkt. Er ist durch eine Lücke in der Prozession rechts neben dem Kreuz erkennbar. Die Art, in der dieser persönliche Akt der Andacht in den Kontext des venezianischen zeremoniellen Lebens eingebettet ist, erscheint charakteristisch für den »Augenzeugenstil«, dessen führender Vertreter Gentile Bellini war. Das Gemälde ist ein bedeutsames Kunstwerk, und dokumentiert zugleich die Tugenden der Stadt. Wenn der Scuola Grande di S. Giovanni Evangelista auch der Ehrenplatz gewährt wird, ist der Baldachin doch mit den Wappen aller Scuole grandi der Stadt verziert. Die Botschaft ist eindeutig: Alle sind beteiligt und es herrscht Einigkeit. Zu den Umstehenden auf dem Platz und den Zuschauern, welche die Prozession säumen und in den Fenstern der Paläste auf der rechten Seite erscheinen, gehören junge und alte, geistliche und weltliche, männliche und weibliche, fremde und einheimische, reiche und arme, die auf den vielfältigen Charakter des venezianischen Gemeinwesens hinweisen.

Im rechten Bildteil erkennt man den Dogen, dem Gruppen von Bannerträgern und Trompetenbläsern vorangehen und patrizische Ratsherren folgen. Die Prozession liefert mit ihrer durch Kaste, Amt und Seniorität festgelegte Ordnung eine sichtbare Definition der venezianischen Verfassung. Stets wiederkehrend und gut orchestriert übermittelten solche Prozessionen eine beruhigende Botschaft von Ordnung und Stabilität. Die besondere Macht des Rituals liegt dabei in seiner Wiederholung. Die Krönung des neuen Dogen war jedoch ein Zeremoniell anderer Art. Als Ereignis außerhalb des jährlichen Programms der Rituale war es aufgrund der Sterblichkeit des Dogen unvermeidlich, aber nicht vorhersehbar. Obwohl auch dieses Zeremoniell einem strengen Protokoll unterlag, gehört es zur Kategorie der Schwellenmomente, die eine Zeit des Übergangs von einem Seinszustand in einen anderen markieren. Als im Jahre 1485 ein Gesetz verabschiedet wurde, das die

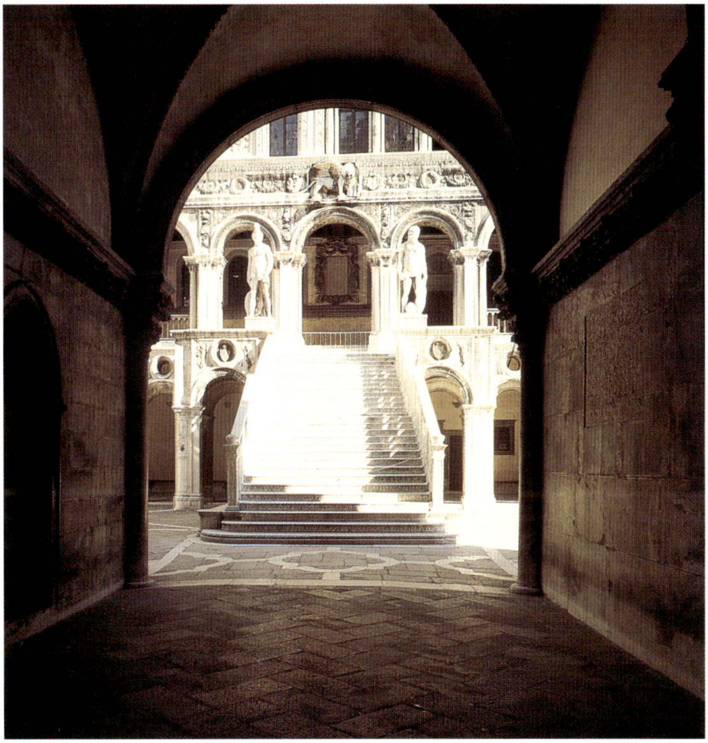

58 Ansicht der Scala dei Giganti gerahmt vom Foscari-Bogen. Dogenpalast, Venedig.

Krönung eines Dogen zu einem öffentlichen Ereignis machte, begann man mit dem Bau einer großen zeremoniellen Treppe im Innenhof des Dogenpalastes (Abb. 58). Von dem Architekten Antonio Rizzo (tätig 1465 bis zu seinem Tod 1499/1500) während der Amtszeit des Dogen Marco Barbarigo begonnen, wurde sie etwa acht Jahre später fertiggestellt, als Barbarigos Bruder Agostino das Amt des Dogen bekleidete. Nachdem Jacopo Sansovinos Kolossalstatuen von Mars und Neptun Mitte des 16. Jahrhunderts auf dem obersten Absatz der Treppe aufgestellt worden waren, wurde sie *Scala dei Giganti* genannt. Die Scala diente als monumentale Bühne für den Dogen bei den Spektakeln des Staates. Francesco Sansovino schrieb später: »Die Treppe, [gebaut] aus dem weißesten Marmor und verziert mit Trophäen, bietet von der Porta della Carta aus einen wahrhaft königlichen Anblick. Wenn man am Fuße des Campanile steht, sieht man sie in ihrer ganzen Größe.«

Die Treppe markierte in der Krönungszeremonie des Dogen den Höhepunkt des ausgedehnten Rituals. Die erste Phase begann, als der Doge der Bürgerschaft von der Porphyrkanzel in San Marco aus vorgestellt wurde. Dann schritt er zum Hochaltar, wo er das *Vexillum des hl. Markus*, die mystische Quelle seiner Autorität in einer Neuinszenierung jenes Rituals empfing, das in Antonio

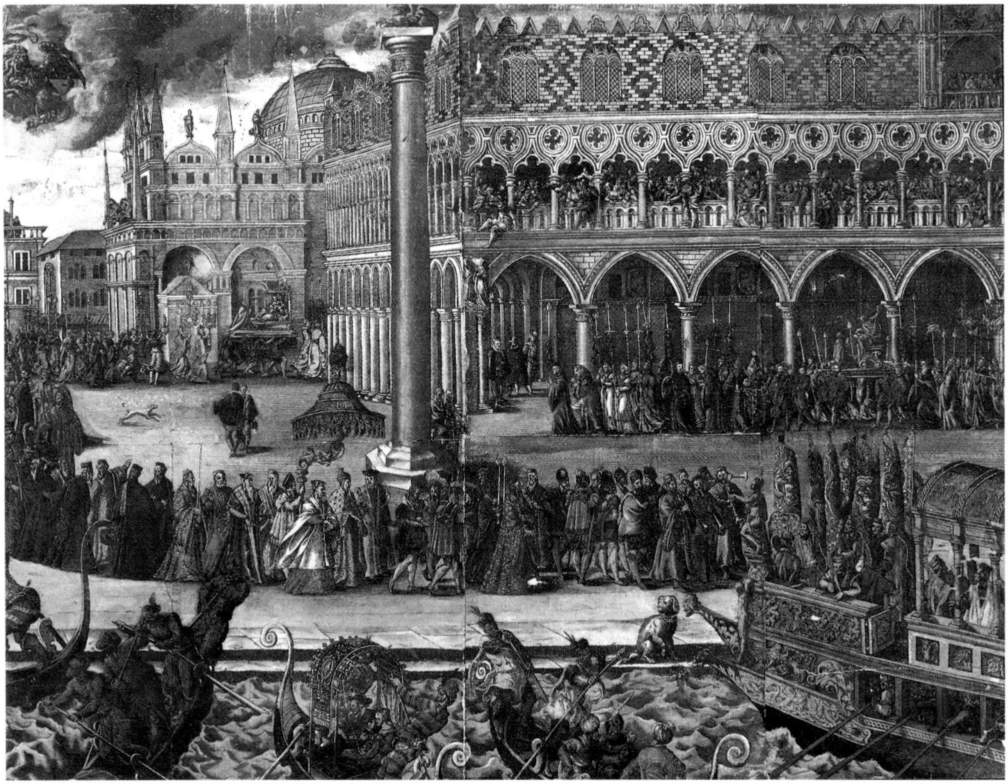

59 Jost Amman
Das Fest der Sinne,
um 1560 (Detail). Holzschnitt mit Aquarell, insgesamt 540 cm x 260 cm. Graphische Sammlung der Staatsgalerie, Stuttgart.

Grimanis *Promissione* dargestellt ist (s. Abb. 50, S. 77). Die zweite Phase vollzog sich auf dem Markusplatz. Der Doge wurde von Seeleuten auf einer Plattform über den Platz getragen und warf zum Zeichen seiner Großzügigkeit Münzen in die Menge. Schließlich wurde er durch die Porta della Carta zur prächtigen Gigantentreppe getragen. Nachdem er die zu beiden Seiten von seinen Wahlmännern gesäumte Treppe erklommen hatte, gelangte er zum obersten Absatz und legte den Amtseid ab. Er schwor, die Bestimmungen der Promissione zu befolgen und wurde mit dem Camauro und einem, mit kostbaren Juwelen besetzten Corno namens *Zoia* gekrönt – das Symbol der obersten politischen Macht. Während mit dem Ritual darauf hingewiesen wurde, daß die Patrizier und ihre Wahlmänner den Dogen bestimmten, verwandelte sich der oberste Absatz der Treppe, sobald die Macht durch die Krönung auf den Dogen übergegangen war, von einem Ort des Rituals zu einem Ort der Herrschaft. Prunk und städtisches Ritual erneuerten die Kraft der politischen Symbole durch wiederholte Zurschaustellung im öffentlichen Raum. Die *Trionfi,* die Papst Alexander III. dem Dogen angeblich im Jahre 1177 verliehen hatte, waren wichtige Bestandteile der fürstlichen Prozession. Sie begleiteten den Dogen auf den Exkursionen in den städtischen Raum, die durch die Wendung »andar in trionfo« (in Triumph gehen) beschrieben sind.

Das Fest der *Sensa* wurde in einem Holzschnitt des flämischen Künstlers Jost Amman dargestellt, vermutlich nach der Vorlage eines verlorengegangenen Originals von Tizian (Abb. 59). Das jedes Jahr am Himmelfahrtstag abgehaltene Fest hatte sowohl religiöse als auch profane Konnotationen und gehörte zu den feierlichsten Anlässen des rituellen Kalenders. Als symbolisches Ritual, das Venedigs Vermählung mit dem Meer vorstellte, besaß die Zeremonie ein sorgfältig ausgearbeitetes Drehbuch. Ein goldener Ring, die Nachbildung eines der Trionfi, spielte eine emblematische Rolle. Nachdem er der Messe in San Marco beigewohnt hatte, schritt der Doge in Begleitung hoher Ratsherren und ausländischer Gesandter »in trionfo« zum Ufer vor dem Dogenpalast und bestieg den *Bucintoro*. Begleitet von einer Barkasse mit dem Patriarchen und anderen Galeeren sowie Tausenden von privaten, festlich geschmückten Booten, wurde der Bucintoro auf die Lagune hinaus gerudert. Als sich die Prozession der Kirche von S. Nicolò di Lido näherte, wo sich die Lagune zur Adria öffnet, segnete der Patriarch das Wasser in einem alten Reinigungsritual und leerte ein Gefäß mit heiligem Wasser in die See. Dann warf der Doge den goldenen Ring ins Meer und sprach das Gelübde: »Wir vermählen uns dem Meer zum Zeichen unserer wahren und ewigen Herrschaft.«

In Ammans Druck schreitet der Doge unter seinem zeremoniellen Schirm mit weiteren Trionfi zum Ufer. Ihm voran gehen ein Ministrant mit zwei weißen Kerzen. Hinter ihm erkennt man den Schwertträger und eine lange Reihe prachtvoll gekleideter Edelmänner. Die Bannerträger sind bereits an Bord, als sich die Trompeter der Barkasse nähern, deren Bug eine vergoldete Holzfigur der Justizia ziert. Im Hintergrund finden religiöse Prozessionen statt, bei denen *Tableaux vivants* auf Plattformen getragen werden, während Zuschauer die Loggia des Dogenpalastes füllen.

Derartige Spektakel verdeutlichten und festigten zwar die soziale und politische Hierarchie, dienten aber auch der Förderung des Zusammenhalts, denn alle hatten Teil an einer Gruppenaktivität, in der Unterschiede der Kaste, der Klasse und der Verhältnisse aufgehoben wurden. Somit verlieh der Prunk dem Profanen Bedeutung und bekräftigte den Bund zwischen der Stadt und ihren heiligen Beschützern.

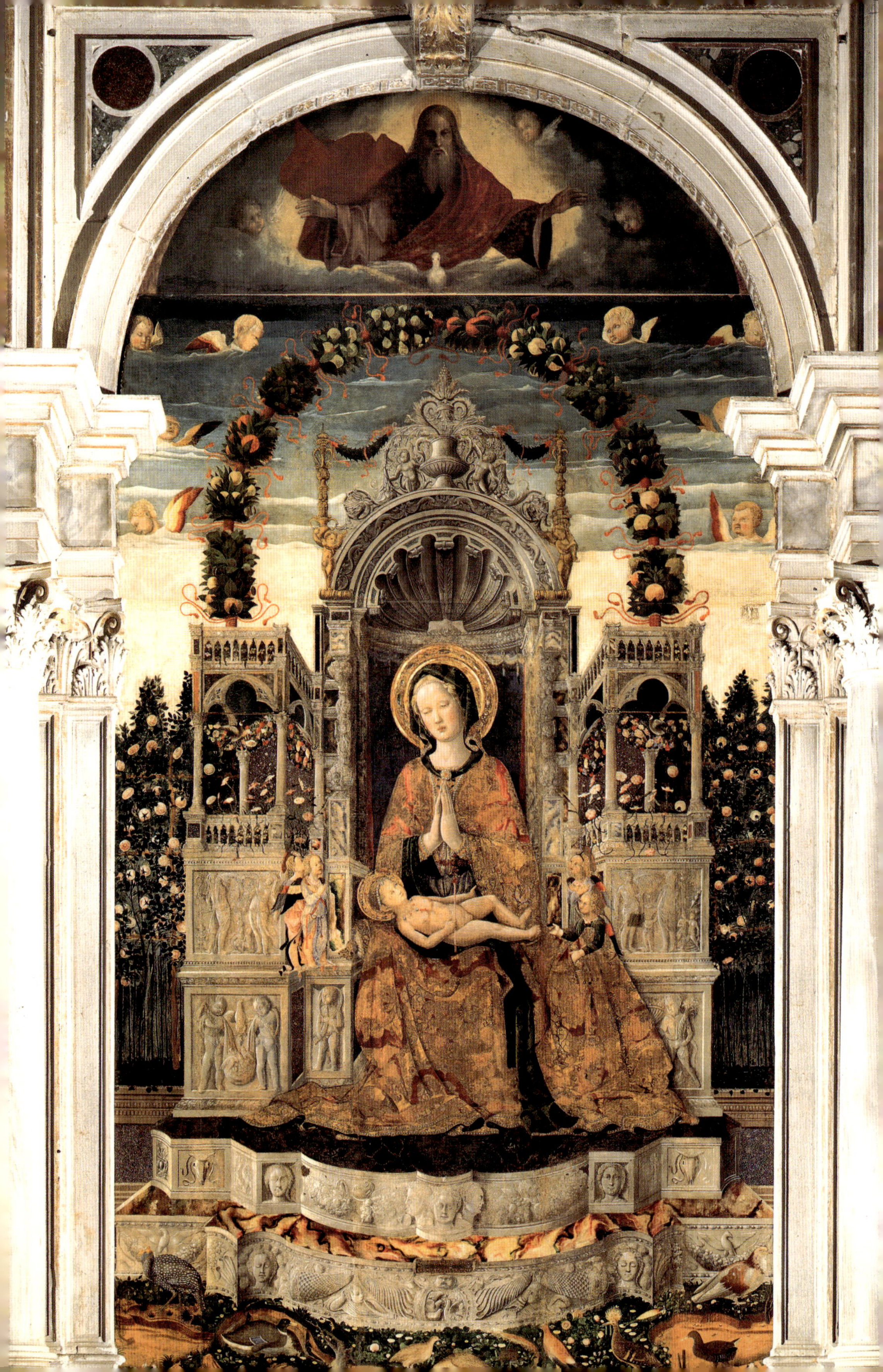

Ein frommes Volk

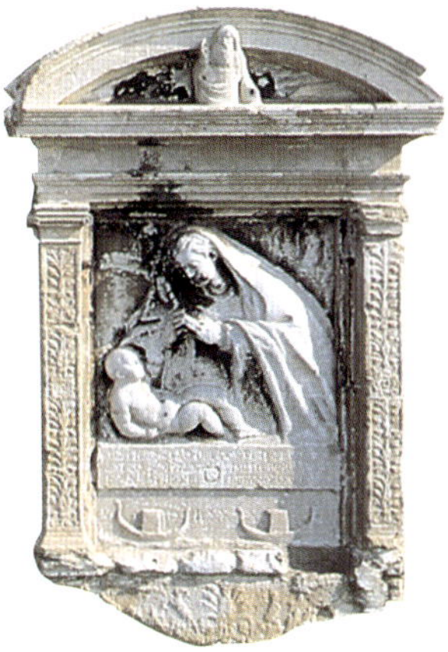

Für die Venezianer war ihre Stadt von Heiligkeit erfüllt und sie nannten sie *Sancta città* (Heilige Stadt). Gott hatte seine besondere Gnade bewiesen, als er zuließ, daß eine solche Stadt gegründet werden und an einem so unwahrscheinlichen Ort gedeihen konnte. Von hier aus brachen die Gläubigen zu Wallfahrten ins Heilige Land auf, und Einheimische wie Fremde bewunderten die Kirchen mit ihren Reliquien. Wie das Krönungsritual und die Ausschmückung des Dogenpalastes zeigen, waren das Sakrale und das Profane in allen Aspekten des politischen Lebens untrennbar verwoben.

Heilige Beschützer

Der Maler Bonifazio de'Pitati (um 1487–1553) beschreibt dies in seinem Gemälde *Gottvater über der Piazza San Marco* (Abb. 61), der Mitteltafel eines Triptychons mit Darstellungen des Erzengels Gabriel und Mariä Verkündigung an den Seiten. Gottvater und die Taube des Heiligen Geistes schweben über den Gebäuden der Stadtregierung und der Staatskirche. Die großen Säulen der Piazzetta erscheinen vor der Lagune im Hintergrund. Bezeichnenderweise ist nicht ein heiliger Feiertag oder ein politischer Festtag dargestellt, sondern ein normaler Tag, an dem die Geschäfte geöffnet sind und Menschen auf der Piazza ihrer Arbeit nachgehen. Gezeigt wird das Leben in einer Stadt, die stets göttliche Fürsorge und Aufmerksamkeit genießt. Bonifazio war von Verona nach Venedig übersiedelt, aber die Aufträge, die er von der Regierung erhielt, verlangten, daß er eine venezianische Geschichtsauffassung zum Ausdruck brachte. Als sein Triptychon mit den Seitentafeln noch voll-

60 Fra Antonio Falier da Negroponte
Madonna mit dem Kind,
1465–67. Tempera auf Holz,
300 x 240 cm.
S. Francesco della Vigna,
Venedig.

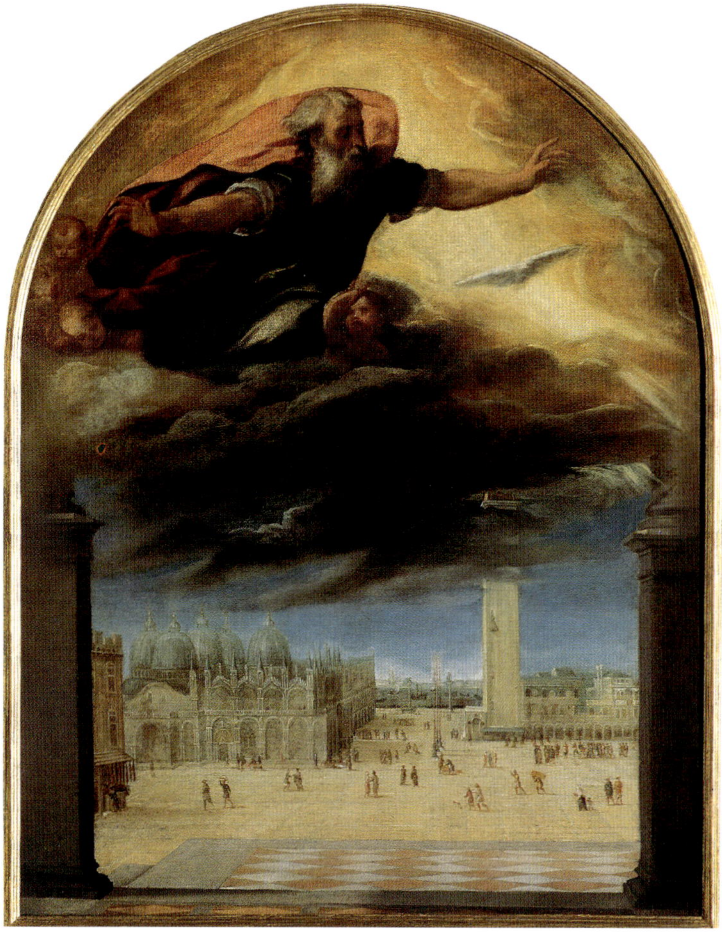

61 Bonifazio de' Pitati (Bonifazio Veronese) *Gottvater über der Piazza San Marco,* Mittelteil des Triptychons der *Verkündigung,* nach 1540. Öl auf Leinwand, 190 x 130 cm. Gallerie dell'Accademia, Venedig.

Das Gemälde hing ursprünglich im Palazzo dei Camerlenghi in den Räumen des *Magistrato degli Imprestidi,* dem staatlichen Leihamt. In der Zeit von 1529 bis 1545 schuf Bonifazio viele Werke für das Schatzamt, das sich in diesem Gebäude befand.

ständig war, hat es gewiß eine noch umfassendere Botschaft transportiert, die sich auf Venedigs heilige Ursprünge am Tag der Verkündigung bezog. Das Element des Heiligen im öffentlichen Leben war nicht auf das zeremonielle Zentrum des Markusplatzes beschränkt. Es erstreckte sich über die labyrinthartigen Straßen der Stadt in Form von Abbildern der Jungfrau Maria, den Heiligen und Christus, die an den Außenmauern von Häusern, Kirchen und Brücken angebracht waren. Umgeben von Tabernakeln, Nischen oder Rahmen, *Capitelli,* konnten es skulptierte Figuren oder Reliefs, Gemälde von bescheidener Qualität oder billige Drucke sein. Viele dieser Darstellungen findet man noch heute in Wohnbezirken und an den Anlegern der *Traghetti,* der Gondeln, die als öffentliche Verkehrsmittel über den Canal Grande setzen. An der Ponte della Paglia vor dem Dogenpalast findet sich ein inzwischen verwittertes Steinrelief der *Madonna der Gondolieri,* das den Bootsleuten seit dem 16. Jahrhundert zur religiösen Erbauung dient (Abb. 62). Der Schrein zeigt ein Tympanon mit einer Figur Gottvaters, mit Kan-

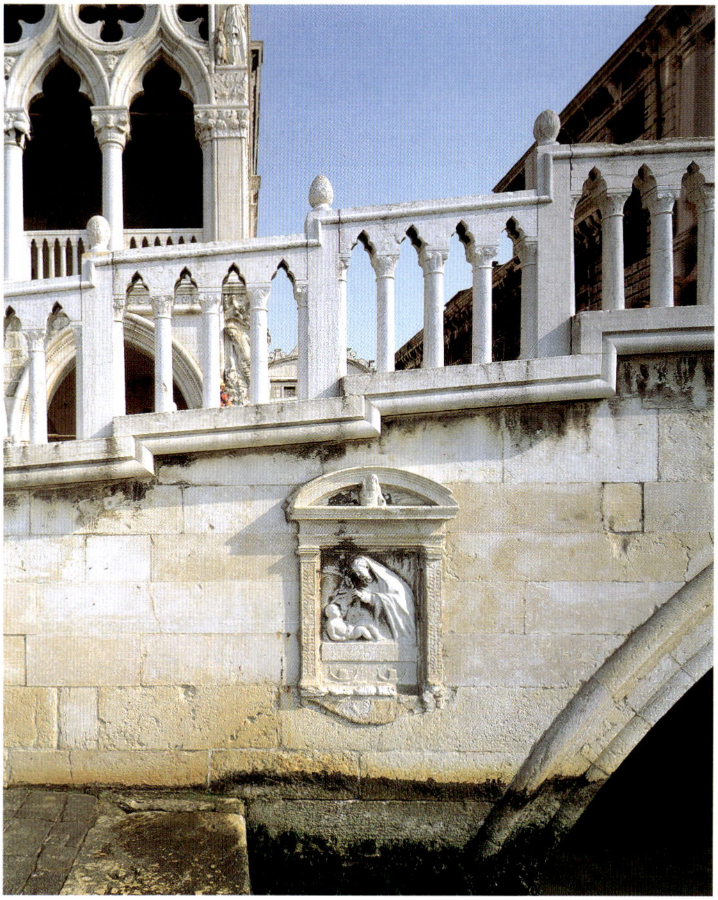

62 *Die Madonna der Gondolieri,* 1583. Steinrelief, 150 x 80 cm. Ponte della Paglia, vor der Südwestseite des Dogenpalastes, Venedig.

delabern verzierte Seitenpilaster und zwei als Flachrelief gearbeitete Gondeln unter einem Hochrelief der Jungfrau mit Kind. Der Inschrift ist zu entnehmen, daß dieser Schrein 1583 unter der Schirmherrschaft der »Fraglia del Tragheto« entstanden ist, der Vereinigung der Gondoliere, die an dieser Stelle einen Fährtransport betrieben.

Die Ursprünge der Capitelli sind unklar. Das früheste Dokument, in dem sie erwähnt werden, zitiert ein neues Gesetz aus dem Jahre 1128, nach dem die ganze Nacht hinduch Öllampen vor Ikonen am Fuße von Brücken, in engen überdachten Durchgängen und an dunklen Straßenecken brennen sollten. Es findet sich jedoch kein Hinweis darauf, ob zuerst die Lampen oder die Capitelli da waren. Der deutsche Priester Felix Faber besuchte Venedig 1483 und bot eine pragmatische Interpretation: »Es ist üblich, daß an den Ecken der engen Straßen Lampen aufgehängt werden, welche die ganze Nacht hindurch brennen. Und damit es nicht den Anschein hat, als würden sie umsonst brennen, bringt man an den Mauern hinter den Lampen Bilder der Heiligen Jungfrau an. Es sieht also so aus, als würden [die Lampen] zu Ehren der Jungfrau und nicht zur Annehmlichkeit der Fußgänger brennen.«

Warum sie auch entstanden sein mögen, die Capitelli trugen zum Gemeinwohl bei, einigen sagte man Wunder nach, anderen, sie schützten vor der Pest oder wehrten die Gefahren der Nacht ab. Meistens wurden sie von Anwohnern oder von Angehörigen einer Bruderschaft gepflegt, welche die Lampen mit Öl füllten und die Schreine mit Blumen schmückten. Weil man annahm, die Capitelli gemahnten die Bewohner zur Ehrfurcht und bewahrten vor antisozialem Verhalten, wurden sie vom Staat gefördert. Im Jahre 1450 wurde ein Gesetz verabschiedet, das die Aufstellung neuer Capitelli in jedem Bezirk vorsah, für die einem dort ansässigen Patrizier dann die Verantwortung übertragen wurde. Darüber hinaus sollten von den Bürgern aller Klassen Steuern für das Öl erhoben werden. Ob nun aus religiösen oder aus praktischen Gründen – diese Ikonen waren kleine heilige Bezirke, die über den öffentlichen Raum einer »eher durch göttlichen als durch menschlichen Willen« erbauten Stadt verteilt waren.

Auch Venedigs Bürger konnten mit großer Heiligkeit ausgestattet sein. So wurde Lorenzo Giustiniani (1381–1456), der erste Patriarch von Venedig, wegen seines asketischen Lebens und seiner Gottesfürchtigkeit sehr verehrt. Gentile Bellini malte sein Porträt neun Jahre nach dessen Tod (Abb. 63). Dieses frühestes Werk des Künstlers und eines der ältesten venezianischen Gemälde auf Leinwand diente vermutlich als Prozessionsbanner. Obwohl Hintergrund und Farben durch die Feuchtigkeit weitgehend verblichen sind, überzeugt es noch immer als kraftvolle Evokation einer Figur, die bereits zu Lebzeiten als heilig betrachtet wurde.

Giustiniani gehörte zu einer der ältesten und mächtigsten Familien Venedigs. Im Alter von 22 Jahren hatte er sich gegen die politische Karriere entschieden, die von ihm als Patrizier erwartet wurde. Nach einer Vision in Gestalt der »Jungfrau, strahlender als die Sonne«, schloß er sich einer Gemeinde weltlicher Kanoniker an, die auf einer abgelegenen Insel in der Lagune im Kloster S. Giorgio in Alga lebten. Fromme Abgeschiedenheit, ein Gebeten und Studien gewidmetes Leben waren jedoch nicht gleichbedeutend mit dem Rückzug aus der Welt. Dem für den venezianischen aristokratischen Ethos so zentralen Pflichtgefühl entsprechend, ging es Giustiniani nicht nur um sein spirituelles Wachstum, sondern auch um die Läuterung der Gesellschaft. Zwar hatte er »die Segnungen des Reichtums, des Adels, der Ämter und Würden, einer Frau und Kindern und Annehmlichkeiten anderer Art« verschmäht und sich für ein Leben des Verzichts und der Andacht

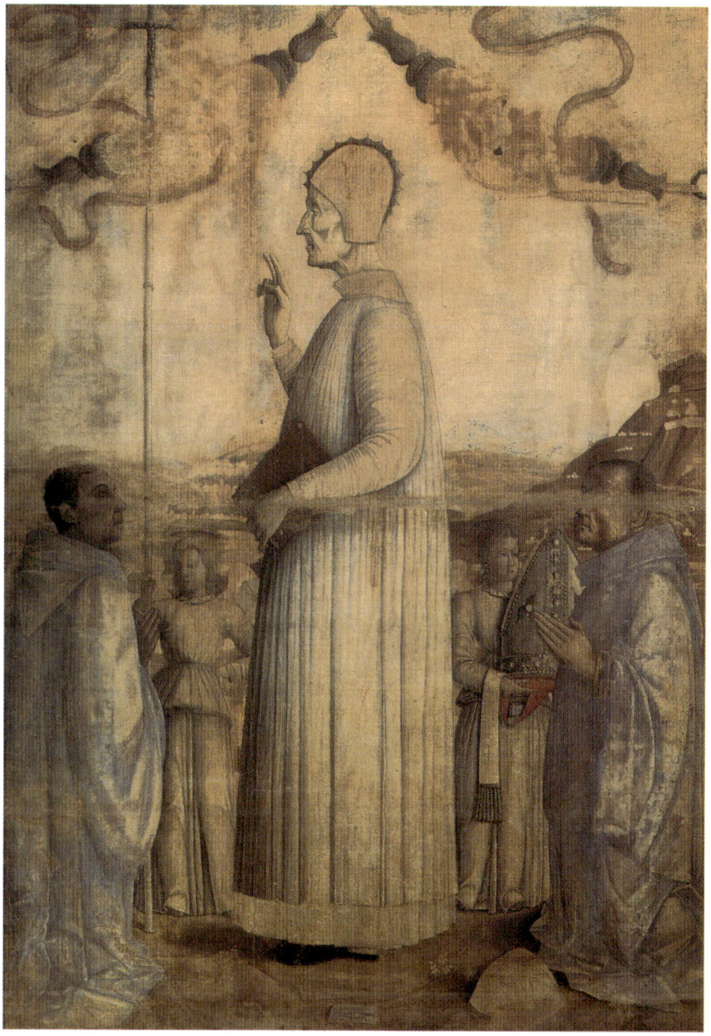

63 Gentile Bellini
Der hl. Lorenzo Giustiniani,
1465. Leinwand, 220 x
160 cm. Gallerie
dell'Accademia, Venedig.

Aufzeichnungen zufolge hing das Bild am Ende des 16. Jahrhunderts in der Kirche Madonna dell'Orto über dem Hauptportal. Als es den Venezianern nach dem Ende der Republik im Jahre 1797 verboten war, den Markuslöwen auf öffentlichen Plätzen zu zeigen, ersetzen sie ihn durch das *Bildnis des hl. Lorenzo Giustiniani* als Emblem der Stadt.

entschieden, betrachtete das hohe kirchliche Amt aber als Pflicht und missionarische Möglichkeit. Häufig erschien er vor den Zivilrichtern und erteilte seinen prophetischen Rat in politischen, moralischen und merkantilen Angelegenheiten.

Gentile Bellini zeigte Giustiniani in strengem Profil, dem zur damaligen Zeit maßgeblichen Format für Halbfigurenporträts, und demonstrierte jenen kompromißlosen Naturalismus, der ihn zum führenden Bildnismaler der Stadt machte. Aber er geht über das Porträt hinaus und verwandelt den Menschen in eine Ikone, indem er ihn in ganzer Größe darstellt und mit den Figuren von zwei Betenden flankiert. Hinter ihm stehen zwei Engel mit den Insignien seines Amtes, mit dem Kreuz, der Tiara und einer *Manipel,* einem liturgischen Gewand. Giustiniani, der seine rechte Hand zum Segen hebt, wird lebhaftes Abbild zum Gedenken an eine unanfechtbare geistliche Autorität.

Das Gemälde ist nach einer schriftlichen Beschreibung seiner Erscheinung gemalt, die dessen Neffe Bernardo lieferte, ein bedeutender Historiker und aktiver Befürworter von Lorenzos späterer Heiligsprechung: ein wenig größer als der Durchschnitt, zart, ausgezehrt, von aufrechter Haltung und mit Augen, die Hingabe und Heiligkeit ausdrückten. Auch wenn Lorenzo nicht vor 1524 seliggesprochen und erst 1690 als Heiliger anerkannt wurde, stellt Gentile ihn hier mit einer Aura oder einem Leuchten dar und deutet einen Heiligenschein an, denn er war schon zu Lebzeiten in das Pantheon der Heiligen aufgestiegen, die den besonderen Schutz der Stadt und ihrer Bewohner gewährleisteten.

Gemeinsame Spiritualität

Nach Ansicht vieler Venezianer war religiöse Erbauung nicht nur in einem Leben asketischen Verzichts, sondern in der heiteren Atmosphäre der Scuole zu finden. Am Ende des 15. Jahrhunderts gab es zahlreiche dieser Laienbruderschaften, die Hunderte von Mitgliedern und verschiedene Organisationsformen besaßen. Zur größten Kategorie gehörten die *Scuole comuni,* zu denen Männer und Frauen Zutritt hatten und deren Mitglieder aus den unterschiedlichsten gesellschaftlichen Schichten stammten. Hier gab es auch *Scuole,* die sich bestimmter nationaler Gruppen annahmen und Immigranten, einem potentiell ausgeschlossenen Segment der Bevölkerung, ein Gefühl der Zugehörigkeit, eine neue venezianische Identität und einen Anteil am Wohlstand der Stadt vermittelten. Andere Scuole waren mit den Handwerkszünften verbunden waren und vertraten einen bestimmten Handwerkszweig. An der Spitze standen jedoch die reichen und mächtigen *Scuole grandi,* die im 13. Jahrhundert zur Zeit der Büßer- und Geißlerbruderschaften entstanden waren. Im Zuge der Prophezeiungen über einen bevorstehenden Weltuntergang wurden viele vom Bußeifer ergriffen, zogen von Stadt zu Stadt und geißelten sich, um zu büßen. Nachdem sich die Prophezeiungen nicht erfüllt hatten, ließen die Bußgruppen sich nieder und gründeten permanente Organisationen, die ihren Mitgliedern religiöse, wirtschaftliche und soziale Unterstützung boten (Abb. 64).

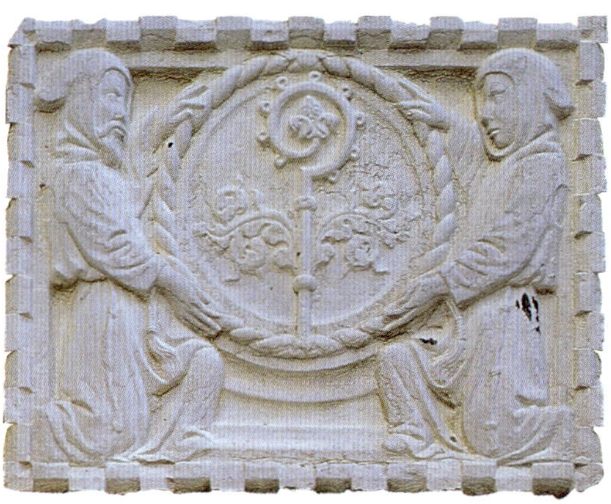

64 Insignien der Scuola Grande di S. Giovanni Evangelista. Istrischer Marmor, ca. 50 x 70 cm. Calle dell'Olio o del Caffetier (San Polo 2474), Venedig.

An der Straße, die vom Campo S. Stin zum Versammlungshaus der Scuola führt, weist dieses Relief an einer Hausfassade darauf hin, daß sich das Gebäude im Besitz der Bruderschaft befand. Es wurde vermutlich an ein bedürftiges Mitglied *per amoris dei* vermietet. Viele solcher Häuser wurden den Scuole grandi von wohlhabenden oder solchen Mitgliedern hinterlassen, die ohne Erben starben.

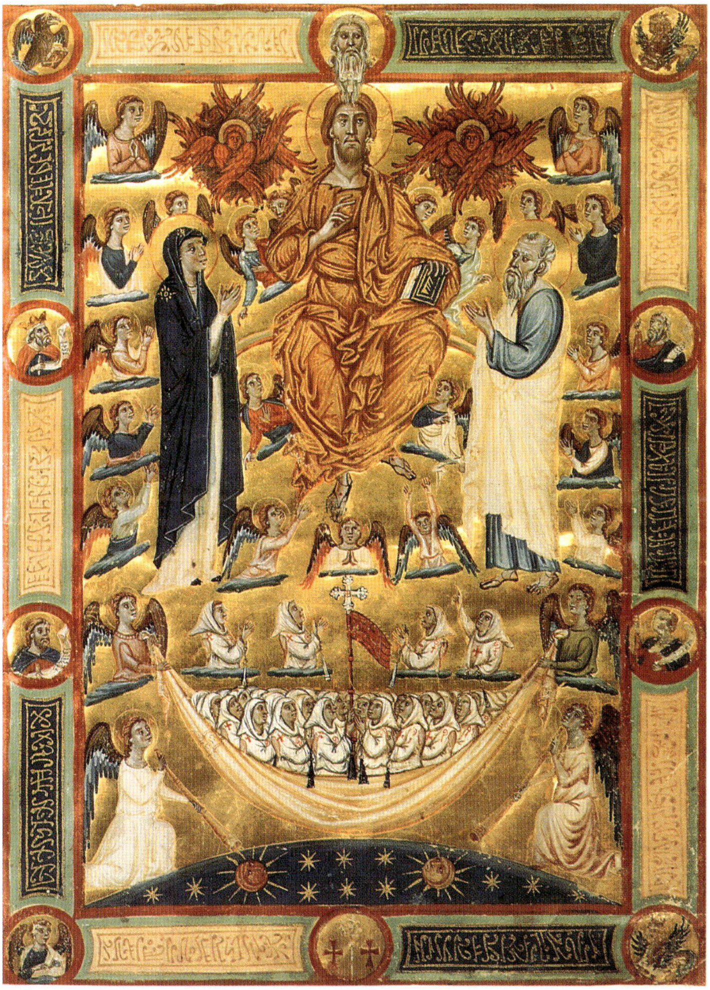

65 *Jüngstes Gericht,* Frontispiz der *Mariegola* der Scuola Grande di S. Giovanni Evangelista, 14. Jh. Tempera und Blattgold auf Pergament, 27,3 x 20 cm. The Cleveland Museum of Art.

Die kufische Schrift an den Seitenrändern ist ein dekoratives Element, das auch in Kirchen in Konstantinopel verwendet wurde.

Die Statuten jeder Scuola waren in einem gebundenen Manuskript, dem *Mariegola* festgehalten. Ein frühes Exemplar, im 14. Jahrhundert von der Scuola Grande di S. Giovanni Evangelista in Auftrag gegeben, zeigt ein illuminiertes Frontispiz, das sich wie ein Diagramm über die Rettung der Menschheit liest (Abb. 65). Christus thront im Himmel voller Engelsbüsten, mit Gottvater und der Taube des Heiligen Geistes über seinem Kopf wird er zum Element der Trinität. Flankiert wird er von der Jungfrau Maria und dem Schutzheiligen der Gruppe, Johannes dem Evangelisten, die als Fürsprecher für die darunter abgebildeten Mitglieder der Bruderschaft dienen. Zwei Engel in den unteren Ecken knien blasen die Trompete, um das Ende der Zeit zu verkünden. Die *Confratelli* schauen bittend nach oben und werden in einem großen Netz hinauf in den Himmel gezogen, ein Hinweis darauf, daß die

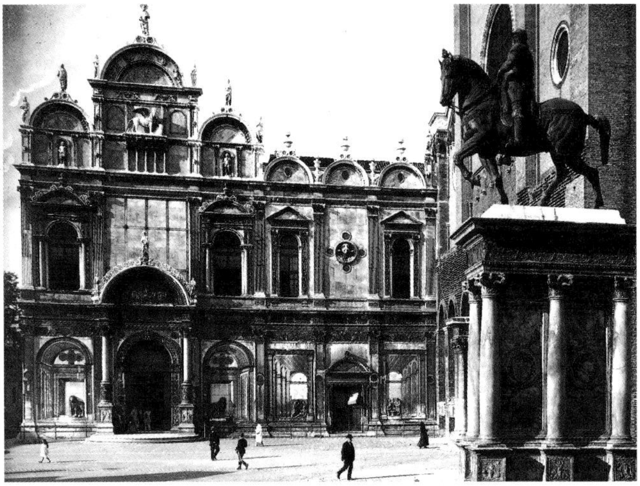

Frömmigkeit der Gruppe mächtiger ist als die des Einzelnen. Aber es gibt eine Hierarchie, denn die vier Funktionäre stehen über den anderen.

Am Ende des 15. Jahrhunderts spielten fünf der Scuole grandi eine bedeutende Rolle im religiösen Leben Venedigs. Ihre Mitglieder zogen an Feiertagen gemeinsam in Kapuzenroben durch die Stadt und führten symbolische Flagellationsrituale durch, um für die Sünden der gesamten Gemeinschaft zu büßen. Mit ihrer großen, rein männlichen Mitgliedschaft von 500 bis 600 Confratelli und beträchtlichen finanziellen Mitteln waren sie, abgesehen von der Regierung selbst, vermutlich die wichtigsten Förderer der Kunst und der Architektur in der Stadt.

66 Fassade der Scuola Grande di San Marco, Venedig. Begonnen um 1487 von Pietro Lombardo und Giovanni Buora; vollendet 1490–95 von Mauro Codussi.

Die Aufnahme stammt von Carlo Naya (1816–82), der eines der berühmtesten Ateliers für Architekturphotographie in Venedig besaß.

Nach einem Feuer baute die Scuola Grande di San Marco ihr Versammlungshaus Ende des 15. Jahrhunderts neu auf (Abb. 66). Die von Pietro Lombardo und Giovanni Buora (vor 1450–1513) begonnene Fassade schafft eine einzigartige Verbindung von illusionistischer Szenographie und realer Architektur. Beide Türen sind flankiert von mehreren gemeißelten Steinreliefs, einem Löwenpaar, welches das Hauptportal bewacht. Szenen aus dem Leben des hl. Markus befinden sich an den Seiten des Eingangs zum Albergo, dem Sitzungssaal der Funktionäre. Die perspektivische Konstruktion der Reliefs ist ein *Trompe l'œil* und täuscht einen dreidimensionalen Raum vor. Mit diesem radikal neuen Konzept wurde eine Vielzahl von räumlichen Beziehungen erforscht.

Mauro Codussi wurde zum leitenden Architekt, als der Bau bereits halb vollendet war, und hatte die Verantwortung für den oberen Bereich. Mit den Giebelfenstern des *Piano nobile* (dem Hauptstockwerk über dem Erdgeschoß) verlieh er der Fassade etwas eher Klassisches, während er die Dachlinie in einem Echo der Basilika von San Marco mit einer Reihe charakteristischer Rundgiebel bekrönte. Verziert mit kompliziert gemeißelten Reliefs, freistehenden Skulpturen und farbigen Marmorintarsien ist die deutlich asymmetrische Fassade eher bildnerisch als architektonisch zu nennen. Obwohl sie einen entfernten Vorläufer im römischen Triumphbogen hat, ist der Gesamteindruck eindeutig venezianisch. Die deutlichsten Parallelen findet man in den großen farbigen Leinwänden mit ihren detaillierten Darstellungen, die Gentile

Bellini, Carpaccio und andere Künstler für die Innenräume malten. Der klarste Gegensatz zu diesem venezianischen Stil zeigt sich in Albertis Kirchenfassaden aus dem späteren Quattrocento, darunter S. Andrea und S. Sebastiano in Mantua, S. Francesco in Rimini oder S. Maria Novella in Florenz. Sie alle sind großzügig und mit Sinn für Symmetrie, Zentralität, klarer Geometrie und rationale Proportionen konzipiert. Mit diesem klassischen Stil erreichen sie eine Monumentalität, die der Scuola fehlt.

Die Scuola Grande di S. Giovanni Evangelista ließ ihr Versammlungshaus in den neunziger Jahren des 14. Jahrhunderts mit einem Bilderzyklus über die Wunder der verehrten Kreuzreliquie ausmalen, die sich seit knapp 100 Jahren in ihrem Besitz befand. Eine der Leinwände malte Vittore Carpaccio, der Scuola-Maler par excellence (Abb. 67). Sie beschreibt die Heilung eines Besessenen im

67 Vittore Carpaccio
Die Heilung des Besessenen,
1494. Leinwand,
370 x 390 cm. Gallerie dell'Accademia, Venedig.

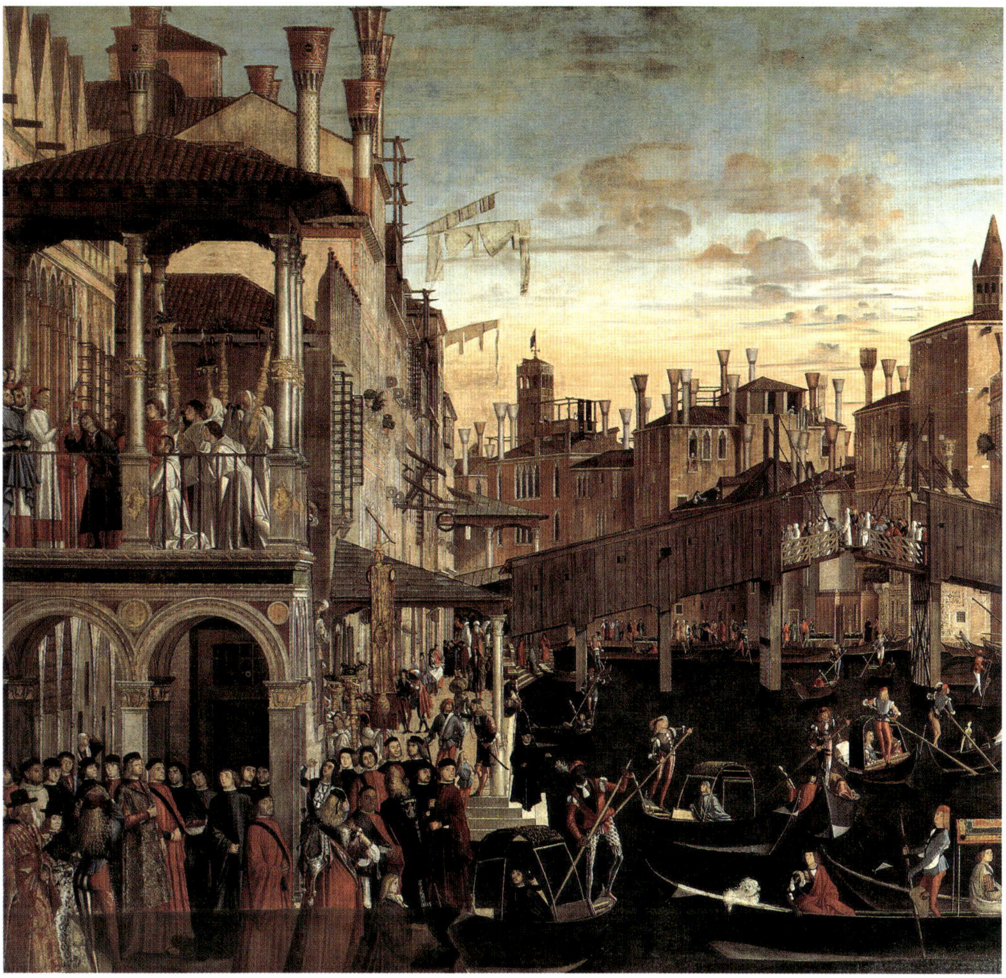

Palast des Patriarchen von Grado, nahe der Rialtobrücke. Im Bezirk herrscht lebhafte Geschäftigkeit, die Bürgersteige sind mit Händlern übersät und zahlreiche Gondeln schwimmen im Canal Grande. Bei flüchtigem Betrachten könnte man das wundersame Ereignis übersehen, denn es findet links in einer offenen Loggia statt. Nicht zufällig hat Carpaccio die Szene an den Rand verlagert und sich auf ein Panorama des Rialtobezirks konzentriert, denn er übertraf Gentile Bellini in der einfühlsamen Beherrschung des Augenzeugenstils. Die Szene sollte beiläufig wirken, weil so auch Wunder geschahen, in den Mittelpunkt gestellt, hätte es für das geschulte venezianische Auge an Glaubwürdigkeit verloren.

Die ausgewogene Komposition mit der Architektur auf der linken und der Kanalszene auf der rechten Seite ist geschickt angelegt. Eine von Erdfarben dominierte Palette wird durch leuchtende, teilweise im Hintergrund gesetzte Farbakzente aufgehellt, um der Szene voller Eventualität und situativer Details etwas Einheitliches zu verleihen. Carpaccio stellt das heilige Ereignis als eine von vielen Aktivitäten in dem bekannten venezianischen Geschäftszentrum dar, und verleiht dem städtischen Raum damit etwas Sakrales.

Meist standen charismatische Objekte wie die Kreuzreliquie im Mittelpunkt der Anbetung, aber auch gemalten Bildern wurden wundersame Heil- und Schutzkräfte beigemessen. *Christus mit dem Kreuz*, vermutlich von dem jungen Tizian, befand sich 1520 dem Chronisten Marin Sanudo zufolge über dem Altar der neben der Scuola Grande di S. Rocco gelegenen Kirche (Abb. 68): »Es wirkte und wirkt noch immer viele Wunder, so daß jeden Tag Menschen kommen, um es zu sehen. Durch die vielen Spenden wird die Scuola sehr verschönert.« Ebenso wie der hl. Rochus, der Schutzheilige der Scuola, wurde auch dieses Bild mit dem Schutz vor der Pest assoziiert. Unter den wundertätigen Andachtsbildern stellt es eine Besonderheit dar, denn üblich war die Madonnendarstellung. Ungewöhnlich ist auch, daß Tizian in der Szene Christus und seinem Peiniger gleiche Aufmerksamkeit schenkt und sie durch die beiden seitlichen Figuren in einer direkten Begegnung zusammendrängt. Aber nur Christus schaut aus dem Bild heraus, und darin liegt die Kraft des Bildes: Sein Blick, eine Mischung aus Pathos, Resignation und Erbarmen, erweckt Mitgefühl und verleiht Kraft.

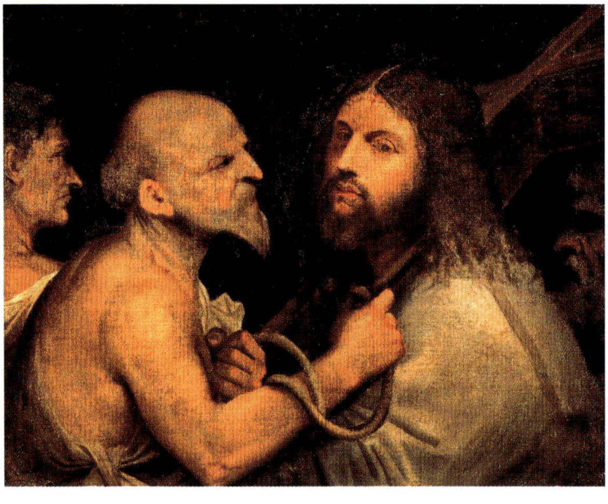

68 Tizian
Christus trägt das Kreuz, um 1510. Leinwand, 70 x 100 cm. Scuola Grande di S. Rocco, Venedig.

Da es einst als Prozessionsbanner oder als Altarbild verwendet wurde, ist das Gemälde stark beschädigt. Einige Kunsthistoriker schreiben es zwar Giorgione zu, aber die prägnanten Gesichter der Halbfiguren sowie das Fehlen einer atmosphärischen Qualität weisen auf Tizian hin.

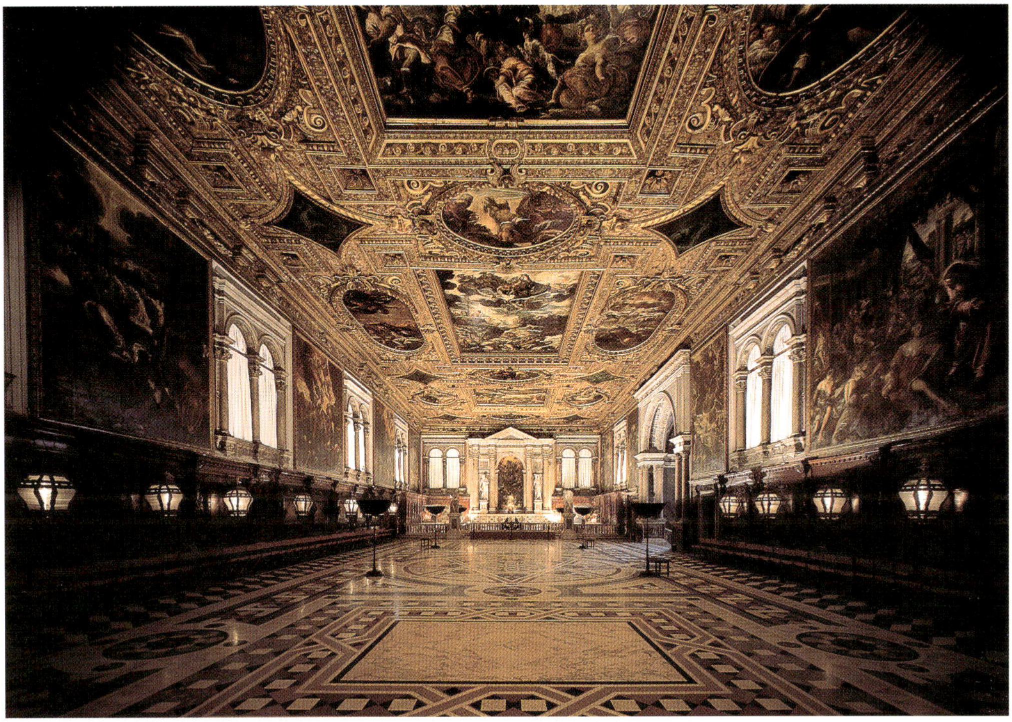

69 Ansicht der Sala Grande der Scuola Grande di S. Rocco, Venedig.

Die Pracht der Heiligkeit

Sechs Jahrzehnte später, im Jahre 1581, sah Francesco Sansovino in diesem Bild den Ursprung des Reichtums der Scuola Grande di S. Rocco: »Daher scheuten sie keine Kosten, ihre Fassade mit dem edelsten Marmor in kunstvollen Ornamenten zu verzieren. Bei diesem Unterfangen half ihnen sehr ein Christusbild, das Tizian vor vielen Jahren gemalt hatte. Da es verschiedene Wunder wirkte, wurden ihm nicht nur aus ganz Venedig, sondern auch aus den umliegenden Städten die reichsten Gaben und Geschenke dargebracht,. Als sie dann die schrecklichen Zeiten der Pest überstanden hatten (die jene Regionen häufig heimsuchte), wurde [San Rocco] durch Spenden, Nachlässe und andere Gewinne und Wohltätigkeiten schließlich zur reichsten aller Bruderschaften.«

Zur Zeit von Sansovino hatte Jacopo Tintoretto die aufwendige Dekoration des Piano nobile der Scuola Grande di S. Rocco mit Szenen aus dem Alten und Neuen Testament bereits vollendet. Sie zierten die Wände und wurden an der Decke von prächtig vergoldeten Kassetten eingerahmt (Abb. 69). Nachdem er die erste Leinwand fertiggestellt hatte, ohne ein Honorar zu verlangen, trat er der Scuola bei und gelobte, den Rest seines Lebens der bildnerischen Verschönerung ihres Versammlungshauses zu widmen. Jedes Jahr am Feiertag des hl. Rochus lieferte er drei Gemälde und war gleichzeitig damit beschäftigt, die Wände des Untergeschosses im Rahmen einer Kampagne zu gestalten, die schließlich 60 Leinwände umfaßte. Das Gebäude zählt zu den größten dekorativen Leistungen der Renaissance.

Sansovinos Beschreibung stimmt kaum mit dem frommen und wohltätigen Anliegen der Scuole grandi überein. Sie als »das Beste, was Venedig besitzt« preisend, schreibt der Mailänder Botschafter im Jahre 1497: »Ihre Einkünfte verwenden sie teilweise auf die Dekoration der Scuole, von denen alle mit Marmor inkrustierte Dächer besitzen und immer beeindruckender gestaltet werden. Ihre Gebäude verzieren sie mit Marmorfassaden und wertvollen Steinen. Ein Teil ihrer Einnahmen wird für die zahlreichen Gottesdienste verwendet, die sie stets abhalten und bei denen sie unendlich viele Kerzen opfern. Der Rest wird dafür ausgegeben, die Mitglieder der Scuola zu unterstützen. Unter ihnen befinden sich viele Kranke. Ihnen und ihren Familien gibt man Essen und Kleidung und widmet sich ihrer Pflege, bis es ihnen wohler geht, oder sie sterben.«

Es kam darauf an, den Heiligen auf die richtige Weise zu ehren. Die Bauvorhaben wurden durch den lange gehegten Glauben verstärkt, architektonische Pracht, kostspielige Dekoration und aufwendige Zeremonie seien ebenso wichtig für den richtigen Ausdruck religiöser Andacht wie Mildtätigkeit und Hilfe für die Armen.

Die religiöse Pracht besaß auch eine politische Dimension. Prunkvolle Kirchen und prächtige Versammlungshäuser der Scuole waren wichtig für die Ehre – und den Schutz – des Staates. Die Kirche S. Maria dei Miracoli liefert ein ausgezeichnetes Beispiel für die Frömmigkeit der Stadt (Abb. 70). Als Votivkapelle für ein wundertätiges Abbild der Madonna, das sich einst in einem Capitello befand, wurde ihr Bau ganz durch öffentliche Spenden finanziert. Pietro Lombardo, der Architekt, erhielt für den Bau die *Carte blanche.* Mit dem Auftrag, den feinsten Marmor aus Griechenland, Carrara und Verona, Verde antico (polierter grüner Serpentin oder Marmor) und Porphyr zu verwenden, verkleidete er damit die gesamten inneren und äußeren Wandflächen. Das Innere des erhöhten, von einer Kuppel gekrönten Chors zeigt aufwendige und innovativ gemeißelte Meereswesen von Pietros Sohn, Tullio Lombardo, und bildet eine prächtige Bühne für das wundertätige Abbild über dem Hochaltar. Das Tonnengewölbe des Mittelschiffs mit den vergoldeten Kassetten, die Halbfiguren alttestamentarischer Propheten rahmen, war *alla veneziania* (nach venezianischer Art) konstruiert. Häufig wurde dies Gebäude mit einer kostbaren Schmuck-

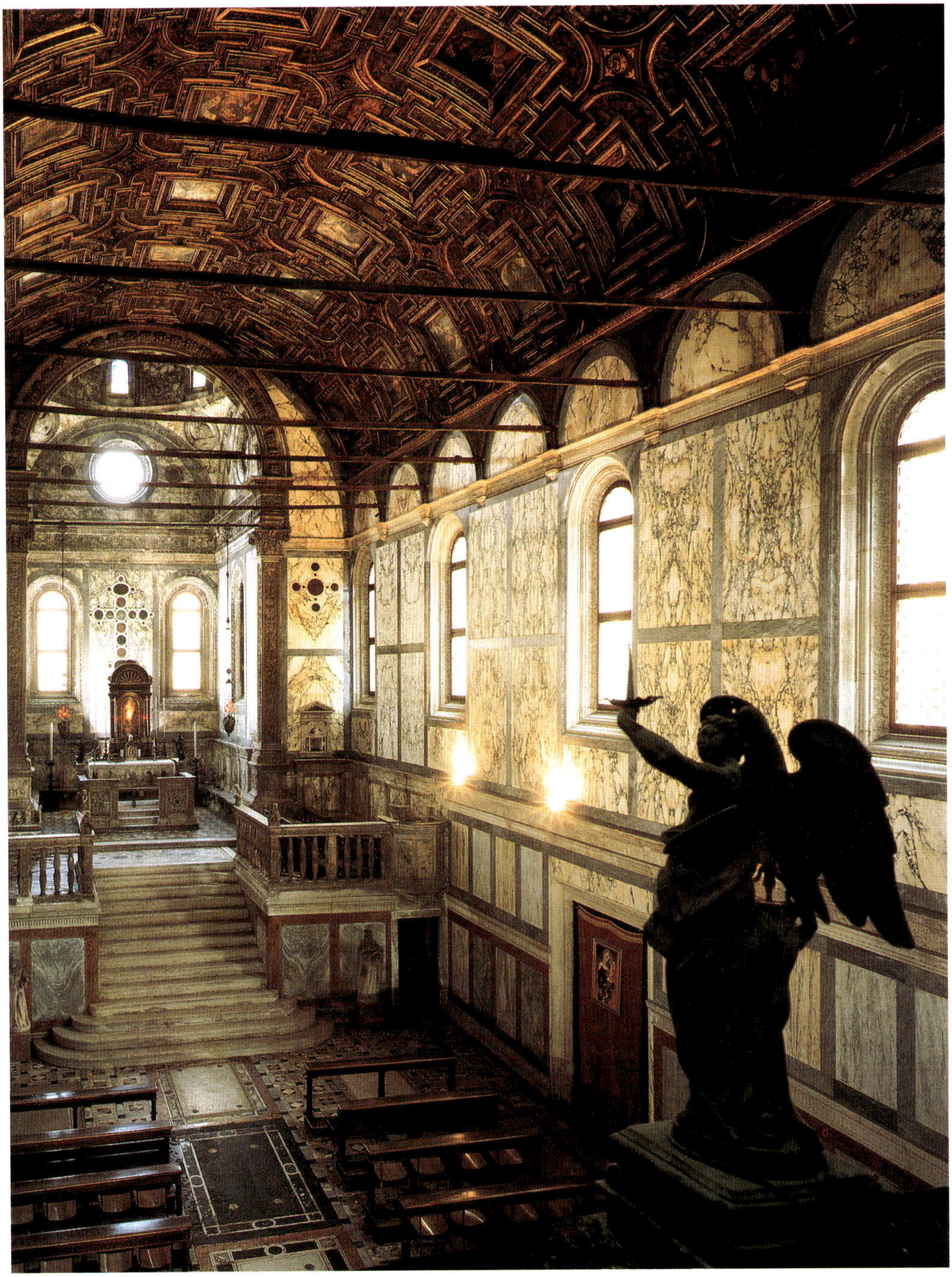

schatulle oder Reliquientruhe verglichen – angemessen für die verehrte Ikone, die durch das Gebäude gewürdigt und geschützt werden sollte.

Auch einfache Geschichten konnten von den Malern in einer großartigen Szenerie angesiedelt werden. Das Benediktinerkloster

70 Ansicht des Mittelschiffs von S. Maria dei Miracoli, Venedig.

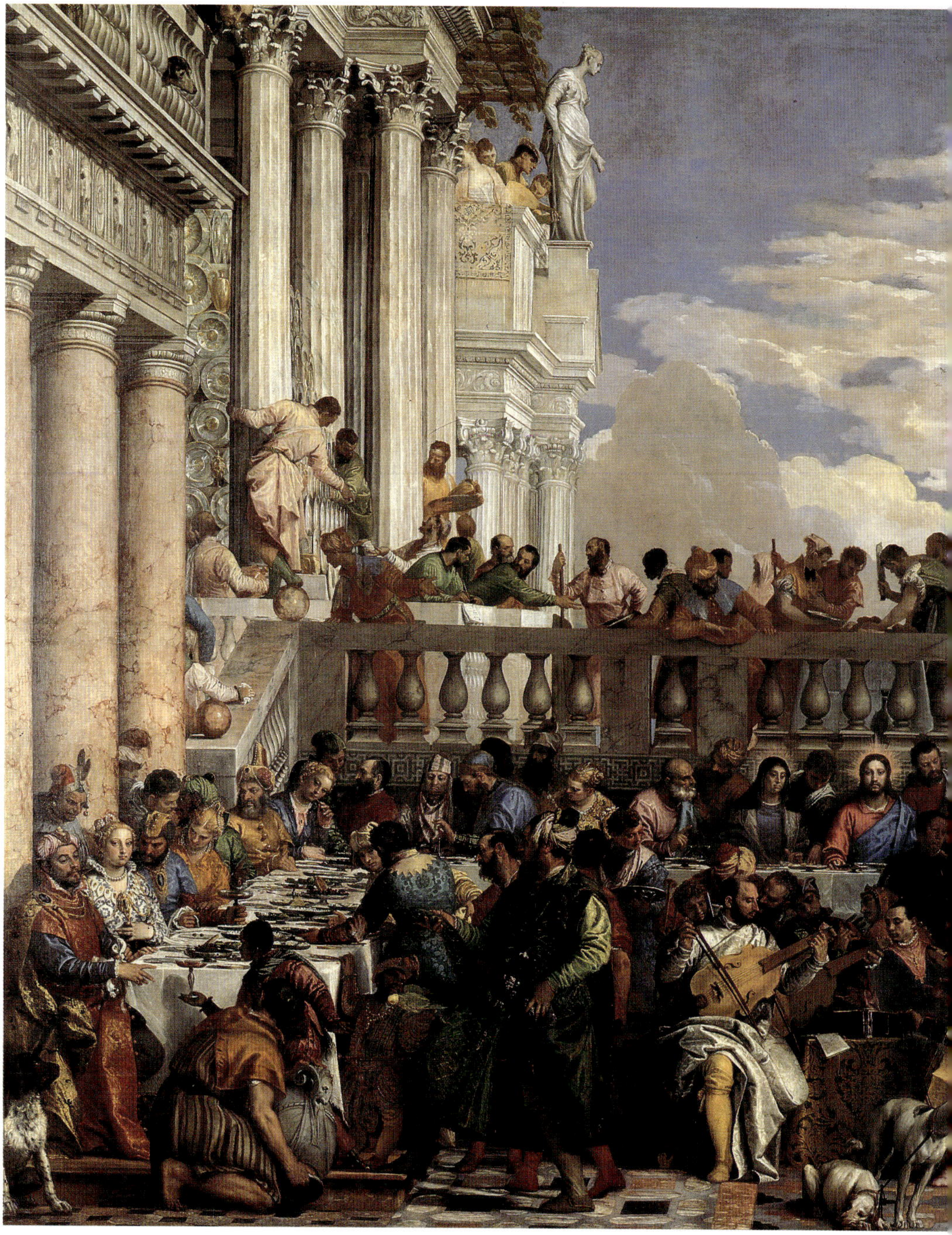

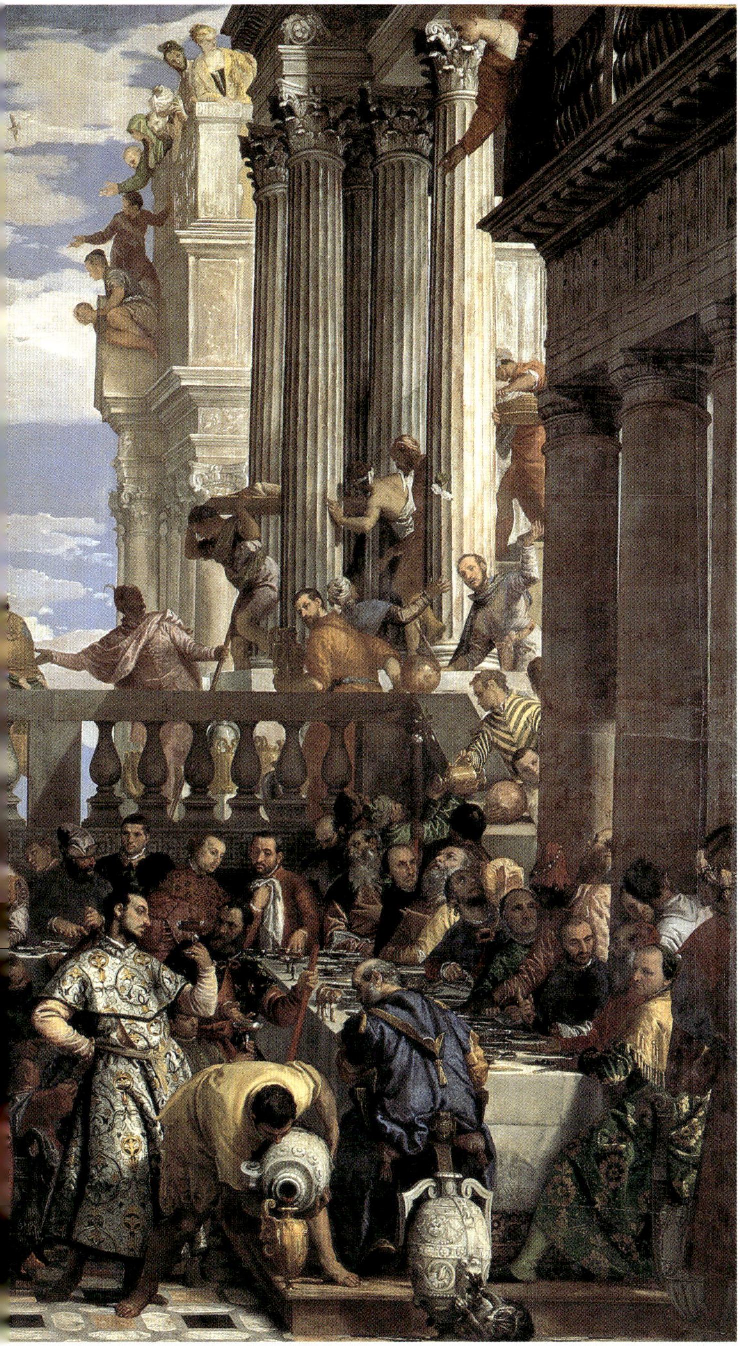

71 Paolo Veronese
Die Hochzeit zu Kana,
1562–63. Öl auf Leinwand, 670 x 990 cm. Louvre, Paris.

Unter den etwa 100 Gästen befindet sich auch eine Gruppe venezianischer Maler, die als Musikanten im Vordergrund des Bildes erscheinen. Des weiteren sind der weiß gekleidete Veronese und rechts hinter ihm Tintoretto zu erkennen, die beide die Viola da braccio spielen. Tizian in roten Kleidern sitzt rechts am Tisch und spielt die Viola da gamba. In der Flöte spielenden Figur zwischen ihnen hat man Jacopo Bassano vermutet, der jüngere Mann, der eine frühere Form der Violine spielt, ist unbekannt.

S. Giorgio Maggiore war eines der reichsten in Venedig, als Paolo Veronese den Auftrag erhielt, die Stirnwand des Refektoriums zu gestalten. Die Mönche von S. Giorgio kannten wohl die großen, festzugartigen Szenen seiner historischen, allegorischen und biblischen Gemälde und entschieden sich daher für eine großartige Ausführung. Obwohl in den klösterlichen Speisesälen meist Gemälde des letzten Abendmahls hingen, trugen Veronese und seine Auftraggeber der venezianischen Vorliebe für das Spektakel Rechnung und wählten das festlichere Thema der *Hochzeit zu Kana* (Abb. 71). Wie viele Werke Veroneses besitzt auch dieses eine starke Theatralik. Die klassische Architektur zeigt im Vordergrund eine dorische und im Hintergrund eine korinthische Säulenordnung. Wenngleich die Komposition einen Blick in die Raumtiefe zu verheißen scheint, ist die Leinwand horizontal durch eine Balustrade geteilt, die eine mit Hochzeitsgästen bevölkerte Bühne im Vordergrund umrahmt. Durch die dicht artikulierte narrative Form, vergleichbar dem 50 Jahre zuvor üblichen Augenzeugenstil, wird das Hauptereignis auch hier in eine Fülle scheinbar trivialer Details eingebettet. Kritiker des 19. (und sogar des 20.) Jahrhunderts befanden das Bild unschicklich, weil es zu viele Figuren und Verzerrungen aufweise, auch werde die religiöse Botschaft vor Opulenz und Pracht verschluckt.

Aber diese Art von Kritik ist verfehlt, denn auch wenn Braut und Bräutigam einen unauffälligen Platz am linken oberen Bildrand einnehmen, steht Christus, der Wasser in Wein verwandelt, ebenso wie in Leonardos *Letztem Abendmahl* im Mittelpunkt des Bildes. Auch hier ist er sowohl stiller Beobachter als auch Quelle des Wunders. In direkter Verlängerung der Christusfigur steht auf dem Tisch vor einer Gruppe von Musikanten ein Stundenglas. Es symbolisiert die Musik als gemessene Zeit und deutet an, daß die Stunde gekommen ist. Auf dem Balkon hinter Christus zerlegen Metzger Fleisch mit Hackbeilen. Zusammengenommen definieren die beiden gegensätzlichen Aktivitäten die zentrale Achse und spielen vermutlich auf das bevorstehende Opfer Christi an.

Eines der beachtenswerten Merkmale des Werkes ist die reiche Mischung von Kostümen, darunter türkische, zeitgenössisch venezianische und antike. Sie stehen für die Ausdehnung von Raum und Zeit, und indem sie auf den größeren geographischen und chronologischen Kontext des Ereignisses verweisen, erhält die Szene direkten Bezug zur Gegenwart. Opulenz erfüllt hier also einen Zweck. Für das venezianische Auge hat sie ein religiöses Mysterium wohl kaum trivialisiert, sondern es eher erhöht und ihm eine Bedeutung verliehen, die sowohl zeitlos als auch zeitspezifisch war.

Das Gesicht der Armut

Zur Zeit der Gegenreformation hatte sich die Debatte über Prächtigkeit versus Wohltätigkeit verstärkt, und viele Scuole wurden wegen ihrer luxuriösen Vorlieben scharf kritisiert. Die Kluft zwischen arm und reich war immer größer und die Grenzen zwischen den Klassen immer deutlicher geworden. Der Senat erließ 1529 ein umfassendes Armengesetz, das die Bedeutung der Hilfe für die Bedürftigen und die Bestrafung jener festlegt, die »das Gewerbe des Bettlers und Betrügers ausüben«: »Mildtätigkeit hat zweifellos als die wichtigste Form guter Taten zu gelten und muß gegenüber unseren Nachbarn stets ausgeübt werden. Es ist jedermanns Pflicht, sich um das Wohlergehen der Armen und die Gesundheit der Kranken zu kümmern und den Hungrigen Speise zu geben. Unsere Hilfe und unsere Gunst soll auch immer denen zuteil werden, die ihr Brot im Schweiße ihres Angesichts verdienen.«

Diese Debatte wurde auch in der bildenden Kunst reflektiert, jedoch nicht immer direkt. In vielen Szenen aus dem Neuen Testament, die er für die Scuola Grande di S. Rocco malte, zeigte Tinto-

72 Tintoretto
Verkündingung, 1583–87. Öl auf Leinwand, 420 x 550 cm. Scuola Grande di S. Rocco, Venedig.

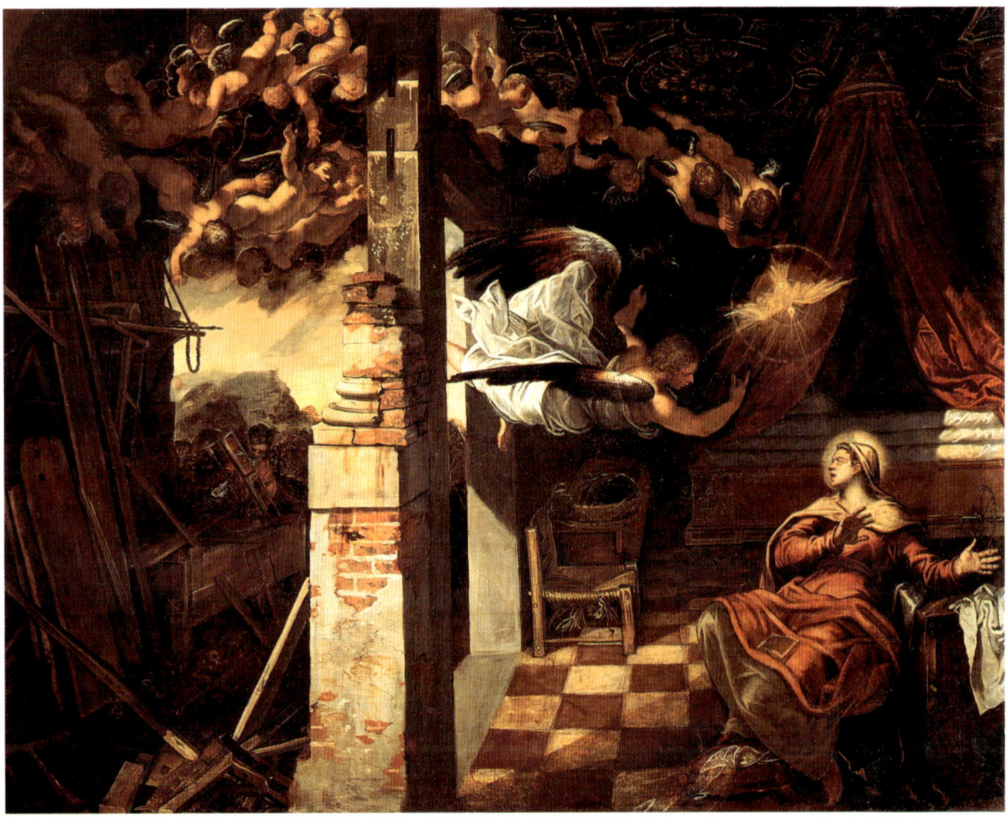

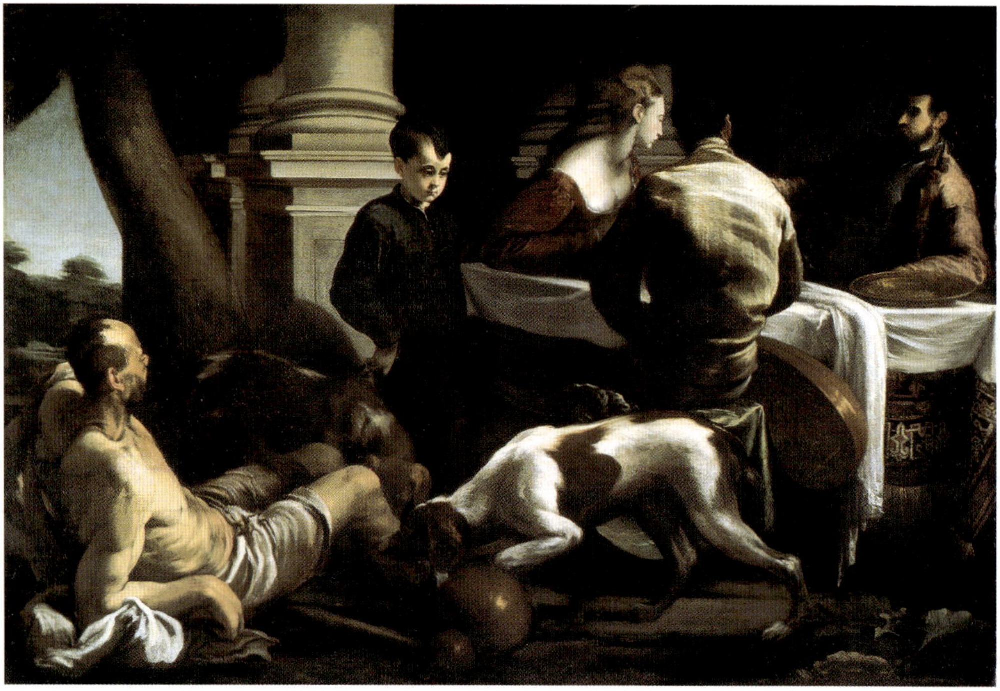

73 Jacopo Bassano
Lazarus und der reiche Mann, um 1554. Öl auf Leinwand, 146 x 223 cm. Cleveland Museum of Art.

retto eine ausgeprägte Ambivalenz. In seiner *Verkündigung* erscheint die Jungfrau in einem Zimmer mit elegantem Himmelbett und vergoldeter Kassettendecke (Abb. 72). Die Wand ist verfallen, aber in das rote Mauerwerk ist seltsamerweise das Stück eines antiken Säulenfußes eingesetzt und im Zimmer steht links ein alter Stuhl mit abgenutzter, bastumwickelter Sitzfläche. Prächtig und ärmlich zugleich erinnert der Schauplatz an die bescheidene Herkunft Christi, suggeriert den Lauf der Zeit und dokumentiert das Ende der klassischen Zivilisation.

Eine Disjunktion anderer Art ist in Jacopo Bassanos (um 1515–92) *Lazarus und der reiche Mann* zu erkennen (Abb. 73). Hier stellt der Künstler ein Gleichnis aus dem Lukasevangelium (16.19–31) dar, das oft zitiert wurde, um daran zu erinnern, daß die Armen ihren Lohn im Himmel erhalten, während die Reichen teuer für ihren Wohlstand bezahlen müssen. Dives, der reiche Mann, trägt feine Kleider und speist jeden Tag fürstlich, während der arme Aussätzige Lazarus unbeachtet und verhungernd vor dem Haustor liegt. Hunde kamen und leckten die Wunden des Mannes. Als er starb, trugen ihn Engel in den Himmel in Abrahams Arme. Dives hingegen wurde zu ewigen Qualen im Hades verdammt.

In Bassanos Gemälde spielt die Szene in einer eleganten Loggia mit massiven klassischen Säulen. Dives sitzt am Tisch, der mit einem orientalischen Teppich und feinem Leintuch bedeckt ist, und hält einen goldenen Teller. Bei ihm sitzen ein Musiker und eine schöne Frau mit ausgeschnittenem Kleid aus rotem Samt – vermutlich eine Kurtisane. Der in Lumpen gehüllte Lazarus liegt auf dem Boden. Weder die gesellige Runde am Tisch noch der junge Diener beachtet ihn; nur die Hunde interessieren sich.

Welchen Zweck verfolgten Werke wie dieses? Gewiß wurden sie von reichen Patriziern in Auftrag gegeben, als visuelle Ermahnung an ihre Verpflichtungen gegenüber den Armen. Aber hier gibt es eine Spannung zwischen der moralisierenden Botschaft und deren Darstellungsart. Der luxuriöse Lebensstil wird in einer eindeutig attraktiven Weise dargestellt. Der arme Bettler ist nur eine Begleiterscheinung dieses Lebensstils, den er wenig bedrohlich kontrastiert und hervorhebt. Es fällt auf, daß jeder Hinweis auf das unglückselige Schicksal von Dives fehlt. Ein solches Gemälde bietet die Möglichkeit, sich nicht direkt mit sozialen Problemen auseinandersetzen zu müssen, da es sie »ästhetisiert« und in eine Welt der Muße und Privilegien einbaut. So konnte die Kunst eine Vermittlerfunktion einnehmen und dazu beitragen, die Kluft zwischen religiösen Werten und weltlichem Streben zu überbrücken.

Der Reiz des Altertums

Indem die Kunst Artefakte und Überbleibsel der heidnischen Welt in die christliche Bildersprache integrierte, reflektierte sie auch die sich verändernde Einstellung gegenüber dem Altertum. Die Reaktionen venezianischer Maler des 15. Jahrhunderts auf die Wiedergeburt der Antike reichten von einer idealisierenden Sicht bis zu archäologischem Interesse. Ein Maler aus einer der ägäischen Besitzungen Venedigs, Fra Antonio Falier da Negroponte (tätig in der Mitte des 15. Jahrhunderts), stand den klassizistischen Erfindungen von Jacopo Bellini, Mantegna und Donatello aufgeschlossen gegenüber. Er arbeitete eine Zeitlang in Venedig, aber dort entstand nur ein Werk, das ihm mit großer Sicherheit zugeschrieben werden kann. Dieses Altarbild fällt wegen seiner unkritischen Aufnahme der antiken Bildersprache auf (Abb. 60, S. 91).

Fra Antonio war zwar Franziskanermönch, besaß aber ein gutes Auge für den zeitgenössischen Geschmack und kleidete seine Madonna in ein perlenbesetztes Gewand aus kostbarem venezianischen Brokat. Sie sitzt im Paradiesgarten voller Obstbäume, kleiner Vögel und blühender Sträucher. Während die umgebende Flora und Fauna mit dem höfischen Stil von Gentile da Fabriano und Pisanello (um 1395– 1445/6) in Zusammenhang gebracht werden können, ist die Szene mit neuen phantasievollen Zitaten von anti-

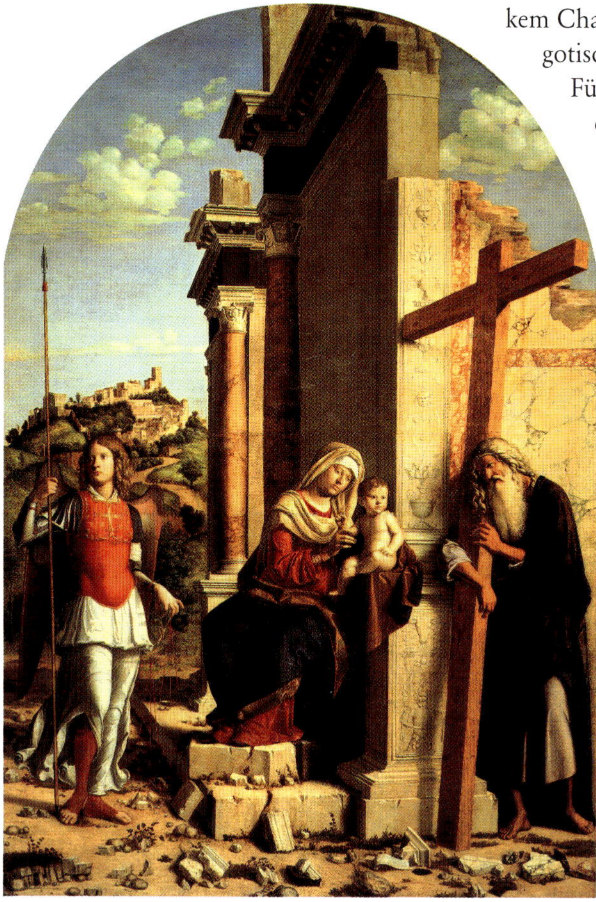

74 Cima da Conegliano
Madonna mit Kind und den Heiligen Michael und Andreas, um 1496–98. Holz, 190 x 130 cm. Galleria Nazionale, Parma.

kem Charakter angereichert. Zwar ist der Thron gotisch in der Konzeption, zeigt aber eine Fülle antikisierender, wenn auch eindeutig nicht aus der Antike stammender Reliefs von Porträtbüsten, Füllhörnern, Bukranien (»Ochsenschädel«), verspielten Putti und hellenistisch aussehenden Figuren. Die Ausbuchtung in der Mitte des Thronsockels ist mit einem *Tricipitium* versehen, einer Gruppe von drei Köpfen, die in Venedig in vielen architektonischen Entwürfen als spätantikes Symbol der Weisheit eingesetzt wurden (s. auch Abb. 36, S. 57). Die theologischen Implikationen seiner Aneignung heidnischer Metaphorik für christliche Zwecke haben Fra Antonio offensichtlich nicht gekümmert und er war vermutlich von den architektonischen Phantasien Jacopo Bellinis beeinflußt, der ebensowenig zögerte, bei gotischen Gebäuden ein klassisches Dekorationsvokabular anzuwenden. Schließlich war der Humanismus der Renaissance nicht antireligiös, auch wenn er sich mit heidnischen Errungenschaften befaßte. So wurden christliche Lehren durch die inspirierte Weisheit der antiken Welt nicht ersetzt, sondern angereichert.

Cima da Conegliano, aus einem Dorf im Veneto nördlich von Venedig, das zur venezianischen Terra ferma gehörte, repräsentierte die nächste Generation talentierter Immigranten. Er näherte sich der klassischen Welt jedoch mit größerer Zurückhaltung. In einem Altarbild, das er in Parma anfertigte, plaziert er die Madonna auf der zerbröckelnden Eingangsstufe einer klassischen Ruine (Abb. 74). Das einst mit marmorverkleideten Pilastern, den sogenannten *Grotteschi,* und Säulen ausgestattete Haus erhält ein Gegengewicht durch die Ansicht eines Bergdorfs im Hintergrund, mit dem Castello von Conegliano. Die Landschaft bezog sich also auf den Künstler und nicht auf die tatsächliche Umgebung der franziskanischen Ordenskirche SS. Annunziata in Parma.

Das später für venezianische Altarbilder charakteristische asymmetrische Schema war zu dieser Zeit noch eine Neuheit. Die Jungfrau Maria, deren Unterkörper nach links ausgerichtet ist und die ihren Oberkörper nach rechts neigt, ist Fokus und Schlüssel der Komposition, das Bindeglied zwischen der Architektur im Vordergrund und dem tiefen Landschaftsraum im Hintergrund. Im Gegensatz zu Fra Antonios meisterlichem Pasticcio, kann Cimas Gemälde eher als eine moralisierende Predigt aufgefaßt werden. Die heidnischen Ruinen markieren das Ende der alten Ordnung, während die Jungfrau mit dem Kind, die Heiligen und das Bergdorf den Beginn einer neuen Zeit signalisieren. Die kristalline Atmosphäre, Detailtreue und die meisterliche Pinselführung machen das Werk zu einem Höhepunkt des Empirismus im Quattrocento.

Das Gemälde *Das Urteil des Salomon* von Sebastiano del Piombo (um 1485–1547) versetzte den venezianischen Betrachter in eine lebendige klassische Welt (Abb. 75). Anders als Fra Antonio oder Cima beweist Sebastiano eine neue archäologische Exaktheit und ein Gefühl für historische Übereinstimmung. Der angemessene Schauplatz für das Urteil ist eine Basilika, der antike Ort der römischen Justiz. Der zweischiffige, mit Säulengängen und einer goldenen Halbkuppel über dem Thron ausgestattete Innenraum zeigt eine korinthische Ordnung im spätantiken Stil. Sebastiano nutzt die zentrale Anordnung der *Sacra conversazione* – die von Heiligen

75 Sebastiano del Piombo
Das Urteil des Salomon,
begonnen um 1508–09.
Leinwand, 210 x 320 cm.
The National Trust, Kingston Lacy, Dorset.

Infrarotphotographien enthüllen zwei frühere Versionen der Komposition, davon eine mit einem Reiter. Venezianische Maler brachten ihre Kompositionen zu dieser Zeit oft direkt auf die Leinwand, im Gegensatz zur florentinischen Arbeitsweise, die einen gut ausgearbeiteten Entwurf voraussetzte.

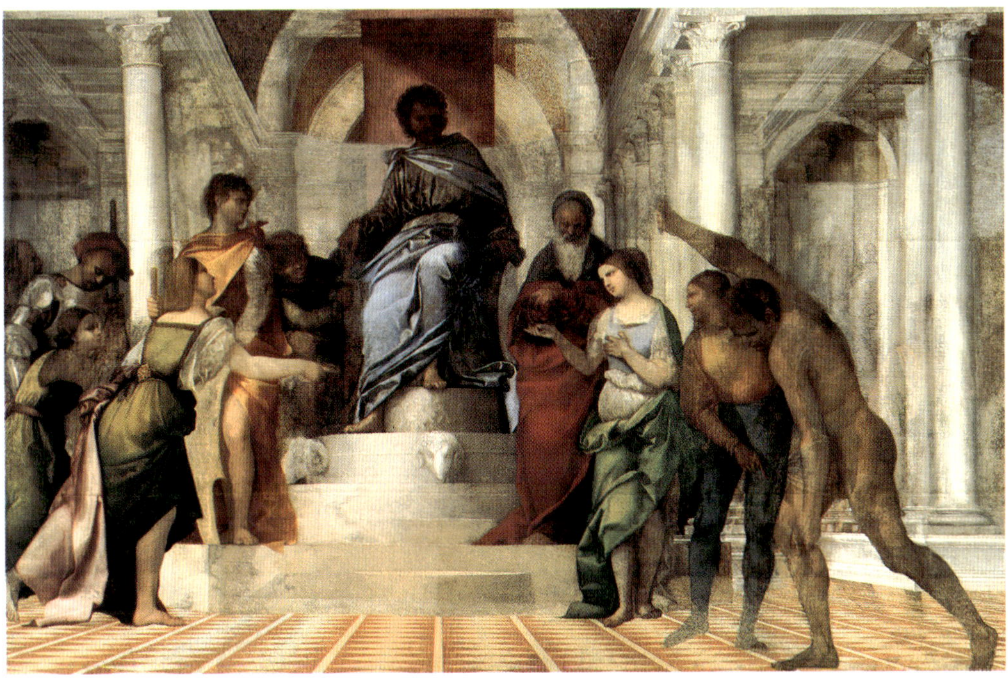

flankierte Marienfigur – für seinen narrativen Zweck und erzielt so, in Anlehnung an Alberti, Rationalismus, Dynamik und religiöse Klarheit. Die perspektivische Konstruktion wurde sorgfältig vorbereitet und die Flucht- und Seitenlinien des Pflasters waren bereits im weißen Gipsgrund eingeritzt, doch wurde das Werk nie vollendet: Es fehlen die Kinder und das Schwert des Scharfrichters, stellenweise erkennt man noch die Untermalung. Und doch wird die Geschichte durch Gesten erzählt. Auch wenn etwas fehlt, fällt es nicht schwer, sich die Kinder vorzustellen. Der erhobene Arm des Scharfrichters, der im Begriff ist, seinen Schwerthieb auszuführen, impliziert den Körper eines lebenden Kindes darunter. Die richtige, hinter ihm stehende Mutter hält in unschuldiger Aufrichtigkeit die Hand an ihr Herz. Mit ihrem zur Seite geneigten Kopf und dem zärtlichen Gesichtsausdruck ohne Arglist repräsentiert sie einen neuen Kanon weiblicher Schönheit, der zu dieser Zeit in der venezianischen Kunst auftrat: üppige Rundungen, zarte Haut und eine sanfte Sinnlichkeit. Die falsche Mutter hingegen beugt sich in verlegener Pose nach vorne, mit der gezwungenen Beharrlichkeit eines Menschen, der die Wahrheit nicht auf seiner Seite weiß. Zwar hat sie dem Betrachter den Rücken zugewandt, sie fällt aber dadurch auf, daß sie auf die Stelle zeigt, an der ihr totes Kind läge. Die Protagonisten stammen nicht alle aus der Welt der Antike, denn die beiden Mütter und der Jüngling rechts tragen zeitgenössische venezianische Kleidung. Aber die strukturelle Kohärenz der Szene sorgt dafür, daß man die zeitlichen Brüche nicht bemerkt. Sebastiano siedelte 1511 nach Rom über – vermutlich blieb deshalb das Bild unvollendet – aber mit seiner zugrundeliegenden Geometrie, den gewichtigen Figuren und seinem großartigen rhetorischen Stil besitzt das Werk bereits die Qualität der *Romanitas.*

76 Giovanni Bellini
Madonna mit den Bäumen,
1487. Holz, 74 x 58 cm.
Gallerie dell'Accademia,
Venedig.

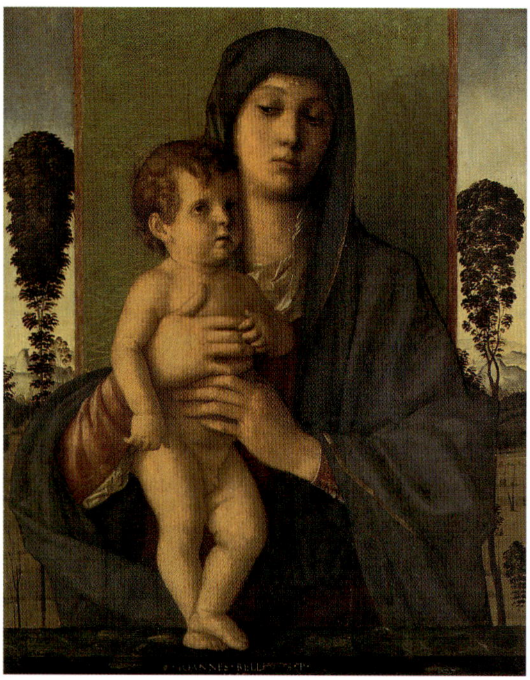

Natur und Transzendenz

Ein weiteres zentrales Thema venezianischer Maler war die natürliche Welt, insbesondere die grünen Landschaften, die im Leben der Lagunenstadt so fehlten. Bereits im 13. Jahrhundert erfuhren die Menschen durch die Lehren der Franziskaner von den spirituellen Qualitäten der Natur. Solche Vorstellungen wurden in den Gemälden von Gentile künstlerisch umgesetzt. Auch in kleinen Votivgemälden wie der *Madonna mit den Bäumen* ist der landschaftliche Hintergrund mehr als nur Rahmen (Abb. 76). Die beiden kleinen Bäume sind auffallend genug, um symbolische Bedeutung zu suggerieren – vielleicht stehen sie für das Alte und das Neue Testament. Die hinter ihnen erscheinenden Gipfel der Alpenausläufer verschwimmen im Dunst der Nachmittagssonne. Dasselbe Licht fällt auf Maria und Christus und plaziert sie in der Welt des Betrachters. Dennoch schafft Bellini ihnen einen privilegierten Raum, indem er die Brüstung einsetzt. Mit ihr wird der Bildraum zugleich vom Betrachterraum getrennt und verbunden, während das Throntuch eine Abgrenzung zum Hintergrund bildet. Das rotumrandete grüne Tuch schafft auch eine chromatische Brücke zwischen dem Madonnengewand und den Feldern, die sich hinter ihr ausbreiten. Und während ihre Aufmerksamkeit dem Christuskind gilt, blickt dieses aus dem Bild heraus. Bellinis Landschaft ist im Grunde ein separates Reich. Zwar wird der Betrachter hineingezogen, aber die gemalten Figuren sind nicht wirklich deren Bestandteil. Bellini suchte nach Möglichkeiten, die menschliche Figur auf überzeugende Weise in eine realistisch gemalte Landschaft zu integrieren. Sein Gemälde des *Heiligen Franziskus* in der Frick Collection in New York ist der Vorläufer einer langen Reihe von Landschaftsgemälden mit religiösen Themen wie z. B. Lorenzo Lottos *Der hl. Hieronymus in der Wildnis* (Abb. 77). Hier hat der Heilige zwar eine wichtige, jedoch stille und zurückgezogene Präsenz in der Szenerie. Umgeben von großen Felsblöcken und baumbewachsenen Felsen erscheint er in einer Wildnis, die mehr als bloßer Hintergrund ist, weil sie eine eigene, unabhängige Realität besitzt. Hieronymus wendet seinen Blick vom Betrachter ab und zieht sich in diese andere Wirklichkeit zurück. Sein linker Arm, ja sein ganzer Körper, bildet eine Diagonale, die fast parallel zur Felsformation hinter ihm verläuft.

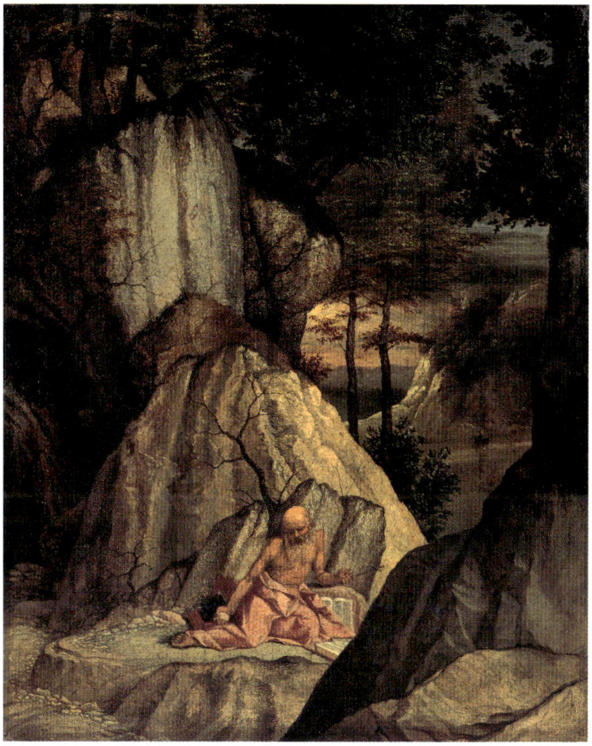

77 Lorenzo Lotto
Der hl. Hieronymus in der Wildnis, 1506. Öl auf Holz, 48 x 40 cm. Louvre, Paris.

78 Tintoretto
Maria Ägyptiaca, 1583–87.
Öl auf Leinwand,
430 x 210 cm. Pianterreno,
Scuola di S. Rocco, Venedig.

Das Bild befindet sich am Ende der rechten Wand der Halle, gegenüber von einem Pendantgemälde von Maria Magdalena. Ebenfalls eine bekehrte Prostituierte und Modell der büßenden Sünderin, hatte auch die Maria von Ägypten eine Erscheinung auf der Reise nach Jerusalem. Mit drei Laiben Brot zog sie sich in die Wüste jenseits des Jordan zurück und verbrachte dort viele Jahre der Reue und des Gebets.

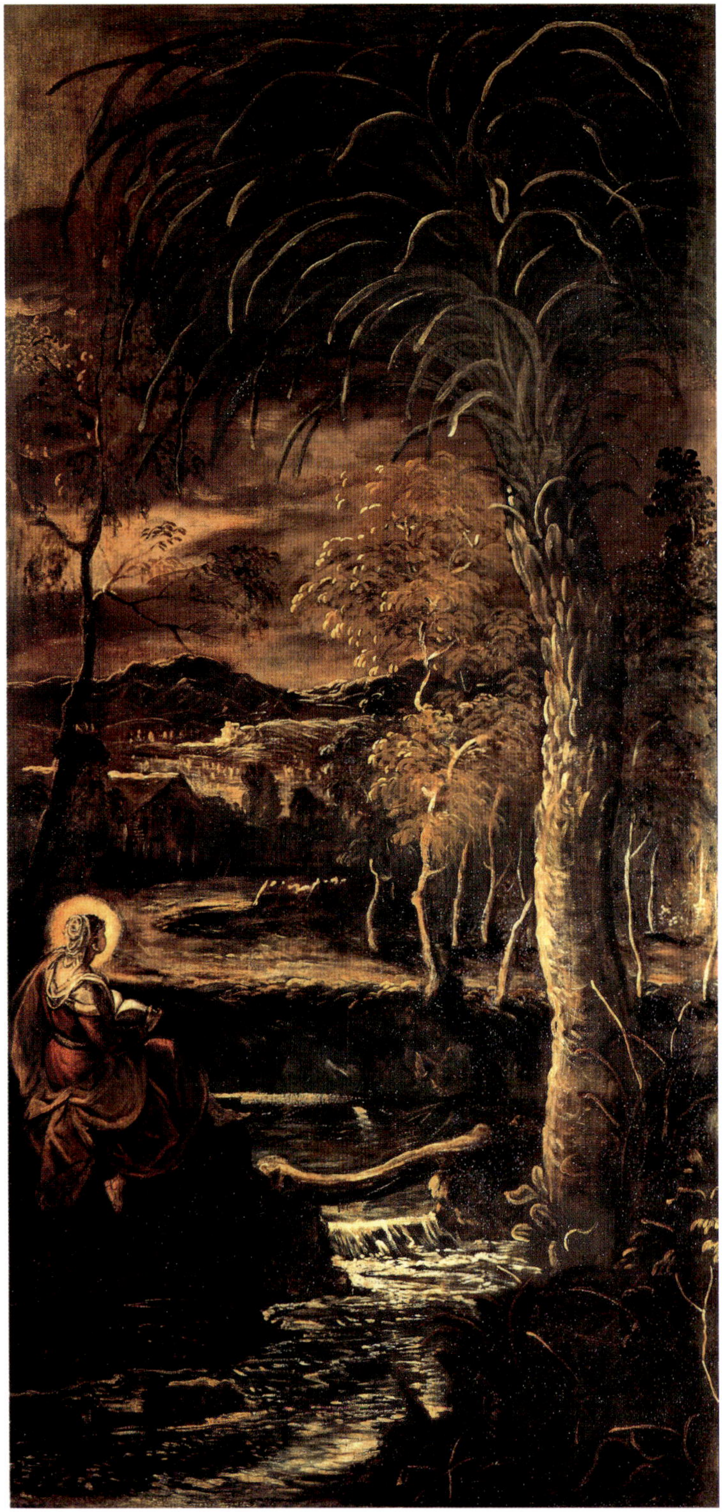

Die Darstellung des in der Wildnis büßenden hl. Hieronymus beruht auf einer langen Tradition, wobei die frühesten Gemälde mit dem Thema zu Beginn des 15. Jahrhunderts entstanden. Das Sujet wurde als Metapher der Buße verstanden, als Triumph des Geistes über das Fleisch und als Bild der Tugend, sich von der Welt und irdischen Belangen abzuwenden. Hieronymus hatte in seinen Meditationen geschrieben: »Wann immer ich ein tiefes Tal, eine rauhe Berglandschaft oder einen steinigen Abhang fand, machte ich ihn zum Platz meiner Gebete und der Geißelung meines unglücklichen Fleisches.« Diese Abbilder waren in der Malerei des Veneto zur Unterstützung der privaten Andacht beliebt. Die Landschaften reichten von trockenen Wüsten über felsige, an grüne Felder grenzende Gebiete, bis zu von Mauern umgebenen Städten. Das Ungezähmte von Lottos Landschaft deutet auf den Einfluß nördlicher, insbesondere deutscher Kunst hin, aber der Umgang mit Licht und Farbe als vereinende Elemente, verweist auf Bellini. Alle Farben des Vordergrunds sind im Zwielicht des Himmels im Hintergrund wieder aufgegriffen, der Rosaton des Gewandes von Hieronymus, der Schimmer des Sonnenlichts auf den Felsen, die Helldunkel-Effekte schattiger Nischen und der Silhouetten von Zweigen. In Werken wie diesem begannen venezianische Künstler, die verschiedenen Erscheinungsformen der Natur zu erfassen – ein Anliegen, das konsequent erstmals von Leonardo da Vinci verfolgt worden war.

Aber vermag der Künstler die unfaßbare, flüchtige Qualität eines venezianischen Sonnenuntergangs zu vermitteln, jenen Augenblick zwischen Tag und Nacht? Und kann er die Landschaft mit der Verklärung religiöser Ekstase aufladen? Tintoretto versuchte dies in seinem Gemälde *Maria Ägyptiaca* (Abb. 78), das er fast 75 Jahre nach Lottos *Hl. Hieronymus* für die Scuola di S. Rocco malte. Es herrschte eine neue Form der Religiosität, nachdem die katholische Kirche den Herausforderungen der protestantischen Reformation durch die Betonung einer intensiveren Gefühlsbeziehung zu Gott standgehalten hatte. Tintoretto trug weiße Ölfarbe in dickem Impasto auf dunklen Grund auf und schuf eine magische, von silbernem Mondlicht erhellte Landschaft, die mit schimmernden Bäumen, dem funkelnden Wasser und leuchtenden Reflexionen nicht von dieser Welt war. Damit wollte er weniger die Figur in eine natürliche Umgebung einbetten, sondern durch die pulsierenden und kinetischen Effekte des Lichts eine transzendente Landschaft schaffen. So verleiht er der Natur etwas Heiliges und erhebt sie auf eine neue, poetische Stufe des Religiösen.

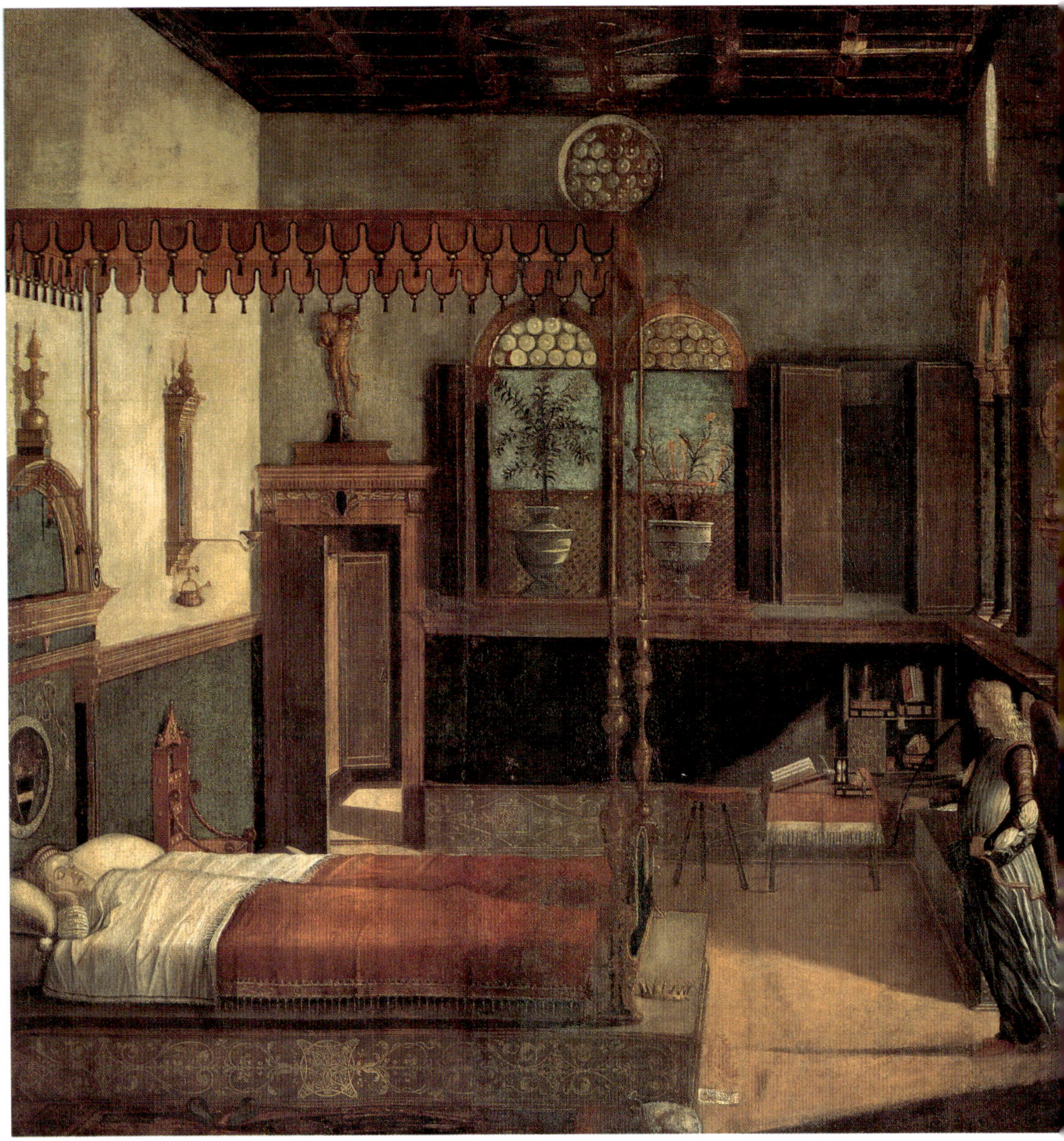

PRIVATE WELTEN

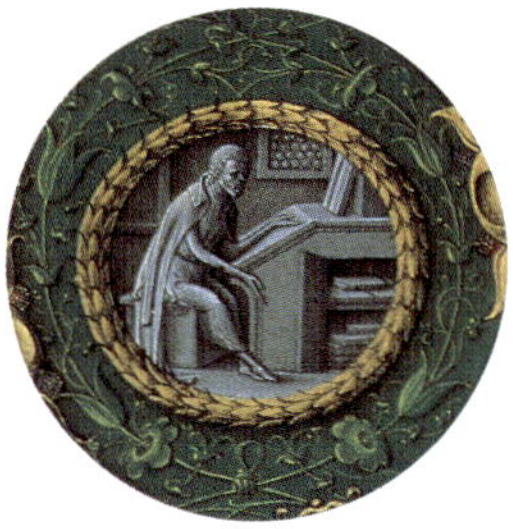

Die öffentlichen Domänen der Kirche und des Staates waren von einer Vielzahl privater Welten umgeben. Die venezianische Familie definierte sich und ihre Stellung in der Stadt durch ihren Palazzo, ob er sich nun am Canal Grande, auf einem Campo vor einer Pfarrkirche oder an einer der schmalen Wasserstraßen befand, durch welche die urbane Masse in ein zusammenhängendes Ganzes verwoben wurde. Vielleicht war es auf die starke Verpflichtung gegenüber dem Konsens und die geliebte Fiktion der Gleichheit zurückzuführen, daß die Patrizier anfänglich das Wort Palazzo für die Bezeichnung dieser Häuser vermieden. So verkürzte man in Venedig das Wort *Casa* zu Ca' und nannten sie einfach »Häuser«.

Der Wohlstand der Lagunenstadt war durch ihre ausgedehnten Handelsaktivitäten entstanden und großer Reichtum wurde von Händlern angehäuft, die ihre Geschäfte von zu Hause aus betrieben. Viele venezianische Paläste dienten daher gleichzeitig als Heim und als Geschäftssitz, die Grenzen zwischen öffentlich und privat waren fließend. Diese doppelte Funktion, verstärkt durch die konservativen Tendenzen einer merkantilen Gesellschaft, führte dazu, daß die Grundstruktur der venezianischen *Casa-fondaco* vom 12. Jahrhundert an fast unverändert blieb.

In den Fensterformen des Piano nobile kann die Entwicklung vom veneto-byzantinischen Stil zur römischen Renaissance am besten abgelesen werden: Rundbogenfenster mit schmalen Öffnungen im 12. und 13. Jahrhundert, manchmal mit Dreipaß und häufig mit Lanzetten versehene Spitzbogenfenster in der gotischen Periode des 14. und 15. Jahrhunderts, und eine Wiederbelebung klassisch römischer Formen im späten 15. und frühen 16. Jahrhundert, wo man zu Rundfenstern mit jetzt weiteren Öffnungen zurückkehrte und Giebelfenster einführte.

Da die Paläste auf tief versenkten Holzpfeilern errichtet werden mußten, handelte es sich im Grunde um Säulenkonstruktionen.

79 Vittore Carpaccio
Der Traum der hl. Ursula, 1495. Leinwand, 270 x 270 cm. Gallerie dell'Accademia, Venedig.

Elegante Betten aus Eisen wie das hier dargestellte, mit einem Stoffbaldachin und einem Unterbau mit bemalten Schubfächern ausgestattet, wurden häufig in Inventarlisten aufgeführt.

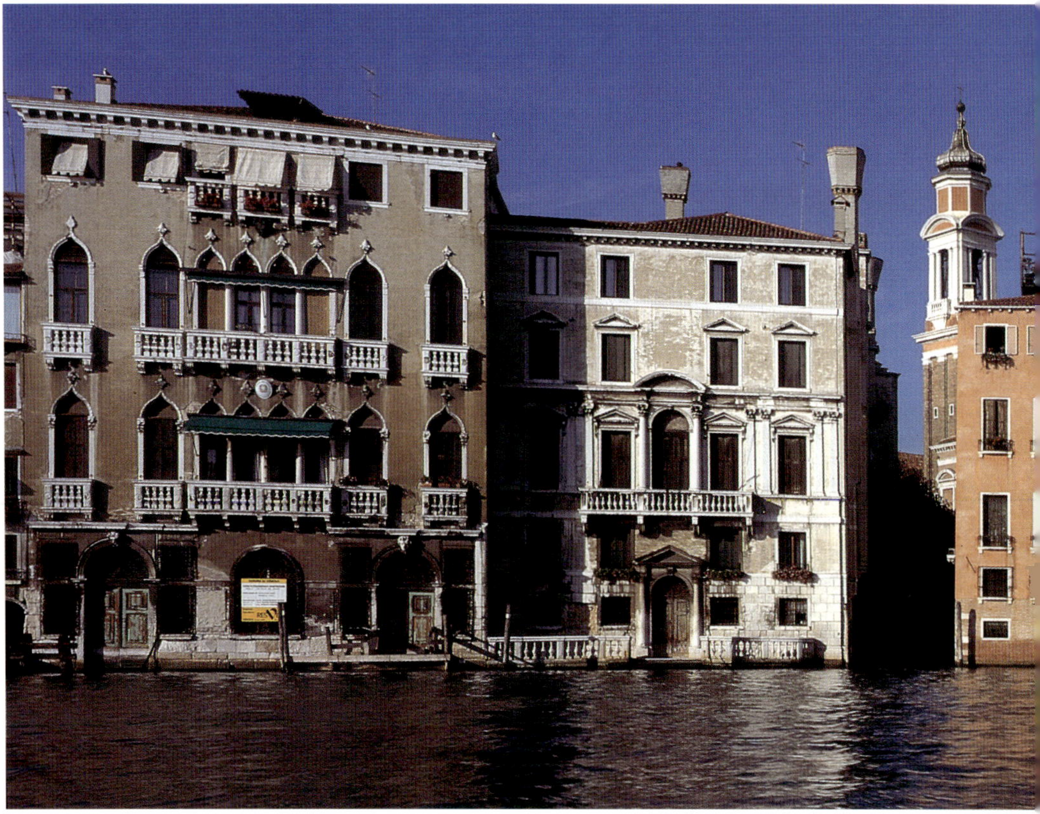

80 Ansicht von der Pescheria auf den Canal Grande. Die Gebäude sind von rechts nach links:
Palazzo Michiel del Brusà (16. Jh.; nach einem Feuer 1774 wiederaufgebaut); Palazzo Mangilli-Valmarana (18. Jh.); Casa Zago (17.–18. Jh.); Ca´ da Mosto (11.–13. Jh.); und Ca´ Dolfin (14.–15. Jh.).

Folglich besaßen sie zahlreiche Öffnungen; die vielen Fenster und Arkaden wurden häufig von Besuchern bestaunt. Vom Wasser umgeben, in dem das Licht auf vielfältige Art gespiegelt wird, bildet die venezianische Fassadenreihe jene eklektische, doch harmonische Sequenz wechselnder Bühnenbilder für ein sich ständig veränderndes urbanes Spektakel (Abb. 80).

Eine noble Fassade

Praktische Überlegungen taten der venezianischen Vorliebe für das Figurative und Bunte keinen Abbruch, und Fassaden wurden mit Skulpturen und gemalten Dekorationen bis zum Pittoresken hin verschönert. Als Nachbildungen der Beutestücke an der Fassade von San Marco waren gemeißelte Reliefs ein beliebtes Element der Palastdekoration im 13. Jahrhundert. Diese Plaketten wurden nach zwei Grundformen unterschieden, zum einen das *Tondo,* eine Rundform, und zum anderen eine hohe, oben abgerundete Rechteckform, die *Patere* respektive *Formelle* genannt wurde. Die Ca´da

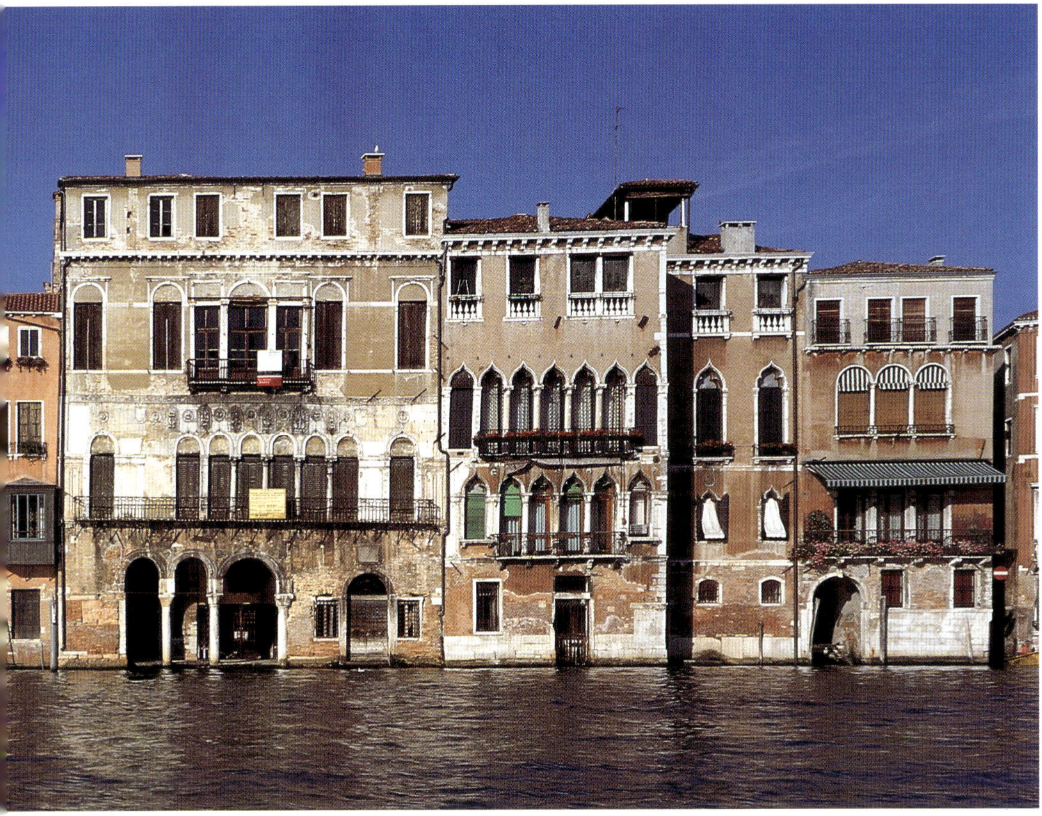

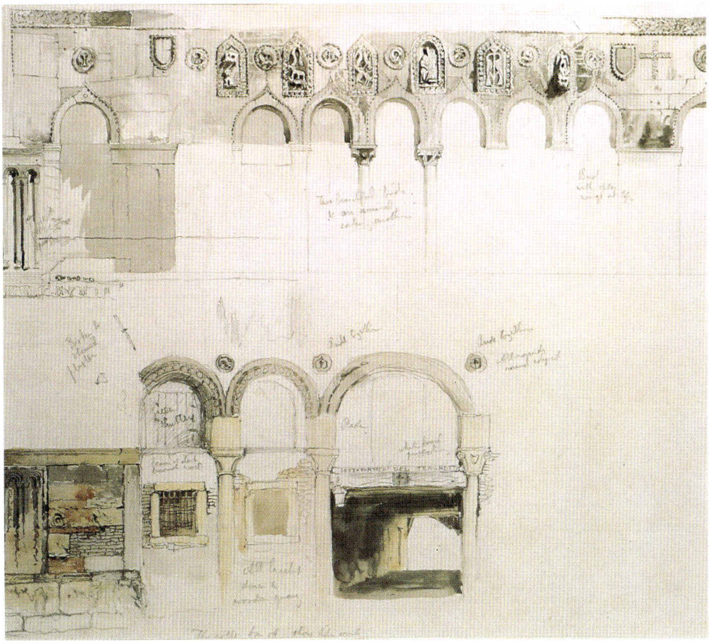

81 John Ruskin
Ca' da Mosto, 1852. Bleistift und Wasserfarbe, 34 x 48,2 cm. Birmingham City Museum and Art Gallery.

Ruskin schrieb »The Stones of Venice« (1851–53) und pries die venezianische gotische Architektur. Erschüttert über den ruinösen Zustand älterer Gebäude, fertigte er zahlreiche Skizzen und lavierte Federzeichnungen, um sie für die Nachwelt festzuhalten. Diese Zeichnung versah er mit der Anmerkung: »Zwei schöne Vögel und ein Tier, die einander auffressen. Brüchiger und fleckiger Putz.«

Mosto zeigt ein typisches Arrangement, mit Reliefs in Bogenzwikkeln zwischen und über den Fenstern des Piano nobile (Abb. 81). Die Plaketten stellen Themen dar, die vom rein Ornamentalen – Pflanzenmotive, Vögel und andere Tiere – bis zum fast Magischen reichen. Letztere umfassen positive Symbole wie Herkules und Christusikonen sowie Metaphern des Triumphs der Tugend über das Böse, etwa den Adler, der Hasen oder Schlangen tötet. Negative Zeichen wie Dämonen, kämpfende Tiere, Zentauren und Sirenen sollten als Symbole des Bösen die Feinde fernhalten und verhindern, daß Unglück über das Haus kommt; Symbole des Guten sollten die Familie im Hause beschützen. Patere und Formelle waren zwar im 16. Jahrhundert nicht mehr in Mode, gehörten aber noch immer zum Palimpsest des Stadtgefüges. Einige blieben an ihrem ursprünglichen Platz, andere wanderten an die Mauern von Kirchen oder Innenhöfen, stets behielten sie ihre symbolische

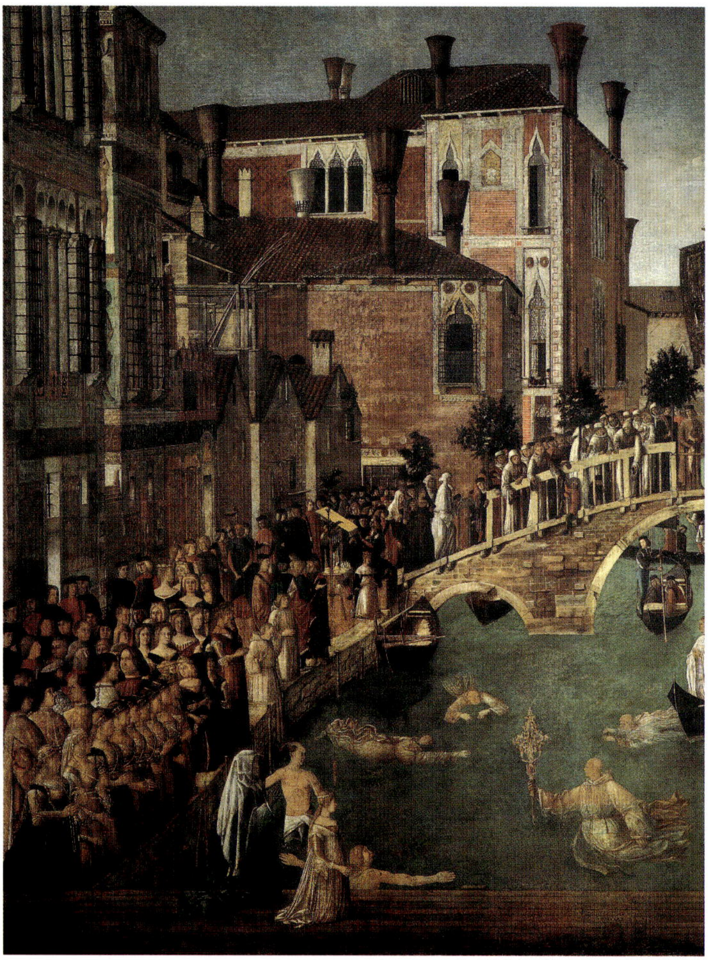

82 Gentile Bellini
Das Kreuzwunder an der Brücke von S. Lorenzo, 1500 (Detail). Leinwand, insgesamt 320 x 430 cm. Gallerie dell'Accademia, Venedig.

Das Gemälde dokumentiert eine Episode, in der die Reliquie vom Wahren Kreuz, die der Scuola Grande di S. Giovanni Evangelista gehörte, von der Brücke fiel und wie durch ein Wunder über das Wasser schwebte, bis Andrea Vendramin, der Guardian Grande, sie rettete. An der linken Seite sind mit Fresken bemalte Fassaden zu erkennen.

Kraft, auch wenn sie neue Lesarten erfuhren. Der Doge Lorenzo Loredan interpretierte daher im Jahre 1509 drei solcher Plaketten als politische Metaphern und betrachtete das Relief einer weinenden Frau, »in der viele Venedig sehen«, als Warnung davor, dem Kaiser den Krieg zu erklären.

Anstelle der kleinen gemeißelten Reliefs kamen später Fresken in Mode. Als der französische Botschafter Philippe de Commynes 1495 eine Reise entlang des Canal Grande unternahm, bemerkte er: »Die Paläste sind aus gutem Stein sehr groß und hoch gebaut. Die älteren unter ihnen sind alle bemalt.« Zu dieser Zeit wurde Venedig zu einer *urbs picta,* einer bemalten Stadt (Abb. 82). Die frühesten Dekorationen zierten Teile der Gebäude mit Blendmauerwerk, Gobelins und Wandteppichen, aber mit der Zeit wurden figurative Motive und antike Grotesken immer beliebter. Im Gegensatz zu der, meist in monochromer Grisaille ausgeführten, Fassadenmalerei in Florenz und Rom zeigten die venezianischen Fresken eine breite Farbpalette. In frühen Quellen sind 68 bemalte Fassaden verzeichnet. Sieben von ihnen können Giorgione zugeschrieben werden und waren mit mythologischen Figuren oder Dichtern, Musikern und weiblichen Akten verziert. Wie Vasari später feststellte, begannen die Fresken wegen des feuchten venezianischen Klimas zu verblassen, kaum daß sie gemalt waren. Heute erkennt man nur verblichene Fragmente von Venedigs einst buntem Gesicht.

Der häusliche Raum

Hinter diesen prächtigen Fassaden befand sich die privatere Welt der häuslichen Umgebung. Der Haupteingang eines Palazzo war immer zur Wasserstraße gerichtet und durch ihn gelangte man sowohl zum *Fondaco,* den Geschäftsräumen im *Pianterreno* (Erdgeschoß), als auch zum Piano nobile und den darüberliegenden Etagen. Der ursprünglich von byzantinischen Modellen abgeleitete Grundriß einer Dreigliederung war im 13. Jahrhundert bereits verbreitet und wurde, mit Varianten, bis zum Ende der Republik beibehalten (Abb. 83). Auffälligstes Merkmal ist das *Portego,* die große zentrale Halle, die sich über die gesamte Länge des Gebäudes erstreckt. Wenn sie mit einer offenen Arkadenreihe oder Loggia an der Vorderfront verbunden war, konnte sie eine L- oder T-Form haben. Sie war der Mittelpunkt des Hauses und diente als Wohn- und Eingangsbereich. Im Portego der Patrizierpaläste fand man zahlreiche Familientrophäen und Waffen, genannt *Lanziera di arme,* wozu Tierschädel von der Jagd und Kriegsbeute wie Banner, Rüstungen oder Schwerter gehörten. Unter diesen Insignien der hohen Geburt und

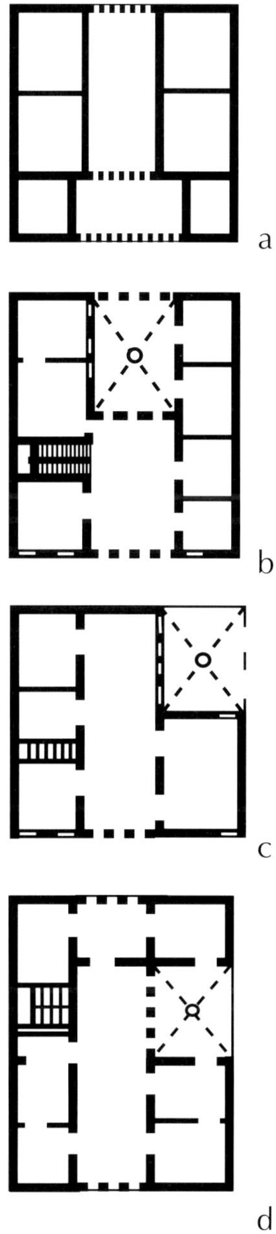

83 Variationen der traditionellen venezianischen Casa fondaco.

a) Byzantinische Dreigliederung
b) U-förmiger Grundriß
c) L-förmiger Grundriß
d) C-förmiger Grundriß

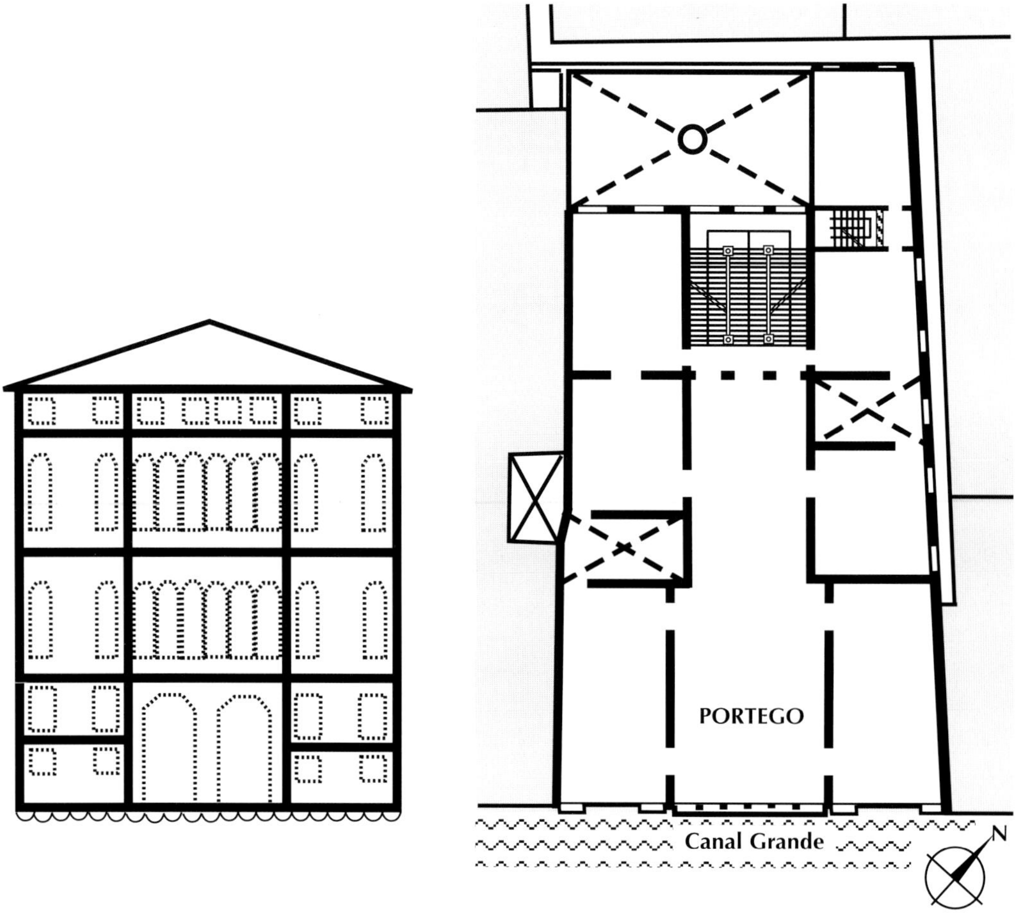

84 Palazzo Pisani–Moretta. Aufriß der Gebäudevorderseite und Grundriß des unteren Piano nobile.
Erbaut in der Mitte des 15. Jahrhunderts, weist der Palast zeigt eine weiterentwickelte Version der traditionellen Dreigliederung des Grundrisses auf und war vermutlich für zwei Familien bestimmt. Er umfaßt zwei Höfe an den Seiten, wodurch sich ein doppelter C–Plan ergibt, sowie einen größeren Hof im hinteren Teil, ein Merkmal eines L–Plans.

aristokratischen Distinguiertheit befanden sich die Lagerräume des Erdgeschosses mit den Waren – Säcke mit Zucker, Stoffballen oder Gewürzkisten.

Das Portego wurde seitlich von kleineren Räumen flankiert, in denen die Küche und die Schlafzimmer untergebracht waren. Durch den dreigliedrigen Bauplan konnte der gesamte Raum genutzt werden, aber meist gelangte nur wenig Licht in die Innenräume, so daß Veränderungen erforderlich wurden. Die wichtigste Neuerung war ein Innenhof, der für mehr Licht und Luft im mittleren Block sorgte (Abb. 84), und je nach Standort des Palastes versetzt werden konnte, was zu Plänen in der Form eines L, C oder U führte. Obwohl die meisten Grundrisse wegen der »wässrigen« Baugrundstücke in Venedig sehr unregelmäßig waren, blieben die symmetrischen byzantinischen Fassaden der frühesten Gebäude das gesamte 15. Jahrhundert hindurch beliebt und standen neben goti-

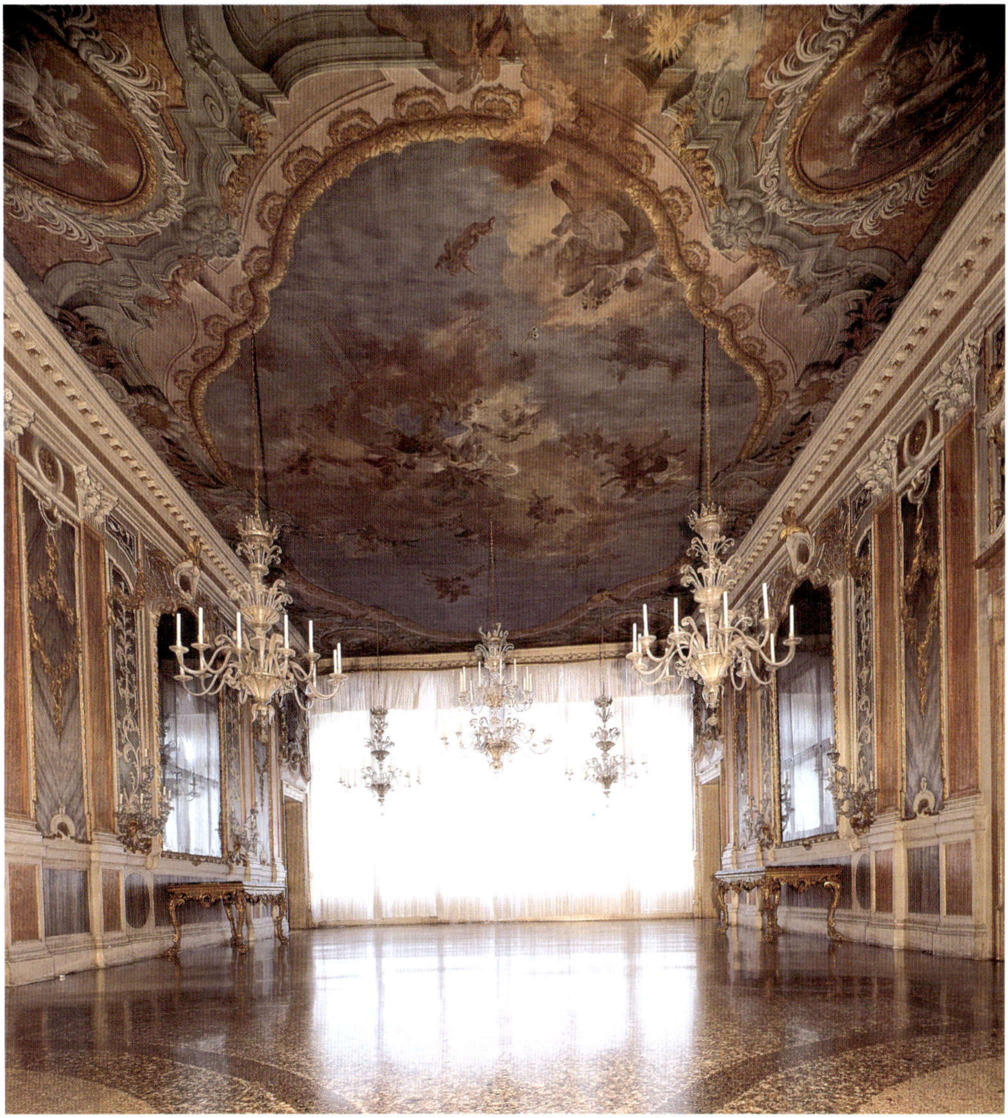

schen Palästen wie der Ca' d'Oro, deren Fassaden mit einer sorgfältig berechneten Asymmetrie angelegt waren.

Beim Betreten eines venezianischen Palazzo wurde die bedeutende Rolle des Lichts für die Dekoration deutlich. Nicht nur das natürliche Sonnen- und Mondlicht, das durch die großen Fensterfronten an der vorderen und hinteren Fassade hineinströmte, sondern auch das künstliche Licht von Lampen und Kerzen sowie die Reflexionen von Glas, Spiegeln, Bronzen und schimmernden Terrazzoböden beleuchtete die Räume (Abb. 85). Der Terrazzo hat eine glattgeschliffene Oberfläche aus verschiedenfarbigen, mit

85 Der Salone del Guarana, im Piano nobile des Palazzo Pisani-Moretta.

Der Saal ist nach seinem Deckenfresko von Jacopo Guarana benannt (1720–1808).

Mörtel vermischten Steinen. Während die Fassaden der Paläste wie Bühnenbilder anmuten, erscheinen die Innenräume wie Theaterlogen, denn die Fenster dienen nicht nur dazu hinauszuschauen, sondern auch Licht hineinzulassen. So entsteht eine Beziehung zwischen öffentlichem und privatem Raum, die sich von der anderer Städte jener Zeit unterscheidet, wo die Häuser Festungen glichen und die kleinen Fenster mit ölgetränktem Papier oder Tüchern statt mit durchsichtigem Glas versehen waren.

Das Innere der Wohnhäuser läßt sich wegen seines privaten Charakters und der nicht an einen festen Standort gebundenen Einrichtungsgegenstände schwieriger rekonstruieren als das von Kirchen und öffentlichen Räumen. Vieles ist zerstört, anders arrangiert oder verkauft worden. Um sich ein Bild von den Räumen in der Renaissance zu machen, kann man mit Hilfe von Bestandslisten, frühen Beschreibungen und den wenigen venezianischen Gemälden mit Darstellungen von Innenräumen vielleicht einen Eindruck der Einrichtungskonventionen jener Zeit bekommen. Schließlich müssen die so wiederhergestellten Räume vor dem geistigen Auge mit zahlreichen Objekten angefüllt werden – Möbel, Wanddekorationen, Gemälde, Bronze- und Marmorskulpturen, Glaswaren, Keramiken und ähnliches – die sich schon lange nicht mehr in ihrer ursprünglichen Umgebung befinden.

Die Kunst des Lebens

Fra Pietro Casola, ein Mailänder Priester adliger Herkunft, besuchte 1494 in Begleitung des Botschafters von Mailand Venedig. Obwohl hauptsächlich Kirchen und öffentliche Gebäude Ziel ihrer Besichtigungen waren, besuchten sie auch einen Privatpalast, um einer patrizischen Dame, der Frau eines Mitglieds der Familie Dolfin, ihre Aufwartung zu machen. Casola vermutete, der Besuch sei eigens arrangiert worden, »um die Pracht und Großartigkeit der venezianischen Edelleute zur Schau zu stellen«. Dieser Kommentar ist aufschlußreich, denn obwohl das Heim weitgehend der Bereich der Frau war, definierte es den Status ihres Mannes. Sabba da Castiglione (1485–1554) schrieb in seinen 1546 in Venedig veröffentlichten moralischen Betrachtungen »Ricordi«: »Bedeutende Edelmänner von hohem Stand und großem Reichtum verschönern ihre Paläste und insbesondere die Gemächer und Studios gerne mit den verschiedenartigsten und vielfältigsten Ornamenten, je nach Art und Vielfalt ihres Einfallsreichtums und ihrer Phantasie.« Casola schrieb, nach seiner Meinung über das, was er gesehen hatte, befragt: »Ich konnte nur mit einem Schulterzucken antworten, denn es wurde geschätzt, daß die Ausschmückung des Zimmers... mehr als 2 000 Dukaten gekostet hatte.« Der Raum, den Casola sah, ist für immer verloren, aber Giovanni Mansuetis Gemälde des Inneren eines Palastes im Sestiere von S. Polo (einer der sechs Verwaltungsbezirke der Stadt), der Ser Nicolò Benvegnudo gehörte, kommt seiner Beschreibung erstaunlich nah (Abb. 86). »Der Kamin bestand ganz aus Carraramarmor, der wie Gold glänzte und so fein gemeißelte Figuren und Blätter zeigte, daß Praxiteles und Phidias es nicht besser gemacht hätten. Die Decke war so reich mit Gold und Ultramarin dekoriert und die Wände so schön verziert, daß meine Feder sie nicht zu beschreiben vermag. Allein das Bettgestell besaß einen Wert von 500 Dukaten und war im Raum nach venezianischer Mode aufgestellt. Überall waren so viele wunderschöne und natürliche Figuren, daß ich nicht weiß, ob zur Zeit Salomons, da Silber angeblich verbreiteter war als Stein, ein solcher Reichtum herrschte,

86 Giovanni Mansueti
Die wundersame Heilung der Tochter von Ser Nicolò Benvegnudo von S. Polo,
um 1502–06 (Detail). Leinwand, insgesamt 360 x 300 cm. Gallerie dell'Accademia, Venedig.

Das Gemälde gehörte zu dem Zyklus der Kreuzreliquie, der für die Scuola Grande di San Giovanni Evangelista gemalt wurde.

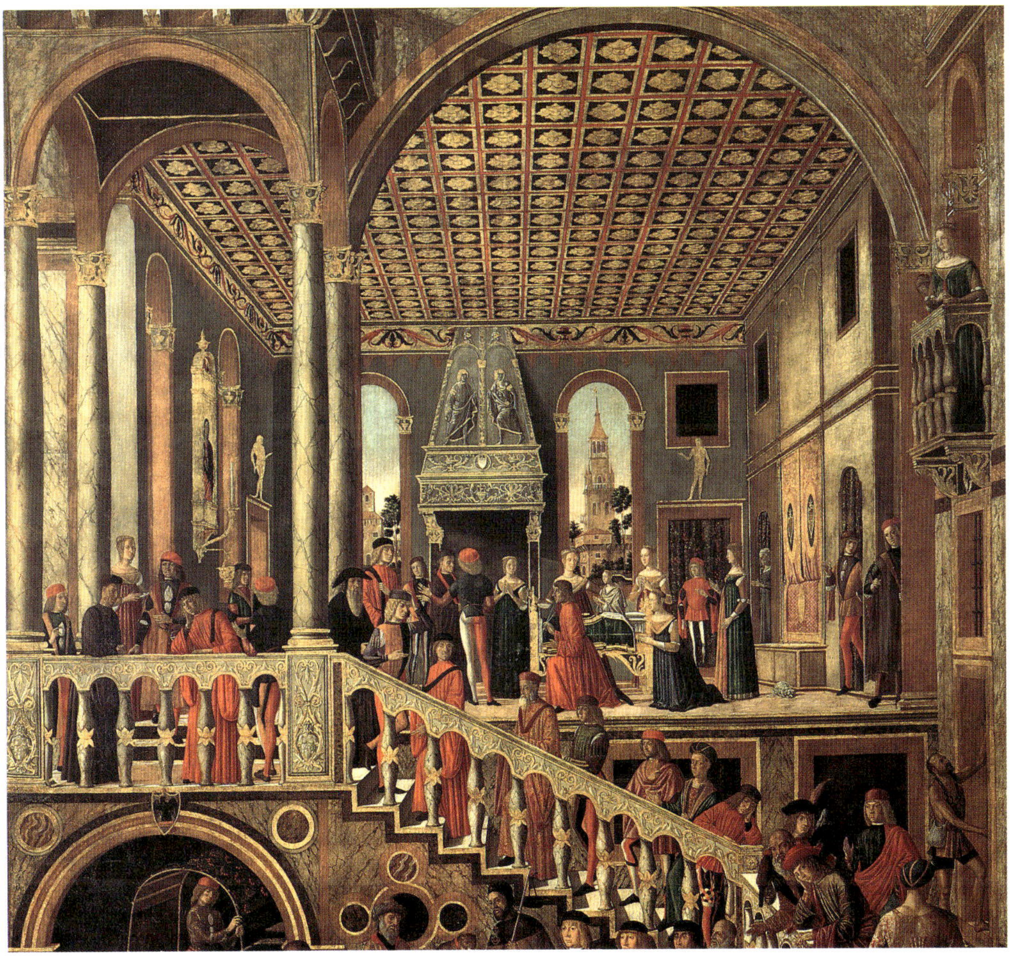

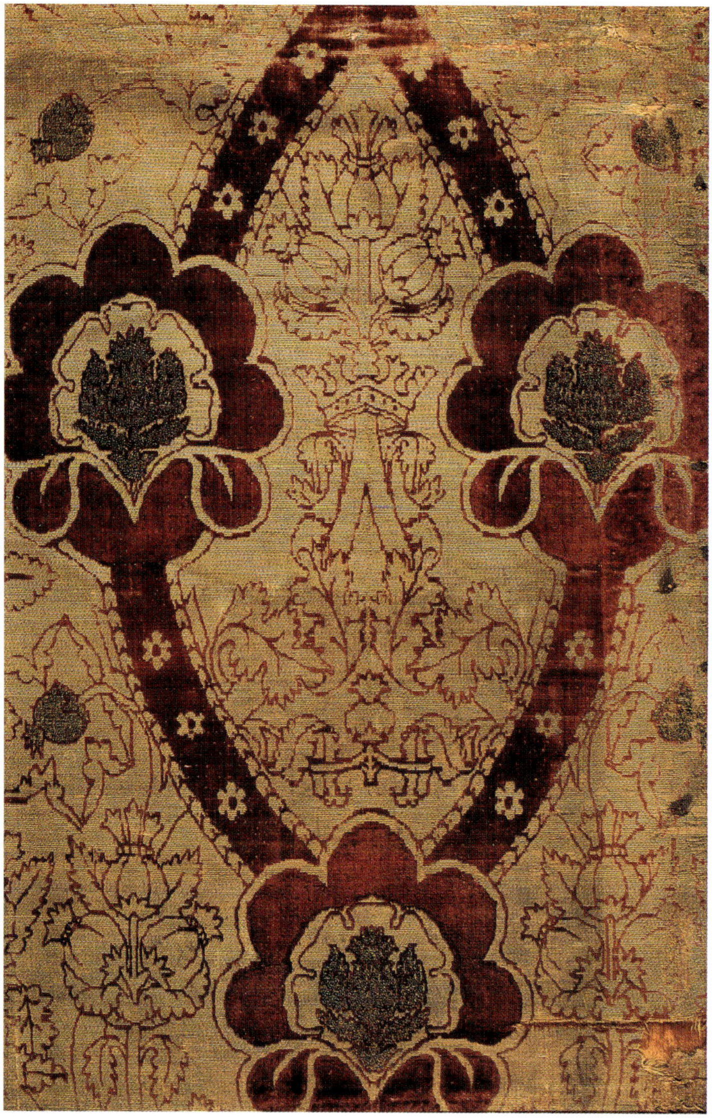

87 Samtgewebe mit Goldfäden, gewebt in Venedig Ende des 15. Jh., Fragment, 83 x 54,5 cm. Museo Civico Correr, Venedig.

Der Untergrund besteht aus gelbem Seidentaft mit einem eingewebten Schußfaden aus Goldbrokat, der das Licht einfängt und einen leuchtenden Effekt erzeugt. Das Muster ist durch Samtflor aus roter Seide definiert, die in zwei Stärken geschnitten sind. Es zeigt eine Mandorla und Granatapfelblüten, umgeben von Akanthusblättern und Palmetten.

wie er hier zur Schau gestellt wurde.« Zwar ist der Raum spärlich möbliert, aber man erkennt gemusterte Vorhänge an den Türen, eine kunstvoll vergoldete Kinderkrippe statt eines Wandbetts und ein *Lettuccio* an der rechten Wand, eine Holzbank mit gepolsterter Rückenlehne, bezogen mit kostbarem Stoff (vermutlich Seide) in den die Wappen von Ehefrau und Ehemann eingewebt oder gestickt waren. Diese Insignien der Familienidentität erschienen auf vielen häuslichen Objekten, so auch hier als Relief auf dem Kamin.

Ser Nicolòs Lettuccio vermittelt eine Ahnung von den Textilien, für die venezianische Stoffmanufakturen in ganz Europa berühmt waren (Abb. 87). Ein 1476 erlassenes Gesetz gegen den Luxus erlaubte zwar den Gebrauch von Taft für Wandbehänge und andere Einrichtungsgegenstände, verbot aber kostbarere Stoffe aus Gold, Silber, Samt, Brokat und Satin. Solche Gesetze waren politisch motiviert und sollten die Gleichstellung der Patrizier gewährleisten sowie religiöse Reformer besänftigen, wurden jedoch von reichen Adligen meist ignoriert, die nur allzu bereit waren, eine Strafe zu zahlen, um ihre Häuser in verschwenderischem Luxus zu dekorieren.

Die Seidenherstellung hatte in Venedig im 14. Jahrhundert durch die Zuwanderung von Flüchtlingen aus Lucca, die großes Geschick im Spinnen und Weben besaßen, eine hohe technische Perfektion erreicht, deren Qualität sorgfältig kontrolliert wurde. Mit der aus Syrien, der Türkei und Persien importierten Rohseide wurden gegen Ende des 15. Jahrhunderts 2 000 Webstühle betrieben, die Samt, Brokat und Seidendamast produzierten.

In der Renaissance entgingen nur wenige Objekte in einem wohlhabenden Haus der Verschönerung. Architektonische Elemente wie Geländer, Pilaster und Deckenbalken wurden mit Intaglio–Intarsien oder gemalten Mustern dekoriert, wie in Nicolòs Raum, und Stoffe wurden mit Stickereien versehen oder mit Spitzen besetzt. Die meisten Stoffe wurden zwar in professionellen Werkstätten bestickt, aber Stickerei war nicht nur Handwerk, sondern auch kultivierte Freizeitbeschäftigung und galt als eine angemessene Aktivität adliger Frauen. Giovanni Antonio Tagliente veröffentlichte 1527 in Venedig eines der ersten gedruckten Bücher über Stickmuster. Ein ähnliches Handbuch wollte »junge anmutige Frauen das Sticken lehren«. Auch die Herstellung von Spitzen war Frauenarbeit. Ob-

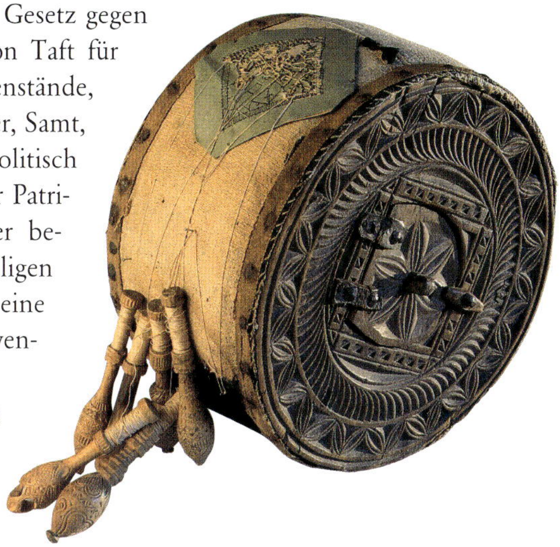

88 Klöppelkissen, Venedig, 16–17. Jh. Holz und gepresster Hanf. Musei Civici, Centro Studi di Storia del Tessuto e del Costume, Venedig.

Einer langjährigen und vermutlich fälschlichen Überlieferung zufolge hatte sich die Technik des Spitzenklöppelns aus der Anfertigung von Fischernetzen entwickelt. Mit einem Leinenfaden, der auf den hölzernen Klöppel aufgewickelt ist, wird das Muster zwischen den Stecknadeln auf dem Klöppelkissen ausgearbeitet.

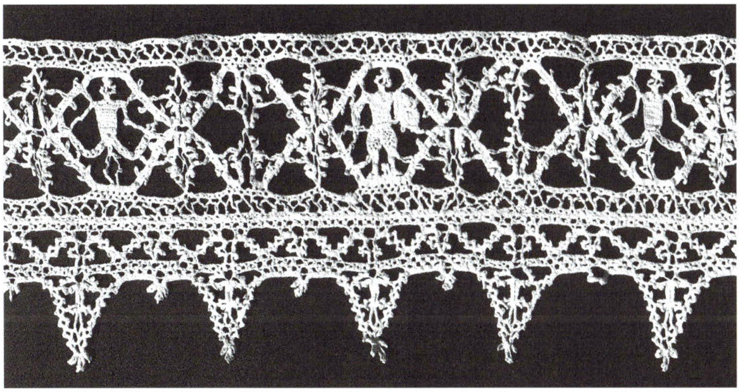

89 Merletti (geklöppelte Spitze), zweite Hälfte des 16. Jh. Leinen, 14 x 230 cm. Museo Civico Correr, Venedig,

Der Begriff *Merletti* für »kleine Zinnen« bezieht sich auf die Zacken an der Bordüre, die den Zinnen auf dem Dach eines Gebäudes ähneln. Die Bordüre enthält von Sechsecken gerahmte figürliche Elemente.

wohl Venezianerinnen viel Geschick in der Anfertigung von Nadelarbeiten zeigten, war Venedig besonders wegen seiner geklöppelten Spitzen berühmt (Abb. 88 und 89).

Carpaccio stattete das Schlafzimmer der hl. Ursula bescheidener aus als Ser Nicolò (Abb. 79, S. 117). Dennoch ist der Raum von einem königlichen Himmelbett beherrscht. Auf dessen Kopfteil sowie auf dem Türsturz im Hintergrund erkennt man Wappen als Zeichen aristokratischer Stellung. Das gerahmte, von einer Votivlampe beleuchtete Andachtsbild der *Madonna mit dem Kind* links an der Wand, findet sich dort auch in Ser Nicolòs Zimmer. Inventarlisten zufolge gab es in 90 Prozent der Haushalte von Handwerkern ein Gemälde, aber die oberen Schichten besaßen selbstverständlich mehr. Unter den zahlreichen Heiligendarstellungen war die der Madonna, genannt *Nostra Donna,* die beliebteste; denn sie galt als die Beschützerin des Hauses. Viele solcher Gemälde waren byzantinische Ikonen, von denen man glaubte, sie seien mit authentischer Heiligkeit ausgestattet. In Aufzeichnungen als *alla greca* beschrieben, wurden Hunderte von Ikonen aus Griechenland nach Venedig importiert, um dort und in anderen Städten verkauft

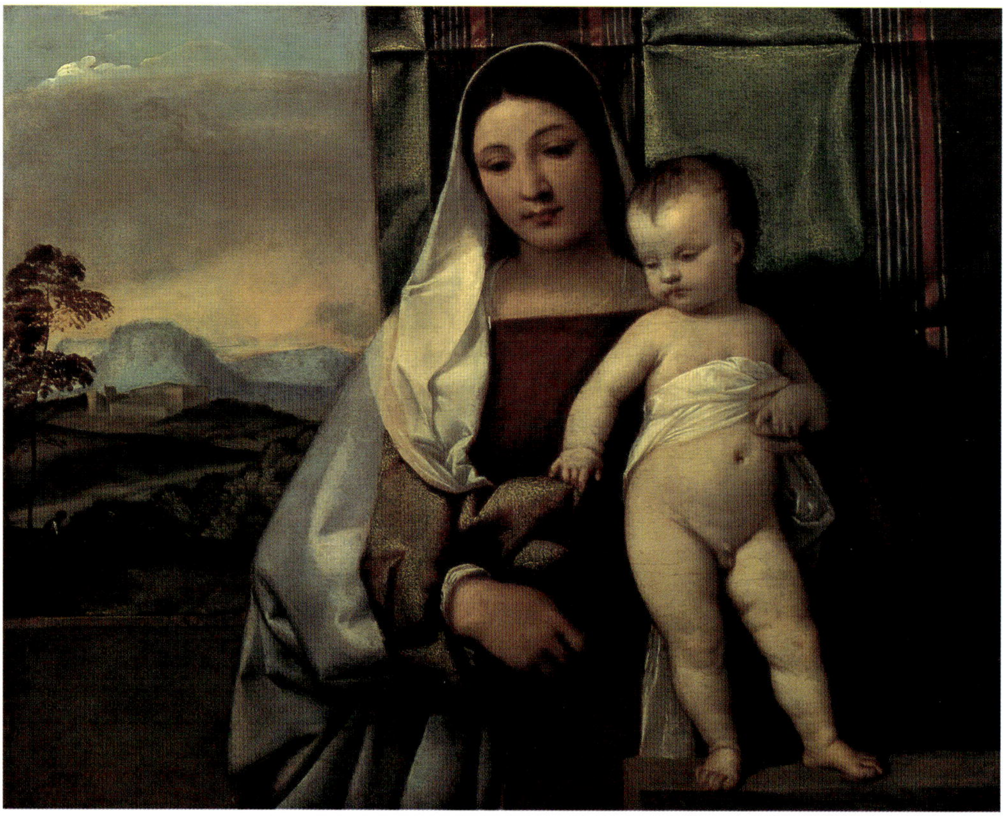

90 Tizian
Zigeuner-Madonna, um 1512. Öl auf Holz, 65,8 x 83,5 cm. Kunsthistorisches Museum, Wien.

zu werden. Wegen der großen Nachfrage wurden in Venedig Repliken durch eher mäßig talentierte Künstler angefertigt, die man *Madonneri* nannte. Venezianische Künstler schufen auch Werke in naturalistischerem Ranaissancestil ohne Blattgoldhintergrund. Giovanni Bellinis Werkstatt war in dieser Hinsicht besonders aktiv und lieferte kleine Andachtsbilder der *Madonna mit dem Kind,* häufig in der von den Venezianern so geliebten Landschaft der Terra ferma dargestellt (s. Abb. 79, S. 112). Tizian setzte diese Tradition mit seiner *Zigeuner-Madonna* (Abb. 90) fort. Das rot-grüne Farbschema des Bildes hat vermutlich auch mit der Inneneinrichtung harmoniert, denn Aufzeichnungen zufolge waren dies die beliebtesten Farben in den Häusern der Mittelschicht.

Die Welt der Frau

Das rot-grüne Farbschema taucht auch in einem anderen Gemälde Carpaccios auf: *Die Geburt der Jungfrau* liefert einen Hinweis auf die häusliche Umgebung einer wohlhabenden Familie (Abb. 91). Wie im Schlafzimmer der heiligen Ursula ist ein grüner Stoff über die Wand gespannt, hier mit Goldstickerei umrandet. Im feuchten und

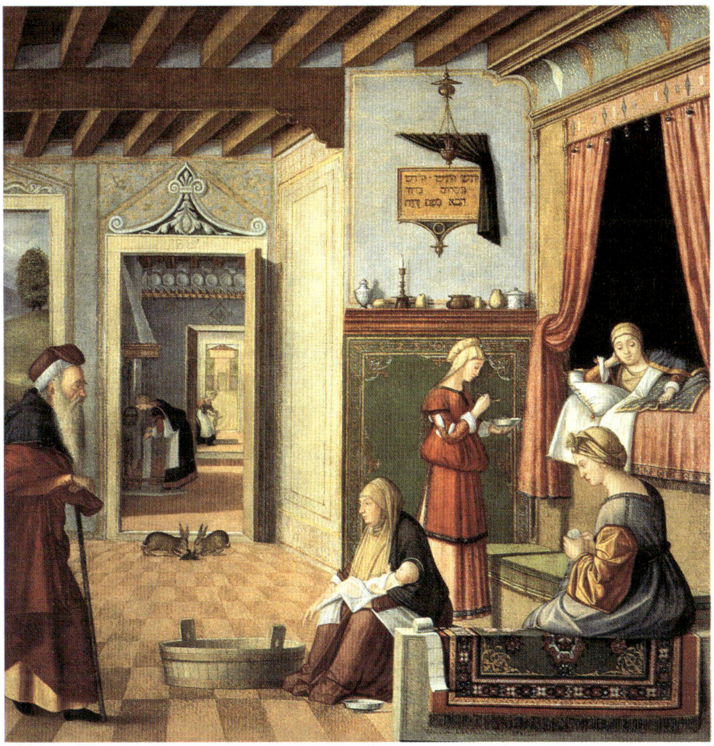

91 Vittore Carpaccio
Die Geburt der Jungfrau, 1504–08.
Öl auf Leinwand, 130 x 130 cm. Accademia Carrara, Bergamo.

Das Werk gehörte zu einem Zyklus von fünf Gemälden über das Leben der Jungfrau, der für die Scuola di S. Maria degli Albanesi gemalt wurde.

oft kalten Klima dienten solche Wandbespannungen als dekoratives Isoliermaterial. Die hl. Anna liegt in einem Alkoven, vermutlich von der Art, die Casola als »aufgestellt nach der venezianischen Mode« beschreibt. Die Balkendecke ist weniger kostspielig als die Kassettendecke, die im Zimmer der hl. Ursula aus schlichtem Holz besteht und in Ser Nicolòs Raum vergoldet und bemalt ist, und war vermutlich typisch für die venezianische Mittelschicht.

In Inventarlisten werden auch Orientteppiche erwähnt. Sie wurden wie im Schlafzimmer der heiligen Ursula auf den kalten Fliesenboden gelegt oder als Tischdecken verwendet. Im Gemach der hl. Anna ist ein Teppich mit rot-grünem Muster zum Sitzen über eine kleine Mauer drapiert. Teppiche waren Zeichen für Geschmack und Wohlstand, wurden aber nicht in Venedig hergestellt, sondern aus dem Osten importiert. Zur Zeit Carpaccios kamen sie meistens aus Ägypten und, seltener, aus Persien und waren in verschiedenen Formen und Größen zu haben. Ihre geometrischen oder figürlichen Muster konnten einfach oder kunstvoll sein, waren aber immer sehr farbenprächtig. Zu festlichen Anlässen wurden sie als Embleme eines angenehmen Lebensstils über Fensterbänke drapiert und im öffentlichen Raum präsentiert.

92 Verlobungskelch, spätes 15. Jh., Emailliertes Glas, Höhe 22,4 cm, Durchmesser 10,4 cm. British Museum, London.

Ähnliche Kelche wurden auch aus Milchglas, genannt *Lattimo*, gefertigt. Venezianische Glasmacher hatten dafür Mitte des 15. Jahrhunderts eine Technik in Anlehnung an das weiße, aus China importierte Porzellan entwickelt.

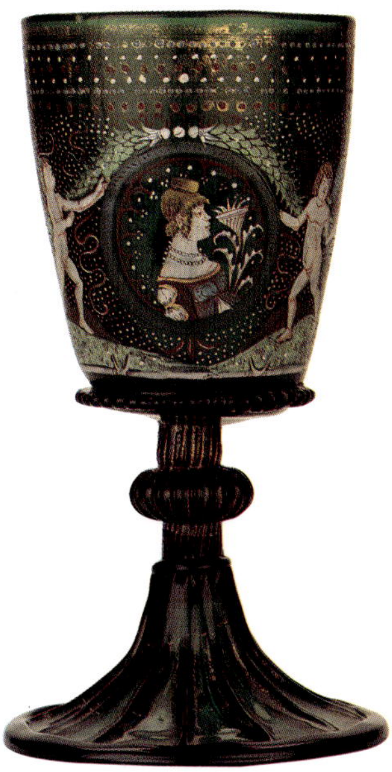

Durch ein zartes, in rötlichem Fresko gemaltes, lineares Muster erhalten die Wände architektonische Definition. Neben der Plakette mit hebräischer Inschrift, die die Szene in biblischen Zeiten ansiedelt, gibt es in Carpaccios Gemälde noch weitere kleine Objekte wie Becher, Vasen und einen Kerzenleuchter auf dem hohen Bord neben dem Bett der hl. Anna sowie ein ganzes Geschirr in der Küche im Hintergrund. Aus Aufzeichnungen wissen wir, daß dies wesentliche Bestandteile eines jeden gut ausgestatteten Haushalts waren. Wäre die hl. Anna eine junge Braut im Venedig des 15. Jahrhunderts gewesen, hätte auf dem Bord neben ihrem Bett vielleicht ein Verlobungskelch gestanden (Abb. 92). Ein schönes Exemplar aus smaragdgrünem Glas ist mit Goldgranulat und zwei Porträtmedaillons verziert, die von Girlanden überspannt und von Eroten in verschiedenfarbigem Emaille flankiert sind. Die modisch frisierte Dame hält ein Bouquet und hat ihr Pendant in einem Herrn auf der anderen Seite des Kelches, der eine Schriftrolle mit dem Motto AMOR.VOL.FEE. (Liebe braucht Vertrauen) trägt. Als Zeichen der Liebe und Vermählung war dieser Kelch ein sehr persönliches Objekt.

Verschiedene Kunstgenres besaßen häufig gemeinsame Bildfindungen und Motive. Der Verlobungsbecher ist dafür ein gutes Beispiel, denn die auf den Seiten dargestellten Liebenden gehören eindeutig der gleichen gesellschaftlichen Schicht an wie Carpaccios *Zwei Venezianerinnen*. Bei dem Gemälde, das sich heute im Museo

93 Vittore Carpaccio
Jagd in der Lagune, um 1495.
Öl auf Holz, 75,4 x
63,8 cm. J. Paul Getty Museum,
Los Angeles.

Die Rückseite der Tafel aus dem Museo Civico Correr (unten) wurde abgehobelt, aber die Rückseite der Tafel aus dem Getty Museum ist mit einem Trompe l'œil-Bild von Briefen und Noten bemalt, die hinter ein fiktives, an ein Brett gebundenes Band gesteckt sind. Beide Tafeln zeigen Spuren von Scharnieren, was darauf hindeutet, daß das gesamte Bild ursprünglich als Tür eines Möbelstücks oder vielleicht als Fensterladen diente und daß es von beiden Seiten gesehen werden sollte.

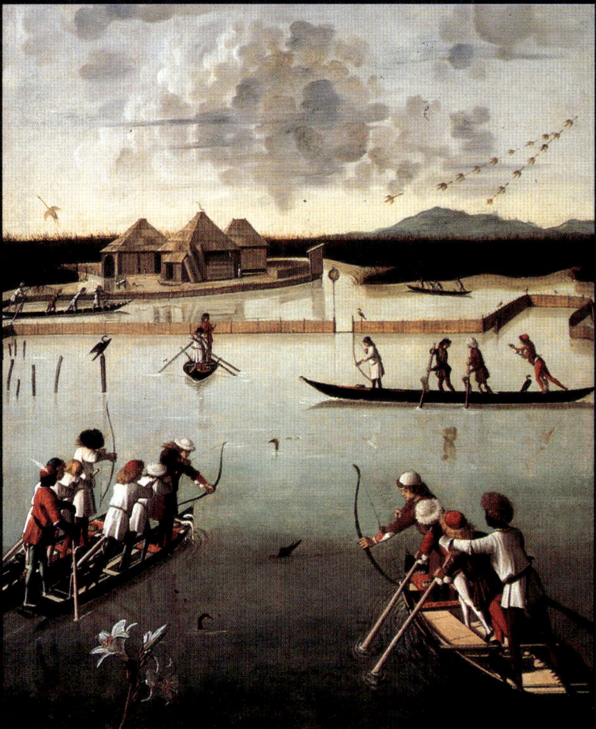

94 Vittore Carpaccio
Zwei venezianische Damen auf einer Terrasse, um 1495. Öl auf Holz,
94 x 64 cm. Museo Civico Correr,
Venedig.

Viele Elemente der Szene haben in den Emblembüchern des 16. Jahrhunderts einen doppelten Symbolwert. Die Tauben, obwohl Begleiter der Venus, waren Symbole der ehelichen Treue, da man glaubte, daß sie einander ein Leben lang treu seien. Die Pfauenhenne, der Juno geweiht, stand für eheliche Eintracht und Fruchtbarkeit. Der Papagei, mit amourösen Aktivitäten in Verbindung gebracht, wurde auch deshalb bewundert, weil er die Jungfrau mit seinem typischen Ave-Ruf grüßen konnte. Die Orange, oder *Malus aureus*, wurde nicht nur mit Venus und der Hochzeit von Juno und Jupiter assoziiert, sondern auch mit der Fruchtbarkeit.

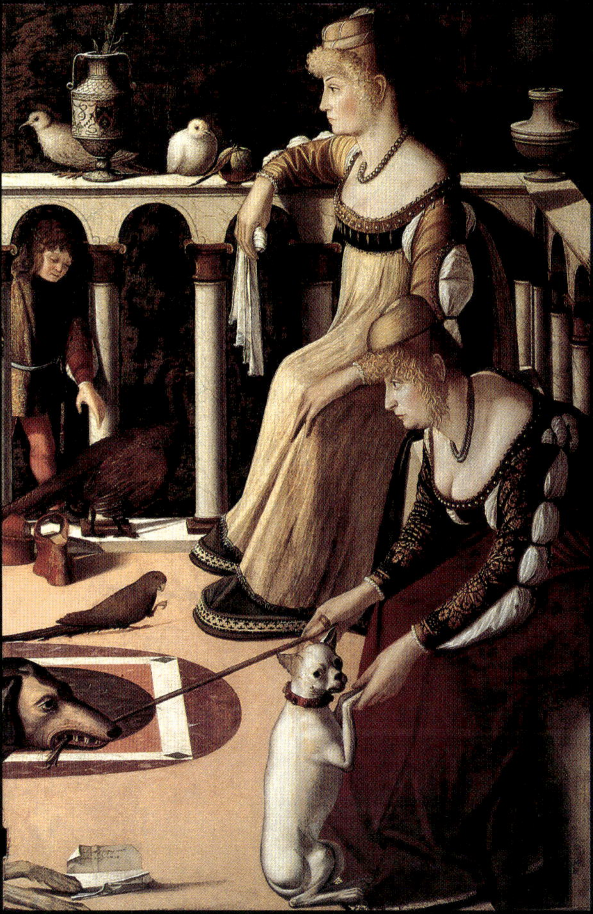

Civico Correr in Venedig befindet, handelt es sich um die untere Hälfte einer zerschnittenen Tafel, die vor kurzem, wenn auch nur in einer Photomontage, wieder mit einem Gemälde aus dem kalifornischen Getty Museum zusammengebracht wurde, das als *Jagd in der Lagune* bekannt ist (Abb. 93 und 94). Technische Analysen ergaben, daß die beiden Bilder ursprünglich eine Tafel bildeten (die sich vermutlich noch weiter nach links erstreckte) und sich der Lilienzweig in der Majolikavase auf der unteren in der oberen Tafel fortsetzt. Anhand der zusammengefügten Tafeln wird Carpaccios ursprüngliche Absicht deutlich, den eingegrenzten Bereich weiblicher Muße und den öffentlicheren Raum der Freizeitaktivitäten ihrer männlichen Pendants zusammenzubringen. Der Junge, vermutlich ein Page, stellt sowohl visuell als auch konzeptuell eine Verbindung zwischen den beiden Bereichen her.

Einige Kunsthistoriker sind der Ansicht, daß es sich bei den Frauen nicht um Damen der gehobenen Gesellschaft, sondern um venezianische Kurtisanen handelt, die auf Freier warten, aber diese Sichtweise ist zweifellos eine Fehlinterpretation des Werkes. Die beiden Frauen sind nach der damals aktuellen Mode des venezianischen Adels gekleidet und sitzen schicklich auf einer *Altana,* der privaten Dachterrasse ihres Familienpalastes. Sogar die angesehensten Patrizierdamen in Venedig – und Casola beobachtete dies mit einigem Vergnügen – schminkten ihr Gesicht und trugen Kleider, die ihre Schultern entblößten und tief dekolletiert waren. Kleidung und Haltung von Carpaccios Damen repräsentieren die venezianische Idealvorstellung der Ehe als eine durch Keuschheit und Treue kontrollierte Sinnlichkeit. Die jüngere der beiden trägt eine Perlenkette, was Prostituierten verboten und in Venedig nur Ehefrauen von Stand erlaubt war. Das weiße Taschentuch ist Emblem ihrer Keuschheit. Sie ist von zwei Vasen flankiert, eine mit Lilien, die lange Zeit für Reinheit standen, und die andere mit einer Myrte, Symbol der Hochzeit. Der Jagdhund suggeriert Wachsamkeit, das Schoßhündchen Treue. Die mit dem Wappen der alten Familie Preli elegant bemalte Majolikavase links auf der Brüstung könnte einen Hinweis auf die Identität der Modelle geben. Aber da der patrizische Zweig der Familie bereits im 12. Jahrhundert ausgestorben war, gehörte das Wappen vielleicht zu einer wohlhabenden Bürgerfamilie, deren Tochter sich anschickt, einen Adligen zu heiraten. Die Vase liefert jedenfalls ein weiteres Indiz bei der Erforschung des venezianischen Heims. Vermutlich aus einem umbrischen Bergdorf importiert, das auf die Herstellung von gebrannten Tonwaren mit Zinnlasur

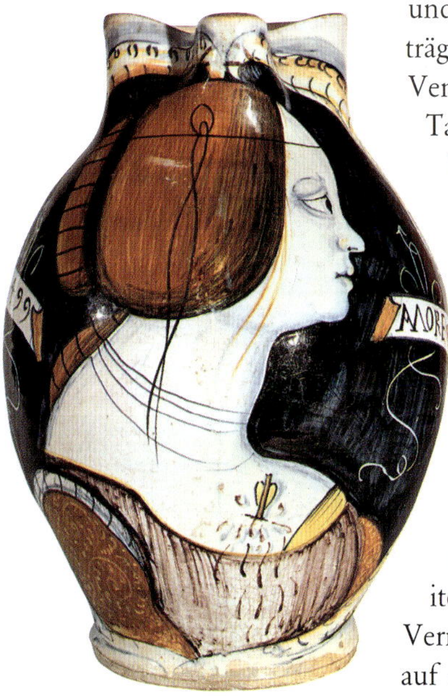

95 Werkstatt von Matteo d' Alvise da Faenza
Bella donna, 1499. Majolica Krug *(Boccole)*, 30 cm. Museo Civico, Bologna.

spezialisiert war, zeigt das abgebildete Stück ein Schuppenmuster, das typisch für Keramiken aus Deruta war. Die traditionellen Keramiken in Venedig waren Mezzamajoliken, die nach einer byzantinischen Technik gefertigt wurden. Hierbei wird das Tongefäß mit flüssigem weißen Tonschlicker (oder geschlämmten Ton) überzogen, in den die Dekoration vor der Glasur bis auf den dunkleren Ton durchgekratzt wurde.

Die Majolika- oder Fayencetechnik wurde Ende des 15. Jahrhunderts von Kunsthandwerkern aus Faenza in Venedig eingeführt. Frühe, in Venedig angefertigte Arbeiten zeigen meist große, einfache von den Mezzomajoliken übernommene Muster, so wie der Krug mit dem Frauenprofil (Abb. 95). Dieser ist exemplarisch für eine *Bella donna* genannte Keramikdekoration und zeigt zugleich einen Schönheitstypus, der besonders bewundert wurde: Zurückgekämmtes Haar, aus dem sich einige Strähnen gelöst haben, große, vorstehende Augen, ein rundliches Gesicht und ein voller Busen, der durch die Wölbung der Vase noch hervorgehoben wird. Ein Pfeil durchbohrt ihre milchweiße Haut, und durch das *Cartellino* mit der Aufschrift »Amore« wird das Thema deutlich gemacht. Die Jahreszahl 1499 deutet darauf hin, daß es sich um ein Hochzeits- oder Verlobungsgeschenk handelte. Die Vase war vermutlich das Produkt der Zusammenarbeit eines Töpfers aus Faenza und eines venezianischen Malers. Ton mußte zwar importiert werden, aber die venezianische Politik begabten Handwerkern, die in die Stadt übersiedelten, finanzielle Anreize zu bieten, trug dazu bei, daß sich die Keramikindustrie schnell entwickelte, und es dauerte nicht lange, bis Majoliken aus Venedig ebenso geschätzt wurden wie die aus Faenza. Ein 1545 erlassenes Dekret verbot den Import zinnlasierter Tonwaren aus dem Ausland, mit Ausnahme der besonderen hispano-maurischen aus Spanien.

Da bemalte Keramiken relativ preiswert waren, leicht transportierbar und grenzenlose Möglichkeiten der Bildfindung boten, waren sie ideales Medium für persönliche Aussagen. Sie konnten für besondere Anlässe dienen, wie der Verlobungskelch, oder, wenn sie mit klassischen Motiven bemalt waren, auf die humanistische Bildung und den vornehmen Geschmack des Auftraggebers hinweisen. Ein großer Teller zeigt den besonderen Stil venezianischer Majolika, der zu Beginn des 16. Jahrhunderts auftrat (Abb. 96). Er ist mit dunkelblauer und weißer Farbe auf einer graublauen Glasur *(Berettino)* bemalt und zeigt ein triumphales

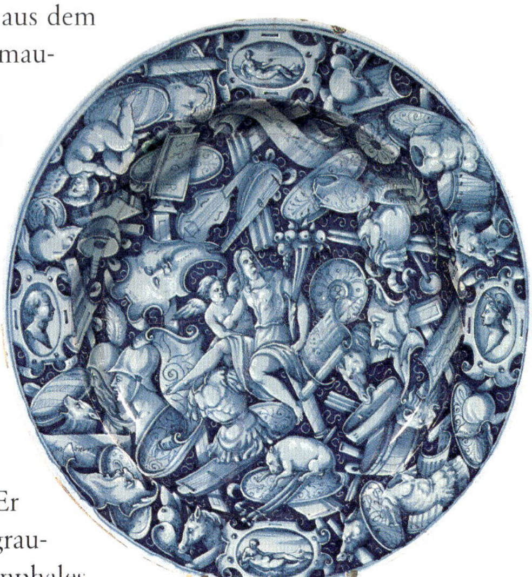

96 Werkstatt des Domenico da Venezia
Überfluß umgeben von Trophäen, um 1540–50. Majolika, Durchmesser 46,5 cm. Victoria and Albert Museum, London.

Zwischen den Trophäen sind weiße Spruchbänder verteilt, von denen eines den Namen des Malers, J. Francesco Tertiarius, trägt, während auf einem anderen *Venezia* zu lesen ist. Venezianische Keramikwerkstätten waren die ersten, die so große Teller herstellen konnten.

dekoratives Vokabular *all'antica,* das sich in Venedig im späten Quattrocento großer Beliebtheit erfreute. Hier trägt die von einem Cupido oder geflügelten Putto flankierte allegorische Figur ein Füllhorn und ist von Trophäen umgeben, Beutestücke aus dem Krieg und Garanten des Friedens: Rüstungen, Schilde und Waffen.

Ein antikes Ambiente

Die Antike als zentrales Thema der Renaissance regte zum Sammeln an. Sabba da Castiglione berichtet von Männern der Gesellschaft, die gerne »ihre Häuser mit Antiquitäten wie Köpfen, Torsi, Büsten und Marmor- oder Bronzestatuen dekorieren. Aber weil gute antike Arbeiten rar und nicht ohne Schwierigkeiten und Kosten zu haben sind, verzieren sie ihr Heim mit Donatello oder den Werken von Michelangelo... [oder anderer moderner Künstler]«. Sabba hätte kein besseres Beispiel eines Herrn finden können, der sein Image durch den Erwerb von *Anticaglie* und Kunstwerken aufpolierte, als Andrea Odoni. Dieser wohlhabende Kaufmann beauftragte Lorenzo Lotto, ihn in seinen Besitztümern zu porträtieren (Abb. 97). Der Schriftsteller Marcantonio Michiel sah das Bild 1532 und beschrieb es als »Porträt von Messer Andrea als Halbfigur in Öl, der seine antiken Marmorstücke betrachtet«.

Odoni lebte im Sestriere S. Croce in der *Fondamenta del Gaffaro* in einem Palazzo, dessen Fassade mit mythologischen Fresken versehen war. Einige der in dem Porträt dargestellten Stücke könnten tatsächlich antike Marmorarbeiten gewesen sein, aber die meisten waren sicher Kopien. Bei der Skulptur im linken hinteren Bildteil handelt es sich etwa um eine Reproduktion der überlebensgroßen fragmentarischen Statue von *Herkules und Antäus,* die sich damals im Hof von Belvedere im Vatikan befand. Im rechten Bildhintergrund stehen drei Aktstatuetten, die nicht mit bekannten Antiquitäten in Zusammenhang gebracht werden können, ein weiterer Herkules, erkennbar an Löwenfell und Keule, ein kniender weiblicher Akt, vermutlich eine Venus oder Diana, und ein Putto oder Cupido. Der Marmorkopf rechts unten war wohl ein Gipsabguß der Hadrianbüste, die in einer nach Odonis Tod 1555 erstellten Bestandsliste auftaucht. Viele Objekte sind vielleicht Lottos Erfindung, aber Michiel beschrieb auch antike und moderne Skulpturen sowie Gemälde, Vasen und andere Kunstwerke, die über das Haus verteilt waren. Zu diesen Zeichen vornehmen Geschmacks gehörten auch zwei illuminierte Stundenbücher, von denen eines der geschnürte Ledereinband sein könnte, der mit einer Handvoll Medaillen oder Münzen in dem Gemälde auf dem Tisch liegt.

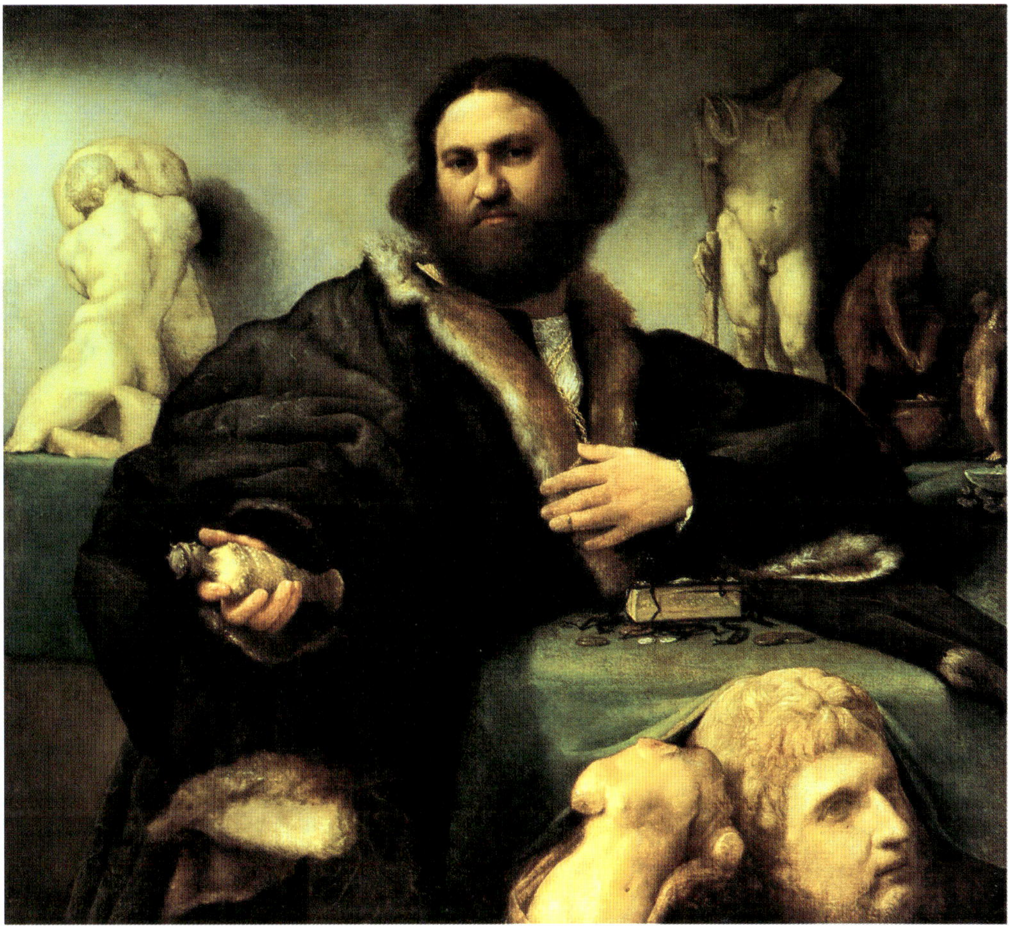

97 Lorenzo Lotto
Porträt von Andrea Odoni,
1527. Öl auf Leinwand, 100 x 110 cm. Royal Collection, Hampton Court Palace.

Odoni, prächtig gekleidet in einen weiten schwarzgrauen, mit Wolfsfell besetzten Mantel, wollte mehr als nur ein exaktes Porträt seiner äußeren Erscheinung. Er blickt den Betrachter direkt an und präsentiert eine Statuette der Diana von Ephesus, Symbol der Natur oder Erde. Damit weist er auf die Vergänglichkeit der vom Menschen geschaffenen Dinge hin, wie sie durch die antiken Fragmente symbolisiert wird. In einer Geste der Aufrichtigkeit hat er die linke Hand an sein Herz gelegt, als wolle er seine Überzeugung ausdrücken, daß die Natur über den Menschenwerken stehe.

Aber zumeist fand die Antike weniger prunkvoll in venezianische Heime. Im Gemach der hl. Ursula und im Saal von Ser Nicolò (s. Abb. 79, S. 116 und Abb. 86, S. 125), sind klassische Elemente in den vorherrschenden gotischen Stil integriert. In Ser Nicolòs Palazzo sind Pilaster, Balustraden und Wandtäfelung mit geschnitzten Blattformen verziert, zu denen auch die Ampeln und Sphinxe als verbreitete Elemente einer All'antica-Ästhetik gehören.

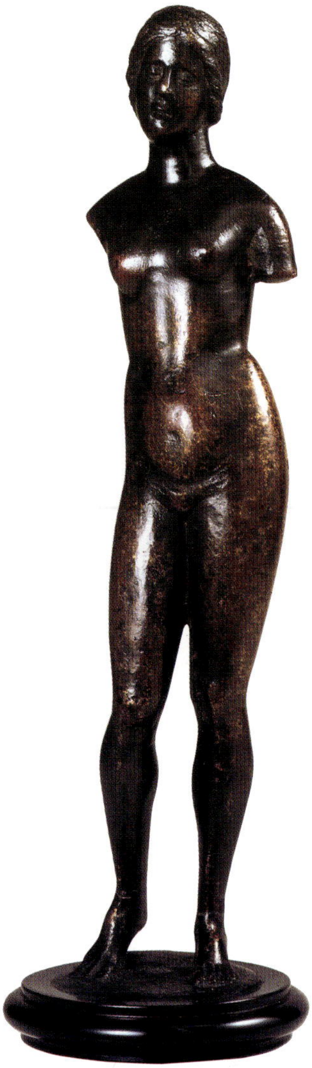

98 *Venus,* Norditalien, Ende des 15. Jh. Bronze, Höhe 23,1 cm. Kunsthistorisches Museum, Wien.

Die Statuette wurde lange Zeit Tullio Lombardo zugeschrieben, weist aber keine Ähnlichkeiten mit seinem Œuvre auf.

Vor allem erkennt man in beiden Räumen kleine, vermutlich in Bronze gegossene und vergoldete Aktfigurinen auf den Türstürzen. In der letzten Dekade des 15. Jahrhunderts war in Padua und Venedig eine Industrie entstanden, die sich auf die Produktion von antik aussehenden Bronzen spezialisiert hatte.

Der Torso einer Venus ist ein faszinierendes Exemplar dieser Ersatzantiquitäten (Abb. 98). Dieser Bronzeguß war schwarzbraun lackiert, vermutlich aber nie vergoldet. Die glatte, abgegriffene Oberfläche, an der das blanke Metall stellenweise durchschimmert, deutet darauf hin, daß die Figur nicht immer über der Tür stand, sondern zwischen ihrem Besitzer und seinen Gästen herumgereicht wurde, um näher betrachtet und befühlt zu werden. Wegen ihrer länglichen Proportionen und der eher zeitgenössischen als klassischen Frisur könnte es sich hier um eine antike »Paraphrase« handeln – eine bewußte Nachahmung – und nicht unbedingt um eine »gefälschte Antiquität«. Wie dem auch sei, solche Anachronismen lenken ebenso wenig von dem Gesamteindruck der Ausgewogenheit und Anmut ab, wie von ihrer evokativen Kraft als Paradigma klassischer Schönheit.

Eine Ästhetik der Flucht

Die Welt der klassischen Mythen bot auch eine Möglichkeit, den zunehmend komplexeren Anforderungen der Gegenwart zu entfliehen. Die Humanisten hatten dies erkannt und widmeten sich dem Studium der antiken Literatur. Mit Einführung des Druckgewerbes im Jahre 1469 hatte in Venedig ein größeres Publikum Zugang zu den Texten. Im Laufe der nächsten fünf Jahre wurden über 130 Editionen in der Stadt gedruckt, und am Ende des Jahrhunderts waren es bereits rund 3500. Frühe Ausgaben klassischer Texte waren noch von der Manuskripttradition geprägt und oft mit Frontispizen von erstaunlicher Originalität illuminiert. Sie waren besonders wegen ihres Trompe l'œil-Illusionismus bemerkenswert, einer kognitiven Vorliebe, die ihre Wurzeln in der Kunst aus Padua, besonders im Kreis des jungen Mantegna hatte.

Zumeist dient ein Architekturmonument als »Tor zum Text«. Das Frontispiz über das Leben des Theseus in einer Ausgabe von Plutarchs »Vitae parallelae« 1478 in Venedig gedruckt, zeigt ein großes, violett-graues Denkmal, das wie ein Bilderrahmen die erste Seite des Textes umgibt (Abb. 99). Die Oberfläche des Monuments ist mit fiktiven, scheinbar als Flachreliefs ausgeführten Grisaille-Darstellungen dekoriert: vornehmlich florale Arabesken am linken und oberen Rand, Trophäen am rechten und ein Fries mit Nym-

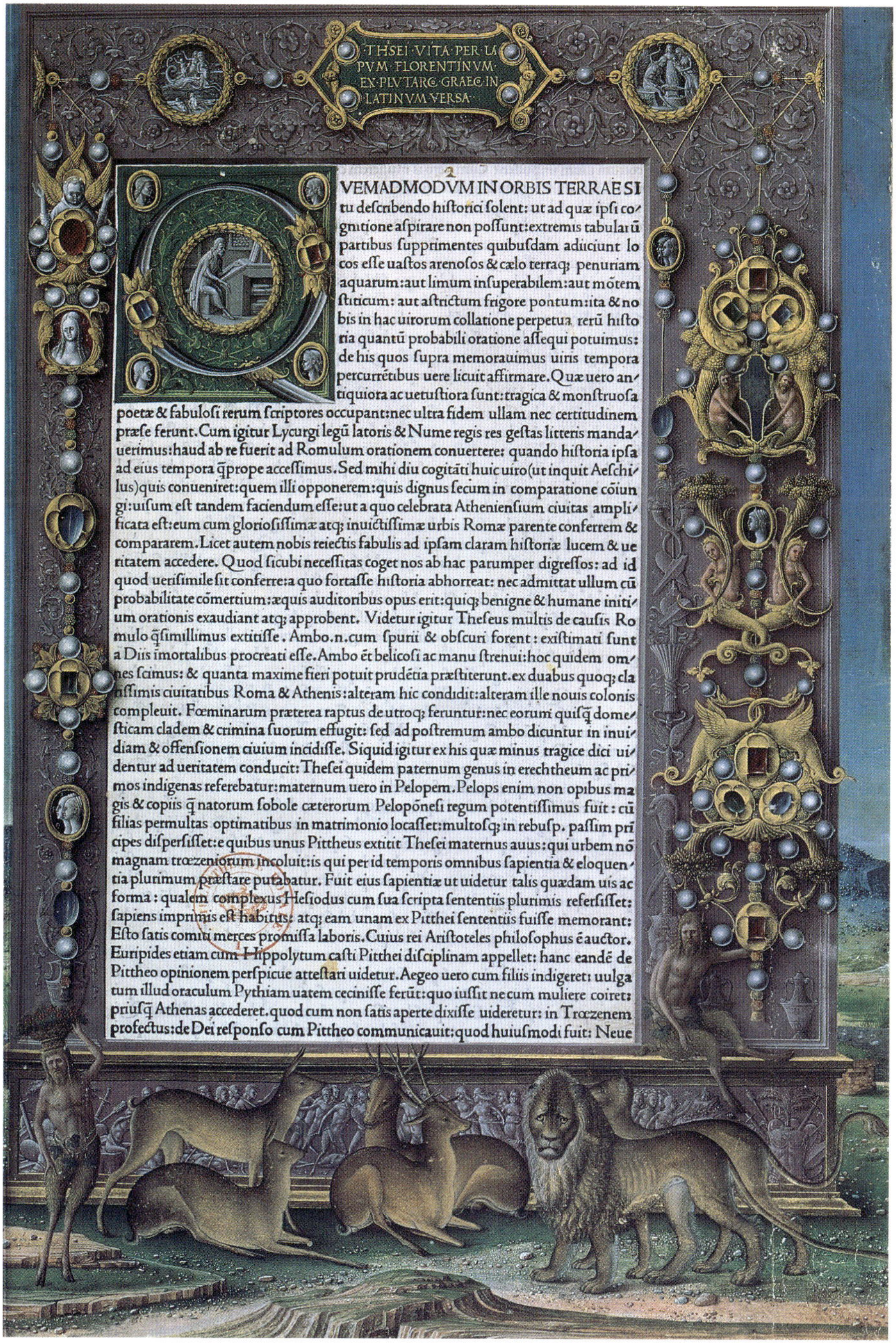
THSEI·VITA·PER·LA·PVM·FLORENTINVM·EX·PLVTARC·GRAEC·IN·LATINVM·VERSA·

QVEMADMODVM IN ORBIS TERRAE SI
tu describendo historici solent: ut ad quæ ipsi co-
gnitione aspirare non possunt: extremis tabularũ
partibus supprimentes quibusdam adiiciunt lo
cos esse uastos arenosos & cælo terraq; penuriam
aquarum: aut limum insuperabilem: aut mõtem
stiticum: aut astrictum frigore pontum: ita & no
bis in hac uirorum collatione perpetua rerũ histo
ria quantũ probabili oratione assequi potuimus:
de his quos supra memorauimus uiris tempora
percurrẽtibus uere licuit affirmare. Quæ uero an-
tiquiora ac uetustiora sunt: tragica & monstruosa
poetæ & fabulosi rerum scriptores occupant: nec ultra fidem ullam nec certitudinem
præse ferunt. Cum igitur Lycurgi legũ latoris & Nume regis res gestas litteris manda-
uerimus: haud ab re fuerit ad Romulum orationem conuertere: quando historia ipsa
ad eius tempora q̃prope accessimus. Sed mihi diu cogitãti huic uiro (ut inquit Aeschi-
lus) quis conueniret: quem illi opponerem: quis dignus secum in comparatione cõiun
gi: uisum est tandem faciendum esse: ut a quo celebrata Atheniensium ciuitas ampli-
ficata est: eum cum gloriosissimæ atq; inuictissimæ urbis Romæ parente conferrem &
compararem. Licet autem nobis reiectis fabulis ad ipsam claram historiæ lucem & ue
ritatem accedere. Quod sicubi necessitas coget nos ab hac parumper digressos: ad id
quod uerisimile sit conferre: a quo fortasse historia abhorreat: nec admittat ullum cũ
probabilitate cõmertium: æquis auditoribus opus erit: quiq; benigne & humane initi-
um orationis exaudiant atq; approbent. Videtur igitur Theseus multis de causis Ro
mulo q̃simillimus extitisse. Ambo.n.cum spurii & obscuri forent: existimati sunt
a Diis ĩmortalibus procreati esse. Ambo ẽt belicosi ac manu strenui: hoc quidem om-
nes scimus: & quanta maxime fieri potuit prudẽtia præstiterunt. ex duabus quoq; cla
rissimis ciuitatibus Roma & Athenis: alteram hic condidit: alteram ille nouis colonis
compleuit. Fœminarum præterea raptus de utroq; feruntur: nec eorum quisq̃ dome-
sticam cladem & crimina suorum effugit: sed ad postremum ambo dicuntur in inui-
diam & offensionem ciuium incidisse. Siquid igitur ex his quæ minus tragice dici ui-
dentur ad ueritatem conducit: Thesei quidem paternum genus in erechtheum ac pri-
mos indigenas referebatur: maternum uero in Pelopem. Pelops enim non opibus ma
gis & copiis q̃ natorum sobole cæterorum Pelopõnesi regum potentissimus fuit: cũ
filias permultas optimatibus in matrimonio locasset: multosq; in rebusp. passim prĩ
cipes dispersisset: e quibus unus Pittheus extitit Thesei maternus auus: qui urbem nõ
magnam trœzeniorum incoluit: is qui per id temporis omnibus sapientia & eloquen-
tia plurimum præstare putabatur. Fuit eius sapientiæ ut uidetur talis quædam uis ac
forma: qualem complexus Hesiodus cum sua scripta sententiis plurimis refersisset:
sapiens imprimis est habitus: atq; eam unam ex Pitthei sententiis fuisse memorant:
Esto satis comiti merces promissa laboris. Cuius rei Aristoteles philosophus ẽ auctor.
Euripides etiam cum Hippolytum casti Pitthei disciplinam appellet: hanc eandẽ de
Pittheo opinionem perspicue attestari uidetur. Aegeo uero cum filiis indigeret: uulga
tum illud oraculum Pythiam uatem cecinisse ferũt: quo iussit ne cum muliere coiret:
priusq̃ Athenas accederet. quod cum non satis aperte dixisse uideretur: in Trœzenem
profectus: de Dei responso cum Pittheo communicauit: quod huiusmodi fuit: Neue

99 Girolamo da Cremona (zugeschrieben)
Frontispiz von Plutarch, »Vitae parallelae«, gedruckt von Nicolas Jenson in Venedig, 2. Januar 1478.
Pergament, 40,2 x 27 cm. Bibliothèque Nationale, Paris.

Der Band trägt das Wappen der Agostini, einer venezianischen Familie von Händlern und Bankiers.

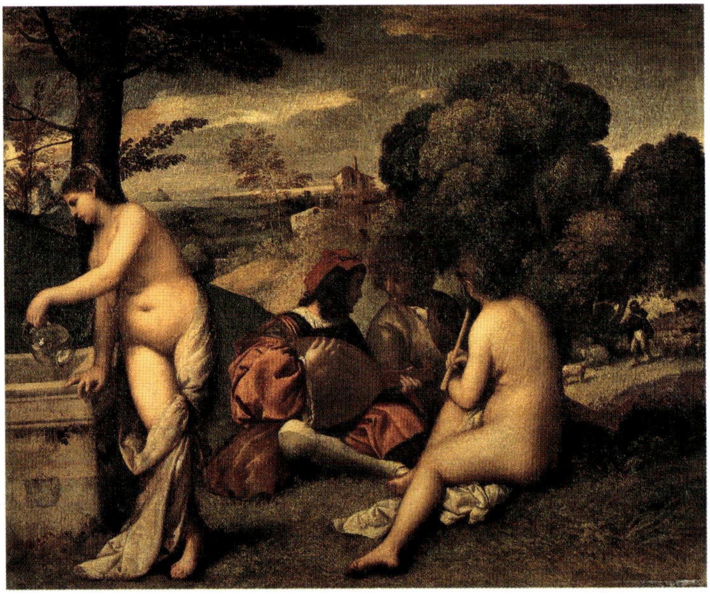

100 Tizian (?)
Das ländliche Konzert,
um 1510. Öl auf Leinwand,
110 x 140 cm. Musée du
Louvre, Paris.

phen und Satyrn am unteren Rand. Die über dieser Struktur angeordneten Ornamente, inkrustiert mit Perlen, Edelsteinen und goldgefaßten Kameen, scheinen wie an kleinen Schnüren herabzuhängen. Oben rahmen kleine Goldkränze Szenen von Ovid, links eine Gruppe von Meereswesen und rechts Vulcanus, der die Flügel von Cupido schmiedet. Das Monument steht in der unberührten Landschaft von Arkadien, die mit Satyrn und wilden Tieren bevölkert ist, die im Zustand urzeitlicher Harmonie zusammenleben.

In der ersten Dekade des 16. Jahrhunderts begannen venezianische Künstler, die Vision von Arkadien mit Hilfe der Staffeleimalerei auszuweiten. Das *Ländliche Konzert* ist ein Meisterwerk dieses Genres (Abb. 100), dabei ist unklar, wer es gemalt hat. Die Mehrheit der Kunsthistoriker schreibt es Giorgione oder Tizian zu, es wird sogar für ein Gemeinschaftswerk beider Künstler gehalten. Auch das Sujet entzieht sich einer eindeutigen Interpretation. Zwei junge Männer, einer elegant gekleidet, der andere im Gewand eines Schafhirten, haben sich in einer Landschaft niedergelassen. Sie werden von zwei üppigen nackten Frauengestalten flankiert, zu denen sie jedoch nicht hinsehen.

Einer möglichen Lesarten zufolge versucht das Gemälde ein visuelles Äquivalent zu Vergils »Eclogae« oder »Bucolica« zu bieten – jenen dialogischen Hirtengedichten, die sich großer Beliebtheit erfreuten und von italienischen Dichtern nachgeahmt wurden. Ihnen liegt die Idee eines Ausflugs des »kultivierten jungen Mannes« in die idyllische Landschaft von Arkadien zugrunde, wo sich die Sterblichen unter die Götter mischen. Arkadien ist weniger ein Ort als vielmehr eine Geisteshaltung, in der sich die reale Welt und idyllische Landschaft überlagern – entlegen genug, um Zuflucht zu bieten, und nahe genug, um stets erreichbar zu sein. Eine der größten Leistungen der venezianischen Künstler dieser Zeit war die Übertragung dieses literarischen Szenarios in eine visuelle Form.

Das *Ländliche Konzert* wird von den jungen Männern gegeben, und die Nymphen lauschen ihrer Musik. Damit erschaffen die Männer Arkadien, erwecken es zum Leben. Die Nymphen zeigen sich und fordern den Betrachter auf einzustimmen. Dennoch herrscht im Bild ein melancholischer Ton vor, weil anerkannt wird, daß die friedliche arkadische Welt Vergils in Wahrheit unerreichbar ist.

Der Künstler betont die fiktive Qualität dieser Welt durch seine Maltechnik. Er trägt die Ölfarbe dick auf eine rauhe Leinwand auf, die zuvor mit dunkler Farbe grundiert wurde. An einigen Stellen hat er Spritzer der Ölfarbe sichtbar gelassen. Alle Figuren befinden sich in Harmonie mit der natürlichen Welt, sind deutlich erkennbar und nicht von ihr absorbiert, haben aber ihren Ursprung in der Farbe selbst. So wird der Künstler in diesen Gemälden zum Dichter, der seine Handschrift deutlich macht.

Auch in Drucken wurden häufig Hirtenszenen dargestellt. Das Genre ging mit Szenen aus dem ländlichen Leben bald über Arkadien hinaus und stellte einen umfassenderen Bezug zur Gegenwart her. Es ist, als hätten die venezianischen Künstler und Auftraggeber ihre Kopien von Vergils »Eclogae« gegen die »Georgica« eingetauscht, eine der naturverbundenen Arbeit des Bauern gewidmete Gedichtform, in der die Arbeit über die Muße gestellt wird.

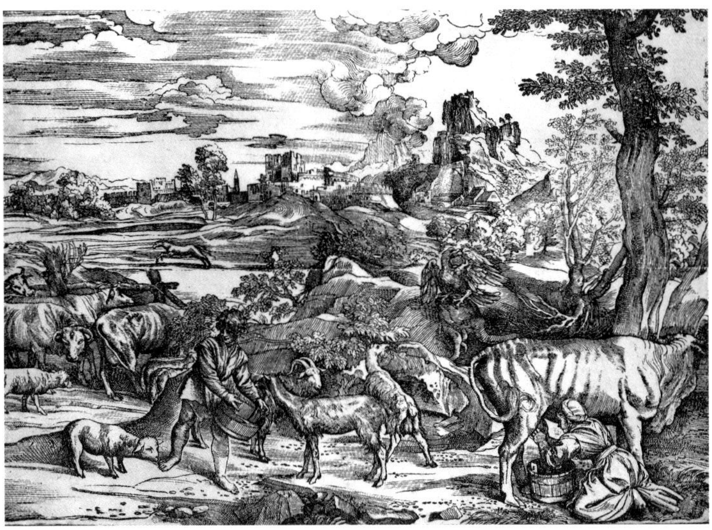

101 Tizian
Landschaft mit Melkerin,
um 1520–25. Holzschnitt von einer Originalzeichnung, 37,6 x 43,3 cm.
National Gallery of Art, Washington, D.C.

Der Wechsel von schattigen Hainen zu ausgedehnten agrarischen Ansichten läßt sich in *Landschaft mit Melkerin* erkennen, einem Holzstich nach einer Zeichnung von Tizian (Abb. 101). Die Szene zeigt einen Hirtenjungen, der seine Schafe und Ziegen füttert, sowie Rinder und eine melkende Frau. Auch wenn sich die Figuren und Tiere im Vordergrund drängen, spielt die Landschaft aus weiten Wiesen und Felsvorsprüngen eine gleichwertige Rolle in der Komposition. Wie das *Ländliche Konzert* scheint dieser Holzschnitt nicht von einem literarischen Text, sondern eher von einer wirklichen Landschaft inspiriert zu sein.

Die zunehmende Verbreitung des Rustikalen in der venezianischen Kunst fand ihre Parallele in neuen Landgewinnungsprogrammen im Veneto. Bereits im Quattrocento hatten die Venezianer begonnen, der städtischen Umgebung durch den Erwerb von Gütern auf dem Festland zu entfliehen. Im folgenden Jahrhundert bauten oder erweiterten viele Familien Landsitze, um an der vornehmen Kultur des Villenlebens, der *Villegiatura,* teilzuhaben und residierten teils in der Stadt, teils auf dem Land. Ursprünglich inspiriert von klassischen Schriftstellern wie Plinius und Vitruv, welche die Vorteile des Landlebens priesen, erhielten Venezianer, die ihre Villen als Bauernhöfe betrieben, finanzielle Unterstützung von der venezianischen Regierung, die damit die Lebensmittelversorgung in der Lagune sicherstellen wollte.

Die Ästhetik des Ländlichen gipfelte in den Gemälden von Jacopo Bassano, einem Künstler aus dem Marktstädtchen Bassano am Fuße der Dolomiten. Er war besonders wegen seiner Gemälde mit nächtlichen Szenen oder biblischen Ereignissen inmitten des Landlebens berühmt. Mit seiner *Pastoralen Landschaft* war er wohl der erste Künstler, der die bäuerliche Umgebung aus Tizians Holzschnitt in die Malerei übertrug (Abb. 102). Das Werk gilt als die früheste reine Landschaftsdarstellung der italienischen Malerei des 16. Jahrhunderts. Die Stimmung während des Sonnenuntergangs ist ruhig, und die Figuren bereiten ein einfaches Mahl, tränken die Schafe und säen, bevor die Sonne untergeht. Der harmonische Farbklang resultiert aus einer dunklen Palette von Erdtönen. Kaum läßt sich eine bessere Flucht vor der materiellen Opulenz der venezianischen Paläste und dem künstlichen Charakter des Stadtgefüges vorstellen. So überrascht es auch nicht, daß ein Werk wie dieses seinen Platz im luxuriösen häuslichen Rahmen kaleidoskopartiger Farben und komplexer Muster fand.

Während ihrer gesamten Geschichte bewiesen die Venezianer eine erstaunliche Fähigkeit, das Fremde zu assimilieren und sich anzueignen, ohne dabei ein Gefühl für das Exotische und Neue zu verlieren. Selbst in den Häusern von Handwerkern konnte man

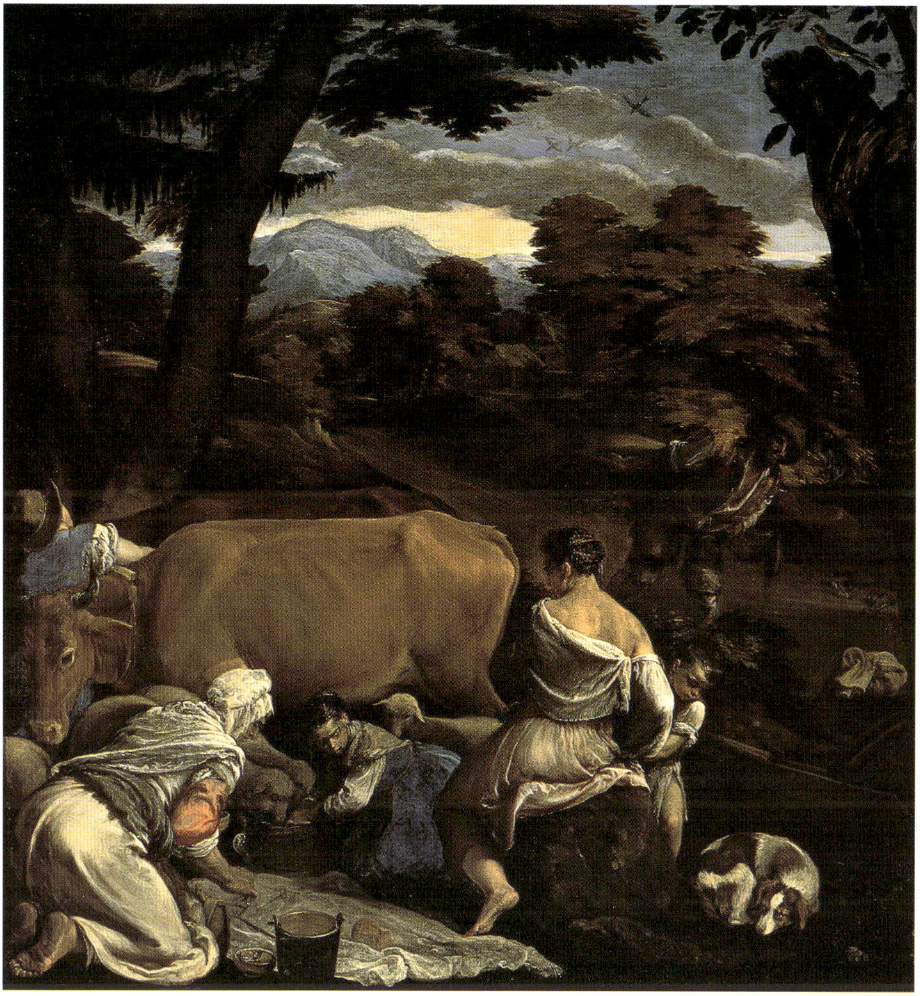

Objekte verschiedenster Herkunft finden, darunter deutsche, flämische, französische, chinesische, islamische, byzantinische und antike, die in einer allumfassenden Synthese zusammengebracht wurden.

Francesco Sansovino schrieb im 16. Jahrhundert: »Keine Person mit einem [für Gäste] offenen Haus, ist so beklagenswert, daß sie nicht Kommoden und Bettgestelle aus Nußbaum, grüne Vorhänge, Teppiche, Zinn, Kupfer, Goldketten, Gabeln und Ringe aus Silber besäße. Solcher Art ist die Kultur dieser Stadt.«

Die kostbaren Objekte in venezianischen Palästen waren zu zahlreich und verschiedenartig, als daß sie hier alle aufgeführt werden könnten: Man fand Schatullen aus Elfenbein und Papiermaché, viele unterschiedliche Möbelstücke, Musikinstrumente und vor allem Porträts, ein Genre, das es uns heute ermöglicht, uns ein Bild vom Menschen der venezianischen Renaissance zu machen.

102 Jacopo Bassano
Pastorale Landschaft,
um 1554. Öl auf Leinwand, 140 x 130 cm. Fundación Colección Thyssen–Bornemisza, Madrid.

Das Gemälde wird auch als eine Illustration des Gleichnisses vom Sämann aus dem Neuen Testament interpretiert (Matthäus 13): »Das Samenkorn, das auf fruchtbaren Boden fällt, ist gleich dem, der das Wort hört und es versteht.«

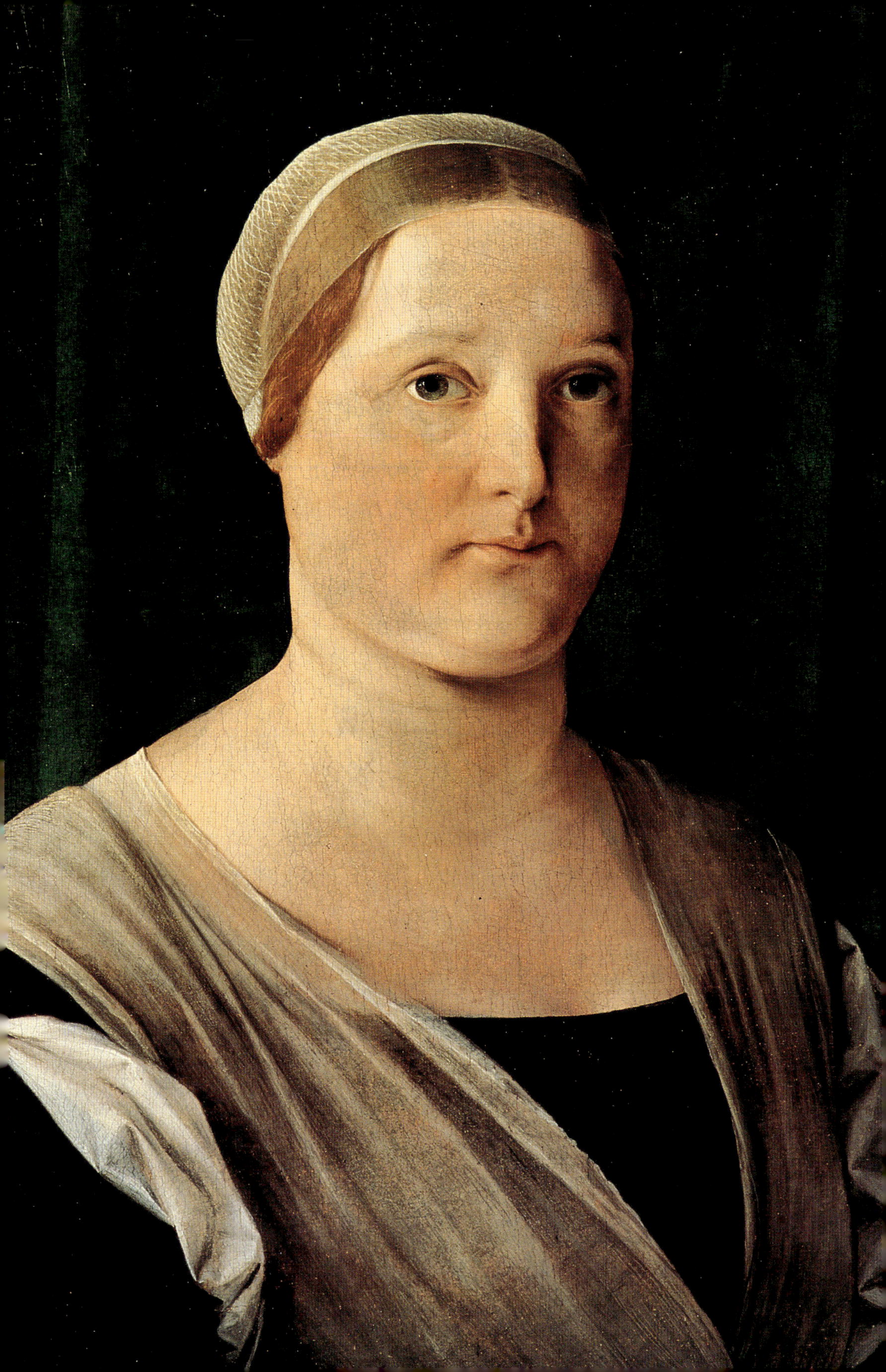

STÄNDE, SCHICHTEN UND GESCHLECHTER

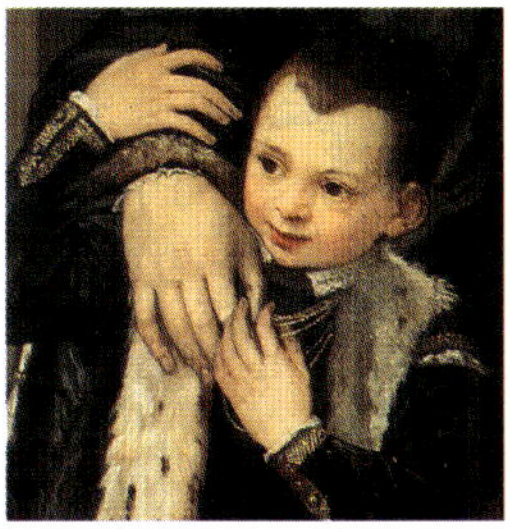

Marin Sanudo schreibt 1493 Venedig besitze drei Schichten von Einwohnern: »Edelleute [Adlige], die den Staat und die Republik regieren, Bürger und schließlich Handwerker oder die Unterschicht. Die Edelleute unterscheiden sich in ihrer Kleidung nicht von den Bürgern,denn sie sind alle recht ähnlich angezogen, außer den Mitgliedern des Senats, die während ihrer Amtszeit farbige Roben tragen müssen.«

Der von Giovanni Bellini gemalte junge Mann war Senator. Als solcher besaß er das Privileg »Farben zu tragen« und unterschied sich von den anderen Patriziern und Bürgern, die in lange schwarze Roben gekleidet waren (Abb. 104). Alle trugen die gleichen Mützen sowie den Umhang aus schwarzem Tuch, und Sanudo bemerkte weiter, daß »sie ihre Mütze nie abnehmen, außer vor dem Prinzen [Dogen], obwohl sie einander höflich grüßen«.

Wahrscheinlich war Bellinis junger Senator ein Kaufmann, der seine Geschäfte im Rialto führte, jenem Markplatz, dessen ruhige Atmosphäre Sanudos Zeitgenosse Marcantonio Sabellico beschreibt: »Ein besonders großes Wunder, daß man in einer solchen Menschenmenge keinen Laut hört, keinen Lärm, keine Verleumdung, keinen Streit, keine Beleidigung und keine Auseinandersetzung. Alle sprechen mit gedämpfter Stimme... «

Das kontrollierte Auftreten und die Höflichkeit, die Sabellico beobachtete, sorgten für ein friedliches Miteinander von zwei rechtlich getrennten Ständen – den Patriziern und den Bürgern, oder *Cittadini* – und trugen zu Venedigs Ruf als *Serenissima,* als Republik, bei.

Sanudo weiter: »Die Ordnung, mit der diese heilige Republik regiert wird, ist wirklich bestaunenswert: Es gibt kein Aufbegehren von den Nichtadeligen, keine Zwistigkeiten zwischen den Patriziern, und alle arbeiten zusammen für das Gedeihen [dieser Republik].«

103 Lorenzo Lotto
Bildnis einer Dame, um 1506.
Öl auf Leinwand,
36 x 28 cm. Musée des
Beaux-Arts, Dijon.

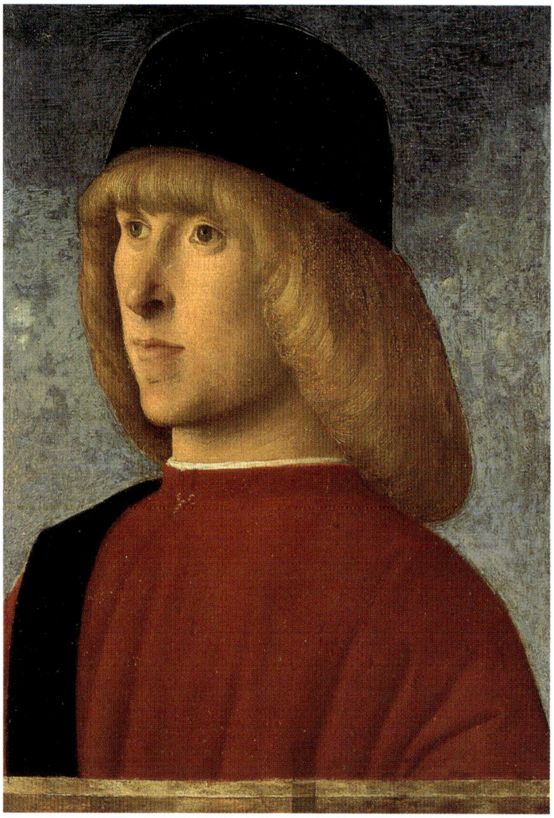

104 Giovanni Bellini
Porträt eines jungen Senators, 1485–90. Holz, 35 x 26,4 cm. Museo Civico, Padua..

Das aristokratische Ideal

In Sanudos Venedig war ein in Auftrag gegebenes Porträt Zeichen der Vornehmheit, und laut Vasari galt Giovanni Bellini als der bedeutendste Bildnismaler der Stadt: »Er hatte es sich zur Aufgabe gemacht, Porträts nach der Natur zu malen und führte in Venedig ein, daß jeder Bewohner von einem gewissen Stand sein Porträt von ihm oder einem anderen Maler anfertigen ließ. Daher gibt es viele Porträts in den Häusern Venedigs, und in vielen Heimen der Edelleute kann man deren Väter und Großväter bis zurück in die vierte Generation sehen, in einigen der nobleren Häuser geht die Ahnenreihe sogar noch weiter zurück.«

Die Fertigstellung eines Porträts bedeutet eine komplexe soziale Transaktion zwischen Künstler, Modell und Betrachter. Für den Künstler geht es darum, das richtige Gleichgewicht zwischen Wahrheit und Schmeichelei zu finden, d. h. eine glaubhafte Ähnlichkeit herzustellen und gleichzeitig die Erwartung des Auftraggebers hinsichtlich einer ansprechenden Erscheinung zu erfüllen. Das Modell wünscht eine Selbstdarstellung – eine delikate Angelegenheit in Venedig, wo der Einzelne nicht dazu ermutigt wurde, seine Individualität über den patrizischen Konsens zu stellen. Für den Betrachter besteht die Aufgabe darin, den Anteil des Künstlers im Verhältnis zur visuellen Realität des Modells zu erkennen.

Das *Porträt eines jungen Senators* ist charakteristisch für Bellinis Umgang mit dem künstlerischen Auftrag. Das Modell ist im Halbprofil dargestellt, der Oberkörper durch eine Brüstung abgeschnitten, die Figur zeichnet sich gegen einen neutralen blauen Hintergrund ab. Der Senator vermeidet den Blickkontakt mit dem Betrachter und schaut mit ruhiger Gelassenheit in den Raum. Wie auch in seinem später entstanden *Porträt des Dogen Leonardo Loredan* (s. Abb. 51, S. 78), bleibt der Künstler seiner Auffasssung treu, ebenso augenfällig ist der von Vasari gepriesene Naturalismus. Auch wenn es sich bei dem Porträtierten mit seiner zarten Haut, und seinem vollen blonden Haar um eine idealisierte Darstellung handelt, sind Merkmale wie eine lange Nase, ein schmaler, sensibler Mund und ein spitzes Kinn ausgeprägt genug, um ihn als bestimmtes, wiedererkennbares Individuum auszuweisen. Sein in scharlachrot gemaltes Gewand ist am Hals mit der sorgfältig ausgearbeiteten Spange zusammengehalten. Das kalkulierte Gleichgewicht zwischen Abstraktion und individueller Besonderheit kommt fast einer klassischen Feststellung des aristokratischen Ideals im späten Quattrocento gleich. Mit seiner selbstbewußten Haltung und dem gelassenen Blick gleicht das Modell eher einer Ikone als dem Protagonisten in einer sozialen Transaktion. Ebenso sehr Typ wie Individuum steht er nicht nur für seine Schicht - das erbliche Patriziertum - sondern auch für sich selbst.

In der ersten Hälfte des 16. Jahrhunderts wurden die venezianischen Bildnisse lebendiger, wenn auch nicht weniger distanziert. Eine komplexe psychologische Dimension zeigt sich bereits in Lorenzo Lottos Bildnis eines *Jünglings vor weißem Vorhang* (Abb. 105). Der Dargestellte schaut den Betrachter auf eine Art an, die der

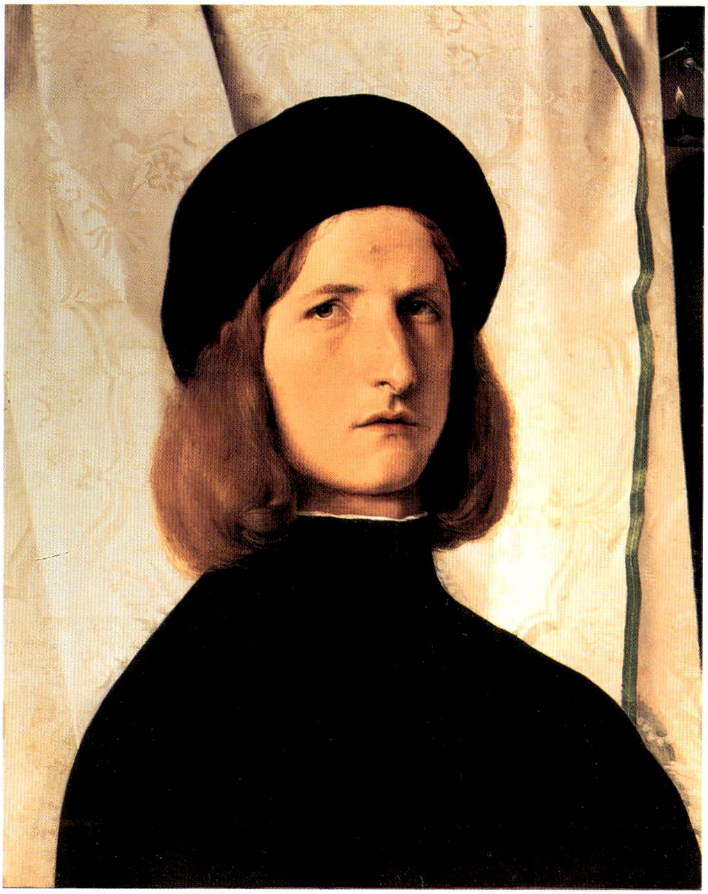

105 Lorenzo Lotto
Bildnis eines jungen Mannes, 1506–08. Öl auf Holz, 42,3 x 53,3 cm. Kunsthistorisches Museum, Wien.

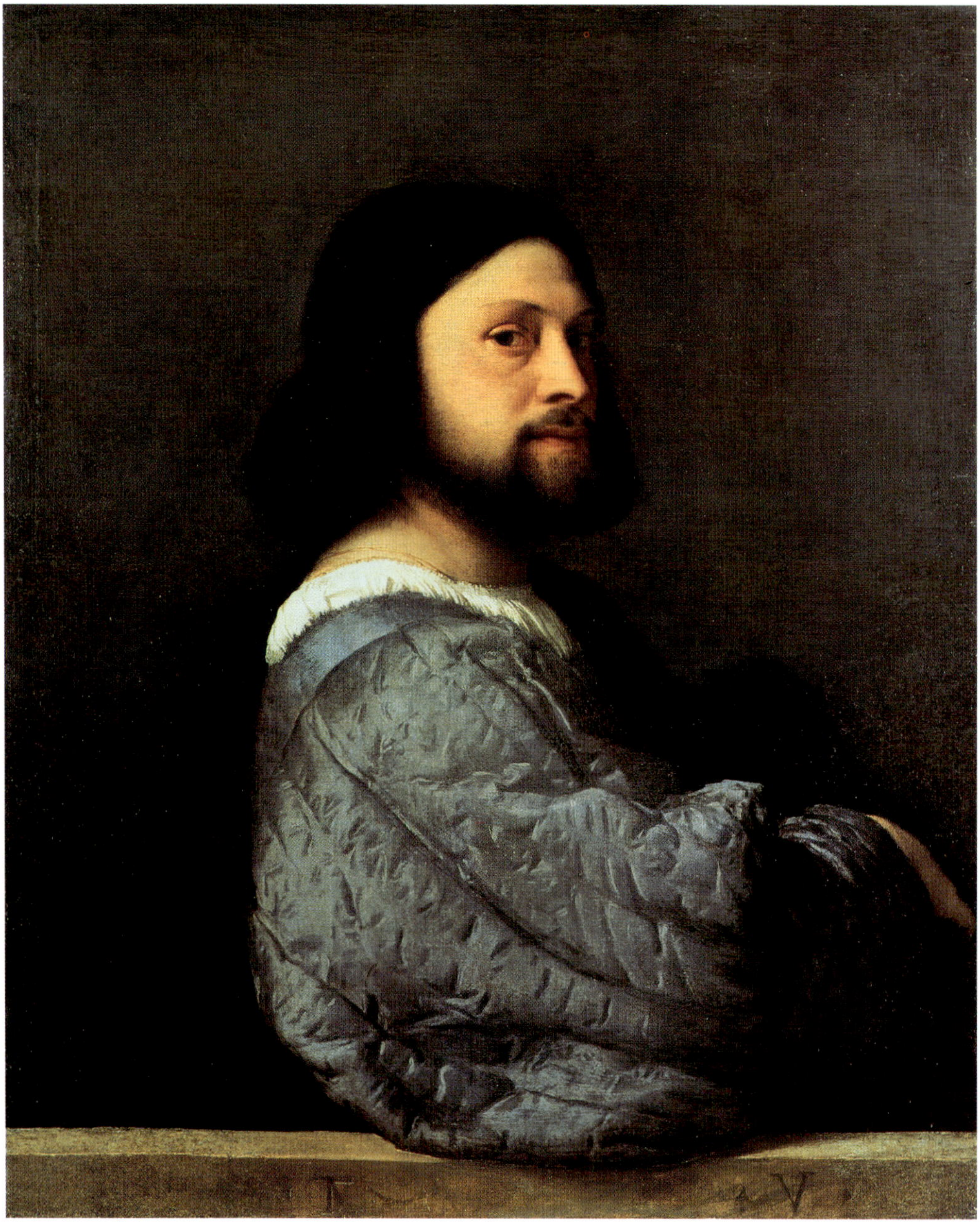

106 Tizian
Porträt eines Mannes in Blau, um 1512. Öl auf Leinwand, 81,2 x 66,3 cm. National Gallery, London.

beherrschte *Junge Senator,* der eine Generation zuvor porträtiert wurde, wahrscheinlich als unschicklich betrachtet hätte. Seine Lippen sind geöffnet, als wolle er gerade etwas sagen, und er schaut den Betrachter an, als erwarte er eine Antwort. Das Porträt bringt ein angespanntes Innenleben zum Ausdruck und suggeriert, daß aristokratische Haltung ihren Preis hat. In der exakten Wiedergabe des Stofflichen, die charakteristisch für nordeuropäische Kunst ist, zeigt das Gemälde eine gewisse Verwandtschaft mit Dürer und wurde vermutlich kurz nach dessen Aufenthalt in Venedig 1506 gemalt. Lotto behält das von Bellini eingesetzte Format der Halbfigur bei, ersetzt den neutralen blauen Hintergrund aber durch einen feinen weißen, grün eingefaßten Damastvorhang. Der Vorhang ist mehr als nur Hintergrund und spielt in dem Gemälde eine expressive Rolle, denn mit den drei vertikalen Diagonalen verankert er die Figur im Raum, erlaubt ihr aber gleichzeitig, sich darin zu bewegen. Die formale Spannung zwischen dem Modell und seiner Umgebung verstärkt die Wirkungs dieses psychologischen Porträt. Lotto fügt ihm mit dem brennenden Öllämpchen in der oberen rechten Bildhälfte noch eine intellektuelle Komponente hinzu. Als traditionelles Symbol der Vergänglichkeit verweist die Flamme auch auf Unsicherheit und einen unruhigen Geist.

Die Porträtformate wurden im Laufe der Zeit größer. Lottos *Jüngling* war zweimal so groß wie Bellinis *Junger Senator.* Tizian vergrößerte in seinem *Bildnis eines Mannes (sog. Ariost),* das er nur einige Jahre später malte, den Bildraum ein weiteres Mal (Abb. 106). Auch er folgt Bellinis Beispiel und stellt eine Halbfigur hinter eine Brüstung. Dieses Element hat aufgrund seiner formalen Nützlichkeit Bestand, liefert es doch eine Basis für die Figur, definiert die vordere Bildfläche und trennt den Porträtierten vom Betrachter, während es zugleich von der fiktiven zur realen Welt überleitet. Durch den illusionistischen Effekt des wattierten blauen Seidenärmels scheint der Porträtierte in den Betrachterraum einzudringen, denn er geht leicht über die Brüstung hinaus und durchbricht damit die Grenze zwischen gemalter und realer Welt. Der Betrachter erfährt eine noch deutlichere Anerkennung, denn der Porträtierte schaut uns aus den Augenwinkeln entwaffnend und durchdringend an, seine Persönlichkeit mit einer herausfordernden Zuversicht zum Ausdruck bringend. Es besteht kein Zweifel, daß es sich hier um ein bestimmtes Individuum handelt, das zu einem bestimmten Zeitpunkt erfaßt ist.

Man fragt sich unweigerlich, wer dieser Mann sei. Die in die Brüstung geritzten Initialen T. V. markieren vielleicht nur die Signatur des Künstlers und stehen für Tiziano Vecellio, so wurde vermutet, daß es sich um ein Selbstporträt des jungen Künstlers handeln könnte. Angesichts der Ähnlichkeit mit Tizians späteren Selbstbildnissen ist dies nicht unwahrscheinlich, aber eben gesichert. Die eingeschriebenen Buchstaben sind klassische Typen. Antiquitätenhändler der Renaissance hatten schon lange Inschriften römischer Monumente kopiert, und Tizians Epigraph ist eindeutig von dieser Praxis inspiriert. Damit unterstrich er auch subtil die

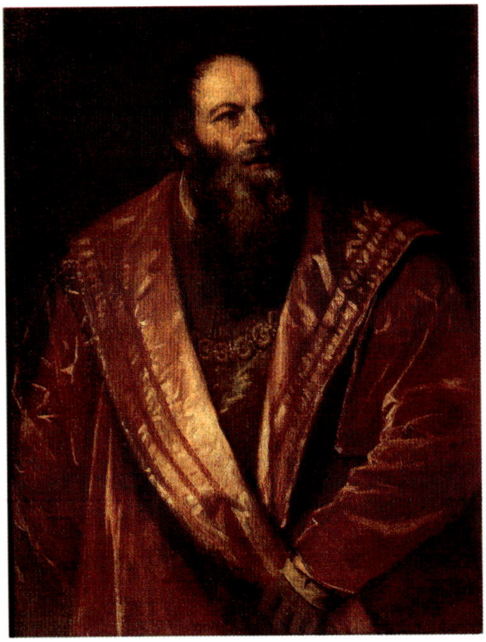

107 Tizian
Bildnis des Pietro Aretino, um 1545. Öl auf Leinwand, 98 x 78 cm. Palazzo Pitti, Florenz.

Überlegenheit der Malerei über die Skulptur – damals ein verbreitetes Diskussionsthema – indem er seine Initialen in den Stein »gravierte«, sonst das Vorrecht des Bildhauers.

Im weiteren 16. Jahrhundert gewann ein aristokratisches und kultiviertes Auftreten im öffentlichen wie im privaten Leben immer mehr Aufmerksamkeit. Da die Erbmonarchie die zivilen Oligarchien ersetzt hatte und sich die politische Macht in den Händen einiger weniger konzentrierte, wurden die Verhaltensregeln immer strenger und die Umgangsformen strikter. Im republikanischen Venedig wurde 1506 ein Statut erlassen, das die Registrierung adliger Geburten verlangte, um die Reinheit des patrizischen Geblüts sicherzustellen, und 1526 wurde die Heirat zwischen Adligen und Bürgerlichen verboten, egal, wie wohlhabend letztere sein mochten. Die größere Individualität, die bereits in den Porträts von Giovanni Bellinis Nachfolgern erkennbar ist, scheint solche Veränderungen widerzuspiegeln. Adlige Modelle und solche, die nach nobler Lebensart strebten, befleißigten sich der *Sprezzatura,* eines nonchalanten Selbstbewußtseins und kleideten sich kostspieliger.

Tizians *Bildnis des Pietro Aretino* ist dafür anschauliches Beispiel (Abb. 107). Als Sohn eines Schuhmachers kam Aretino 1527 nach Venedig und wurde zum engsten Freund des Künstlers. Trotz seiner bescheidenen Herkunft bewegte er sich selbstbewußt in Patrizierkreisen, seine intellektuelle Brillanz und sein Witz verschafften ihm einen Namen an vielen Höfen Europas. Aretino war ein produktiver Schriftsteller und verfaßte Theaterstücke, Gedichte, Satiren, religiöse Erzählungen sowie Pornographie und pflegte eine ausgedehnte Korrespondenz. Bekannt für seine spitze Feder und nicht unter falscher Bescheidenheit leidend, nannte er sich die »Geißel der Fürsten«, denn er fand Gefallen daran, die nobelsten Häupter seiner Zeit zu umschmeicheln und zu verleumden.

Tizian porträtierte Aretino mit dem Einfühlungsvermögen enger Freundschaft. Der Künstler war schon länger zu einer umfassenderen Wiedergabe der Figur übergegangen, wobei nun meist die Hände die untere Bildbegrenzung boten. Aretinos imposante Gestalt wird durch den schweren Umhang betont, den er nach Art antiker Redner zusammenhält. Die V-Form des Kragens rahmt seinen Kopf und das bärtige Gesicht, so daß die Stoffmenge den Blick nicht von dem ablenkt, was Aretinos Ansicht nach wohl

Zentrum des Interesses war. Die Tatsache, daß er den Betrachter nicht direkt anschaut, ist Teil seiner Autorität. So ist auch er eher eine Präsenz als Beteiligter in einer sozialen Transaktion. Als Mann von Stand zeichnet er sich durch bewußte Bescheidenheit aus, und so ist die Aretino von Franz I., dem König von Frankreich, verliehene goldene Ehrenkette, weitgehend vom Umhang verdeckt.

Nachdem das Porträt vollendet war, übersandte Aretino es Cosimo I. de'Medici, dem Großherzog der Toskana, und pries in einem Begleitbrief den Naturalismus des Bildes: »Es atmet, sein Puls schlägt und sein Geist bewegt sich ebenso, wie ich es im richtigen Leben tue.« Zwar beklagte der Dichter, Tizian habe der Wiedergabe des kostbaren Umhangstoffes nicht genügend Aufmerksamkeit geschenkt, hielt das Gemälde aber trotzdem für »ein Wunder«.

Der Anstieg der standesbewußten Porträtmalerei reflektierte die tatsächlichen Veränderungen einer zunehmend hierarchischen Gesellschaft. Schon zu Giovanni Bellinis Zeit galten Porträts als Statussymbole der Oberschicht. Mitte des 16. Jahrhunderts ließen sich dann auch Händler und Handwerker malen, was Aretinos spitzer Feder nicht entging. Seine eigene Herkunft übersehend, schrieb er :»Es ist die Schande unserer Zeit, daß sie gemalte Porträts selbst von Schneidern und Metzgern toleriert.« Inventarlisten unterstützen seine Behauptung und führen auch in Handwerkerhäusern zahlreiche Porträts auf. Trotz außergewöhnlicher Errungenschaften von Künstlern am exponiertesten Ende des Markts, waren die Porträts demokratischer geworden.

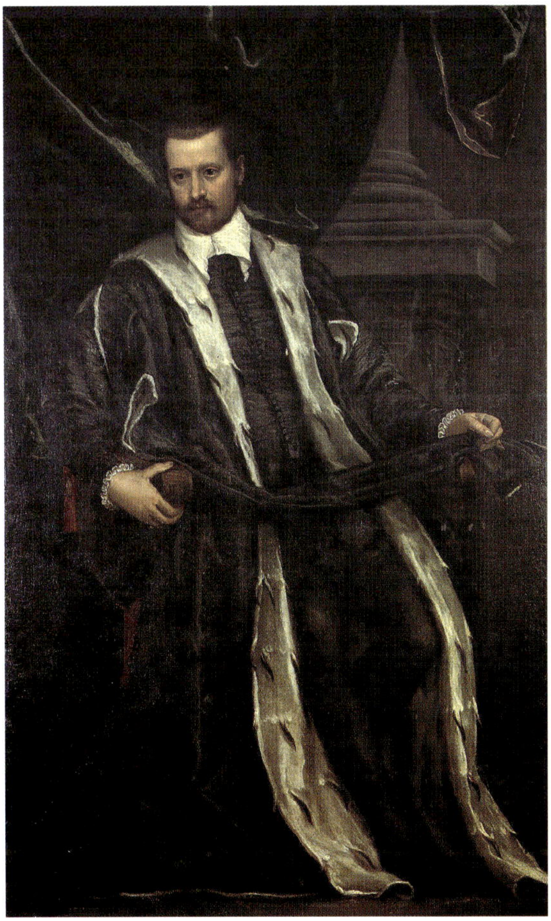

108 Paolo Veronese
Porträt eines Mitglieds der Familie Soranzo, um 1570. Öl auf Leinwand, 180 x 110 cm. The Earl of Harewood, Leeds.

Die soziale Hierarchie

In dem Maße, wie Porträts zum Allgemeingut wurden, entwickelten sich auch die künstlerischen Möglichkeiten, Auftraggeber der Oberschicht von denen der niederen Stände zu unterscheiden. Große Formate waren bereits Zeichen des Wohlstands, ein Faktor, der den

Trend zu immer größeren Leinwänden bestimmte. Veroneses *Porträt eines Mitglieds der Familie Soranzo* (Ab. 108) ist fast dreimal so groß wie Tizians Bild *Pietro Aretino,* das etwa 30 Jahre zuvor gemalt wurde. Ebenso bezeichnend ist Veroneses Porträt von Soranzo als Ganzfigur, der in einem thronartigen Stuhl sitzt. Die Komposition gehört zu den Papst- und Herrscherporträts, Tizian hatte bereits Kaiser Karl V. und Papst Paul III. auf diese Art dargestellt. In einer Zeit, da Könige bequem saßen, während ihre Untertanen um sie herum standen oder sich verbeugten, entsteht durch diese Formel eine unmittelbare Hierarchie zwischen Modell und Betrachter. Die Tatsache, daß Veronese sie auf die Darstellung eines privaten Individuums anwandte, ist, auch wenn es sich um einen venezianischen Patrizier handelte, ein aussagekräftiger Hinweis auf dessen gesellschaftliche Stellung. Der massive Säulenfuß und der Wandbehang hinter ihm sind ebenfalls Attribute eines herrschaftlichen Heims. Zwar ist der Umhang des edlen Soranzo dunkel, doch sein Stoff ist von erlesener Qualität. Die prunkvolle *Zimara* – eine bodenlange Tunika, die zu Hause getragen wurde – ist mit kostbarem Hermelin besetzt, ein weiteres Zeichen des noblen Rangs. Für den Pelzbesatz stand der Hermelin an der Spitze einer Hierarchie von Pelzen, gefolgt von Marder, Iltis und Luchs. Während die Mittelschicht Eichhörnchen, Wolf und geschorenes schwarzes Schaf trug, blieb für die unteren Stände das Fell von Kaninchen, Katzen oder Hunden. Die schwarze, in der Öffentlichkeit über der Schulter getragene Stola ist über die Stuhllehnen gebreitet und Soranzos informelle Haltung, zeugt vor den Insignien eines luxuriösen Lebens von nonchalanter Gelassenheit.

Im Gegensatz dazu sind die drei Ratsherren in Jacopo und Domenico Tintorettos *S. Giustina und die Stadtkämmerer* in ihren offiziellen Roben dargestellt (Abb. 109). Sie sind aus rotem Samt gefertigt und mit Luchs besetzt, ein nicht so teurer Pelz wie Hermelin, aber ebenfalls von Patriziern bevorzugt. Diese Komposition liefert eine anschauliche Illustration der Beziehung zwischen Patriziern und Cittadini. Im Vordergrund stehen die drei adligen Senatoren unter dem schützenden Mantel der heiligen Giustina, der Beschützerin Venedigs in der Schlacht von Lepanto. Ihre Wappen mit Initialen in der rechten unteren Ecke weisen sie als Marco Giustiniani (Zustinian), Angelo Morosini und Alessandro Badoer aus, die alle 1580 im Großen Rat vertreten waren, dem Datum, das auch in der Signatur des Gemäldes erscheint. Hinter den Ratsherren stehen ihre Cittadino-Sekretäre, in dezentes Schwarz gekleidet. Zwar werden sie als Individuen dargestellt und ihre Gesichter unterscheiden sich voneinander, doch sind sie weder namentlich noch durch ein Emblem identifiziert. Ihre persönliche

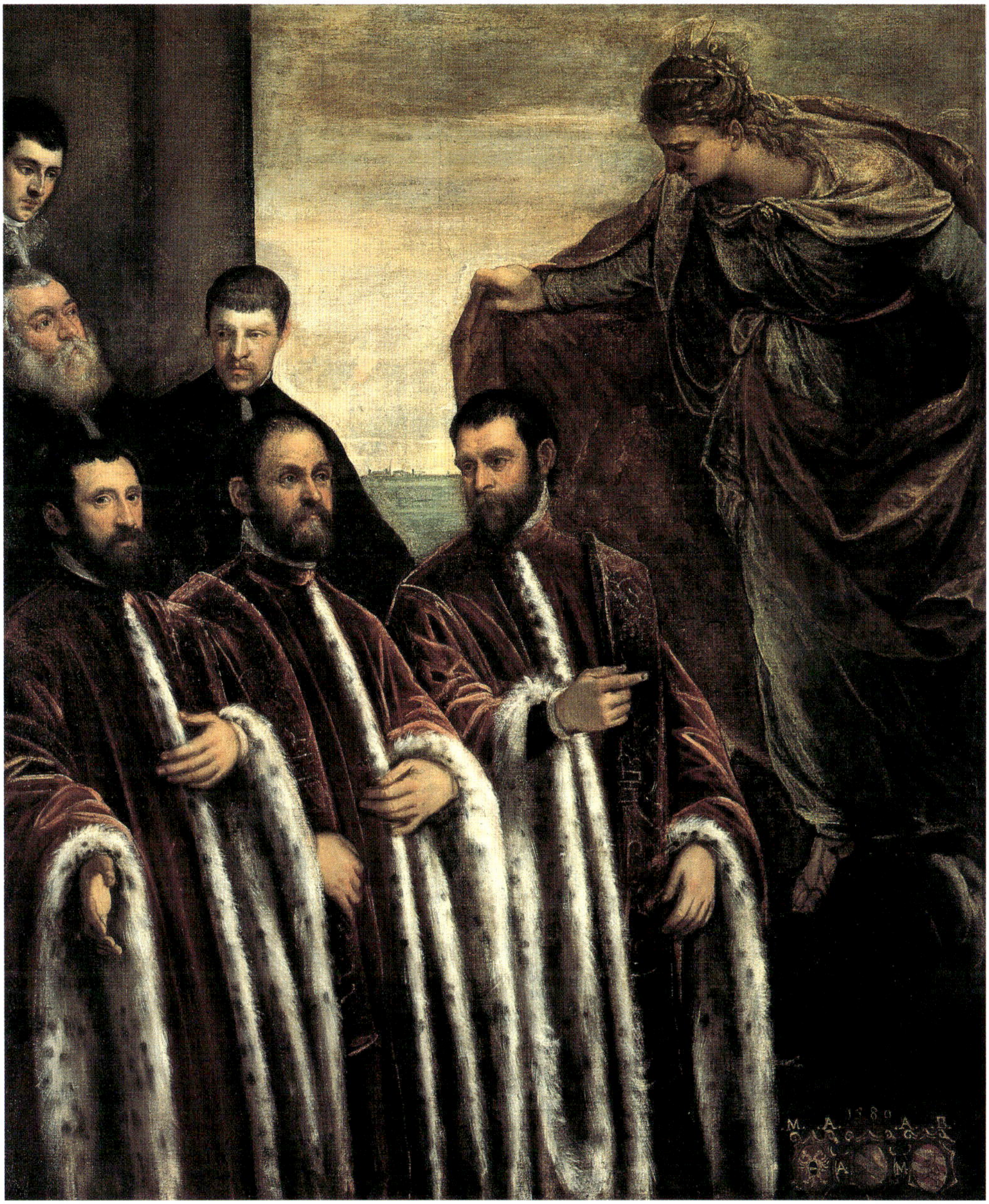

109 Jacopo und **Domenico Tintoretto**
S. Giustina und die Stadtkämmerer, 1580. Öl auf Leinwand, 220 x 180 cm. Museo Civico Correr (Dauerleihgabe der Gallerie dell'Accademia), Venedig.

Das Gemälde bildete ursprünglich ein Pendant zu *Der hl. Markus und die Kammerherren,* das sich heute in Berlin befindet. Die beiden Werke flankierten einst Carpaccios *Markuslöwen* im Palazzo dei Camerlenghi im Rialto.

110 Paris Bordone
Die Schachspieler, 1550–55. Öl auf Leinwand, 110 x 180 cm. Staatliche Museen zu Berlin – Preußischer Kulturbesitz.

Einige Schachfiguren fallen in den Schoß des Mannes auf der rechten Seite, ein Hinweis darauf, daß die Launen des Schicksals auch die stabilste Hierarchie umstoßen können.

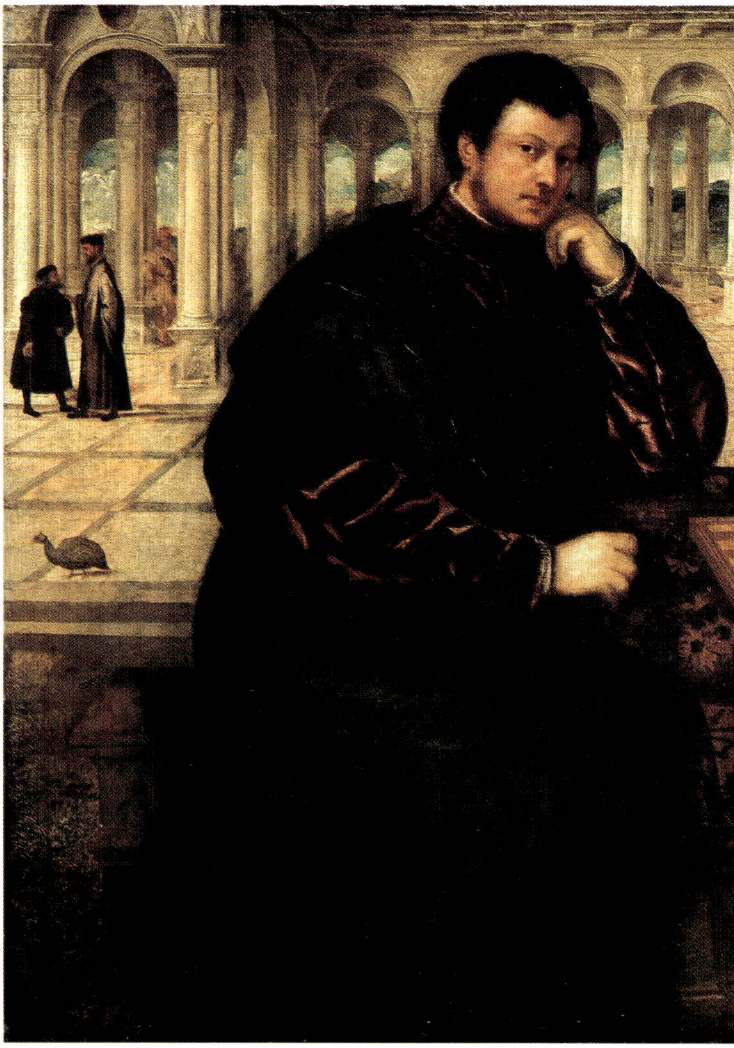

Identität ist nicht von Interesse. Als Angehörige der permanenten Bürokratie, die den reibungslosen Ablauf der Administration gewährleistete, während ihre adligen Arbeitgeber in den Ämtern rotierten, wurden die Sekretäre als wichtige, aber untergeordnete Mitglieder des Staatswesens in das Gemälde aufgenommen.

Paris Bordones *Die Schachspieler,* ein seltenes Doppelporträt, illustriert einen weiteren Aspekt des patrizischen Lebens (Abb. 110). Die Spieler sitzen im Garten eines Landsitzes, auch wenn die klassische Loggia im Hintergrund vermutlich eher Produkt der Künstlerphantasie als ein tatsächlich existierendes Gebäude gewesen sein mag. Zwei Männer unterhalten sich im Hintergrund links und in der Loggia ist ein Falkner zu erkennen. Unter einem Baum im

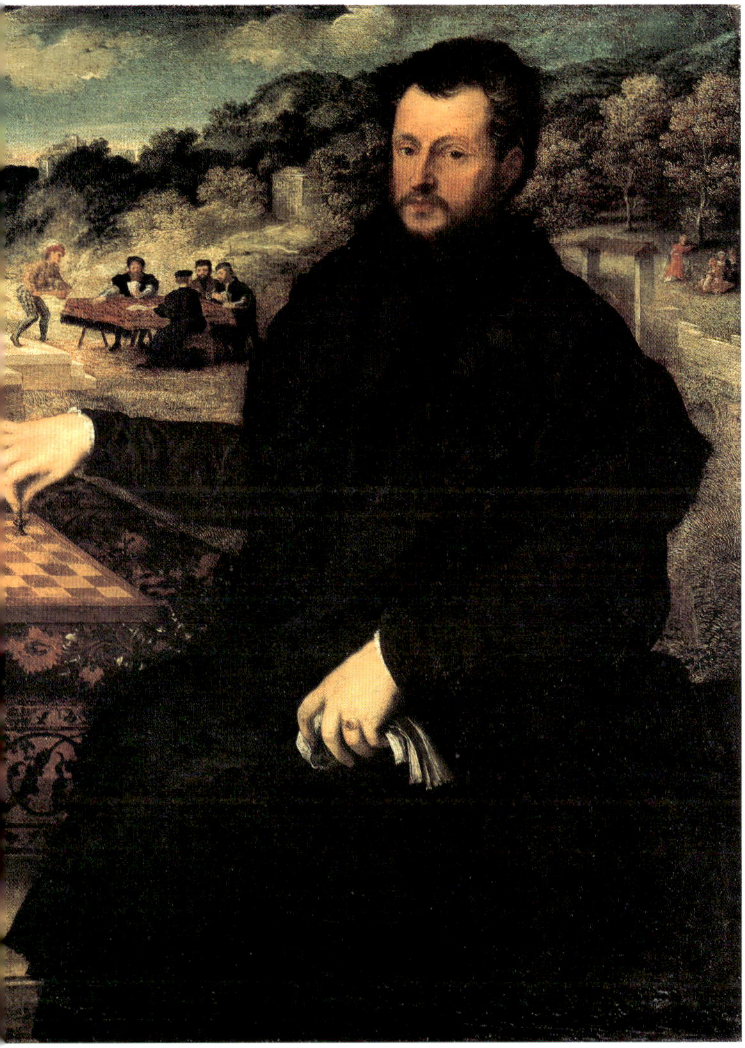

rechten Bildhintergrund sieht man eine Gruppe von vier Damen, die ebenfalls um ein Schachbrett versammelt sind, während an einem Tisch ganz in ihrer Nähe vier Männer Karten spielen, eine Aktivität, die eindeutig als niedere Form der Unterhaltung angesehen und häufig getadelt wurde. Die einfachste Lesart des Werks bestünde darin, es als Genreporträt zu definieren, das darauf abzielt, das Paar im Vordergrund bei einer aristokratischen Freizeitbeschäftigung zu zeigen, die den Geist schärft und dafür geschätzt wurde, die Langeweile zu vertreiben. Wegen der Kulisse unter freiem Himmel könnte es auch als ein eleganter Höhepunkt der Vorliebe für das Landleben zu Beginn des Jahrhunderts betrachtet werden.

Dennoch ist die Szene nicht so vom städtischen Leben getrennt, wie es auf den ersten Blick scheinen mag. Einer Interpretation zufolge könnte ein Schlüssel zum Verständnis des Bildes im »Libro di giuocho di scacci« liegen, der im 13. Jahrhundert von einem Dominikanermönch verfaßten Abhandlung über Schach. In Florenz 1493 und in Venedig 1534 gedruckt, war sie weit verbreitet und vermutlich Bordone oder seinem Auftraggeber bekannt. Dem Untertitel der florentinischen Ausgabe, »über die Gepflogenheiten der Männer und die Ämter der Adligen« ist in der venezianischen Edition ein Satz hinzugefügt: »Ein neues Werk, das von der wahren Regierung von Männern und Frauen jeden Ranges, Standes und jeder Schicht lehrt.« In dieser Abhandlung wird das Schachspiel als politische Allegorie des zivilen Lebens präsentiert und das Schachbrett ist eine Metapher des wohlgeordneten Staates, in dem jede Figur ihre Rolle und ihren Platz hat. An der Spitze der Hierarchie stehen die »edlen Schachfiguren« König, Dame und Springer, die für sich selbst stehen; zu ihnen gehören die Türme als »Pfarrer des Königs« und die Läufer als Richter und Assessoren. Auf diese obere Schicht folgen die »gewöhnlichen Schachfiguren« oder Bauern, welche die populären Klassen von Notaren und Ärzten bis zu Tavernenwirten und Arbeitern repräsentieren. Die Anordnung der Figuren auf dem Brett unterstreicht die wechselseitige Abhängigkeit der Aufgaben: »Es sollte bekannt sein, daß die Bürgerlichen vor den Adligen stehen, weil die Bürgerlichen in gewisser Weise die Krone des Adels sind.«

In Bordones Gemälde hält der bärtige Spieler einen Turm und ist dabei, den jüngeren Spieler, wahrscheinlich sein Sohn, schachmatt zu setzen. Damit unterweist er ihn in seiner Rolle der »wahren Regierung von Männern und Frauen jeden Ranges, Standes und jeder Schicht«. Folgt man dieser Argumentation, sind die Figuren im Hintergrund mehr als nur Statisten in einem Porträt des gehobenen Lebensstils. Sie stellen vielmehr den angenehmen Müßiggang dar, den der junge Mann aufgeben sollte, wenn er ein öffentliches Amt antritt, die vorherbestimmte Rolle eines jeden erwachsenen Patriziers in Venedig.

Das Ideal der Weiblichkeit

In der Renaissance hatten Frauen in Venedig nur als Zierde der Stadt einen Platz im öffentlichen Leben. Bei den meisten zeremoniellen Anlässen waren sie Teil des Spektakels, jedoch in erster Linie als Begleiterinnen vornehmer Gäste oder als Zuschauerinnen in den Fenstern des Piano nobile. Sie waren stets sowohl Subjekt als auch Objekt, denn sie gehörten zwar zur Menge der Zuschauer, die für jedes zeremonielle Ereignis notwendig waren, aber sie waren auch sichtbare Ornamente. Sanudo schrieb: »Die Frauen sind wirklich von großer Schönheit, sie schreiten mit Pomp einher. Und wenn eine große Damen nach Venedig kommt, machen sie ihr mit 130 und mehr Frauen gemeinsam ihre Aufwartung, alle geschmückt mit den kostbarsten Juwelen.« Die Eleganz der Kleidung und die Kostbarkeit ihrer Juwelen waren nicht nur sichtbare Zeichen des individuellen Wohlstands ihrer Ehemänner, sondern wurden auch als Embleme des Reichtums und der Macht von Venedig aufgefaßt.

Gemalte Frauenporträts entwickelten sich auf die gleiche Art wie die von Männern. Lottos *Bildnis einer Dame* ist ein Höhepunkt der Quattrocento-Tradition veristischer, »topographischer« Porträtmalerei, die danach strebte, die Züge eines Individuums zu »vermessen.« (Abb. 103, S. 143). Bei dem Modell mit rotbraunem Haar, das zurückgekämmt und mit einem Haarnetz gehalten ist, handelt es sich wahrscheinlich um eine verheiratete Frau von untadeligem Ruf – eine veritable Ikone der tugendhaften Matrone. Ihr direkter Blick zeugt von mangelnder Arglist, und der Schleier, der die Schultern ihres, nach damaliger Mode tief ausgeschnittenen Kleides bedeckt, weist auf ihre Bescheidenheit hin. Der dunkle Hintergrund läßt sie hervortreten, und sie wendet sich dem männlichen oder weiblichen Betrachter in einem visuellen Dialog als gleichwertiger Teilnehmer zu, der nichts zu verbergen hat.

Mit Giorgiones *Laura,* die etwa zur gleichen Zeit gemalt wurde, tritt das individuelle Frauenporträt in Venedig in eine neue Phase ein. Der Betrachter ist jetzt mehr von der Flüchtigkeit und Sinnlichkeit des weiblichen Modells und weniger von ihrem aufrichtigen und offenen Charakter eingenommen (Abb. 111). Die Dargestellte repräsentiert ein neues weibliches Schönheitsideal. Seit dem 17. Jahrhundert war sie wegen der Lorbeerzweige im Hintergrund mit der Geliebten Petrarcas, der tugendhaften Laura de Dianti identifiziert worden, aber in jüngerer Zeit vertraten viele Kunsthistoriker die Ansicht, ihre nackte Brust sei nicht ein Zeichen der Tugend, sondern der Schamlosigkeit und es müsse sich bei ihr um eine der Kurtisanen handeln, für die Venedig so berühmt war. Einer vor kurzem durchgeführten Untersuchung zufolge ist die Debatte über Lauras Beruf – oder das Fehlen eines solchen – irrelevant und es geht nicht darum, wer oder was diese Frau war, sondern wie sie dargestellt wurde. Laura umfaßt das Revers ihres Mantels, aber die Richtung ihrer Geste ist mehrdeutig. Es ist unklar, ob sie sich bedeckt oder entblößt, sicher aber besitzt sie die Kontrolle und bestimmt, inwieweit der Betrachter Zugang hat.

111 Giorgione
Laura, 1506. Öl auf Leinwand über Holz, 41 x 33,5 cm. Kunsthistorisches Museum, Wien.

Der einzige Hinweis auf den Auftraggeber des Werkes ist eine Inschrift auf der Rückseite. Sie besagt, daß Giorgione das Gemälde am 1. Juni 1506 vollendet und für einen »Messer Giacomo« gemalt hat, über den jedoch nichts Näheres bekannt ist.

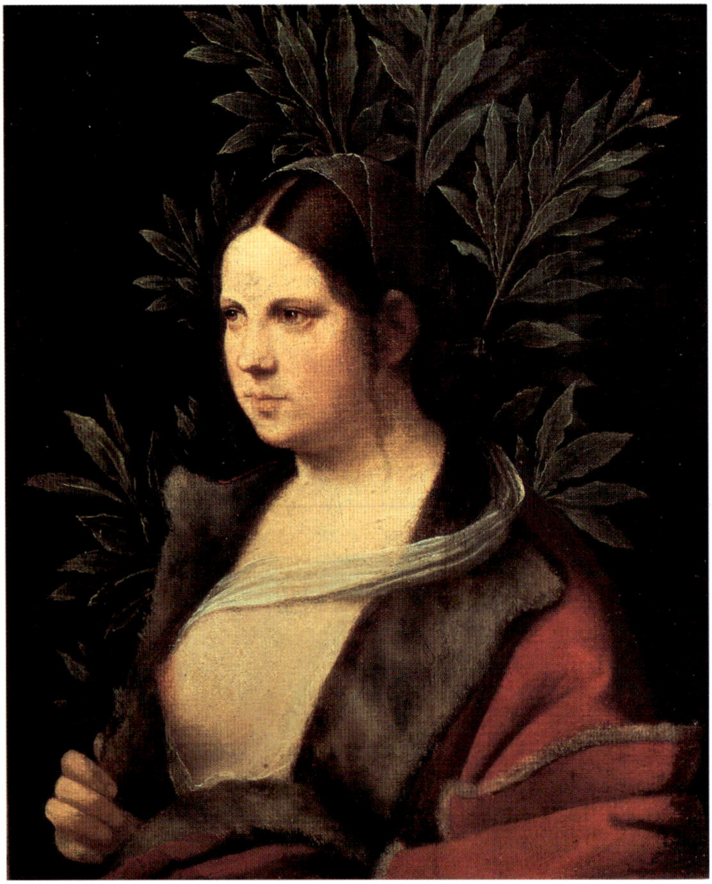

hat. Bei dem Mantel handelt es sich um ein männliches Kleidungsstück, denn Frauen trugen Umhänge oder Schals. Der Künstler hat so einen Gegensatz zwischen dem nackten weiblichen Körper und einem männlichen Straßenkleid hergestellt – eine subtile Erotisierung auf der Grundlage bewußter Ambiguität.

Die Lorbeerzweige sind sicher eine Metapher, aber ihre Bedeutung ist nicht eindeutig. Sie könnten sich auf den Namen des Modells [lat. laurus = Lorbeer] bezogen haben, aber Lorbeer wurde auch in einem weiteren Sinn mit Dichtern und Poesie assoziiert. Petrarcas Laura war seine eigene Schöpfung und der Lorbeer Emblem seines dichterischen Genius. Ob Giorgiones Modell Gedichte schrieb, ist nicht bekannt, aber ihre Geste könnte eine Metapher für die Aktivität des Dichters sein, da auch er sich gleichzeitig versteckt und offenbart. Aber Selbstoffenbarung, ob nun körperlicher oder geistiger Art, galt für eine Frau nicht als schicklich. Lauras zweideutige Geste – gleichsam bedrohlich und aufreizend – war gewiß an den männlichen Betrachter gerichtete

Geste der Verführung. Das Nebeneinander von Strukturen steigert das Gefühl ihrer körperlichen Präsenz, die weiche Brust wird vom Pelzkragen des Mantels gestreichelt und von einem dünnen Schleier umhüllt. Ihr Haar ist streng zurückgekämmt, aber ein paar Strähnen haben sich gelöst. Die visuelle Botschaft dieses Werks wird durch ein Spiel mit Ambiguitäten und Widersprüchen bestimmt. Damit hätte es traditionelle Ansichten über das weibliche Verhalten in Frage gestellt. Frauen wurden lange Zeit nach dem einzigen Kriterium beurteilt, das Ludovico Dolce so formulierte: »Bei einer Frau sucht man nicht nach profunder Eloquenz, subtiler Intelligenz, exquisiter Klugheit, einer Begabung für das Leben, die Verwaltung der Republik oder der Justiz oder nach etwas anderem außer Keuschheit.« Zumindest theoretisch gab es keinen Raum für Doppeldeutigkeiten. Aber einige Frauen dieser Zeit entdeckten für sich eine neue Rolle, die der Kurtisane. Unverheiratet, meist gut erzogen, belesen und musikalisch begabt, begannen Kurtisanen, sich an den öffentlichen Orten Venedigs frei zu bewegen, während ehrbare Frauen weiterhin das Leben von den Fenstern des Piano nobile ihres Familenpalastes aus verfolgten. Als Giorgione Laura malte, gab es in der Stadt schätzungsweise 10 000 Kurtisanen – etwa zehn Prozent der Bevölkerung. Das Beunruhigende an der Kurtisane war weniger ihre sexuelle Moral als ihre Autonomie und Unabhängigkeit. So könnte Giorgiones Porträt auch eine inspirierte Antwort auf die Ambiguität des neuen Frauentyps gewesen sein, die weder Dame noch gewöhnliche Prostituierte war. Man wird an die Rolle der Kunst erinnert, zwischen den idealen und realen Verhältnissen, zwischen traditionellen Einstellungen und neuen gesellschaftlichen Kategorien zu vermitteln.

Giorgione ebnete den Weg für ein neues Genre von Frauenporträts, in dem die Identität des Modells gleichermaßen ungewiß war. Mit seiner *Büste einer jungen Frau* übertrug der Bildhauer Simone Bianco (erwähnt 1512–nach 1553) dieses Konzept in Marmor. Ein empfindliches Gleichgewicht zwischen Ideal und Eigenart herstellend, übernahm er den Klassizismus von Giorgiones Malerei. Durch die kunstvolle Bearbeitung des Marmors erscheint die Haut weich und geschmeidig, das Unterkleid hauchdünn. Ein Spiel zwischen antiken Motiven und den Moden der Gegenwart läßt sich erkennen, indem die klassische Nacktheit vermutlich den Grund für die

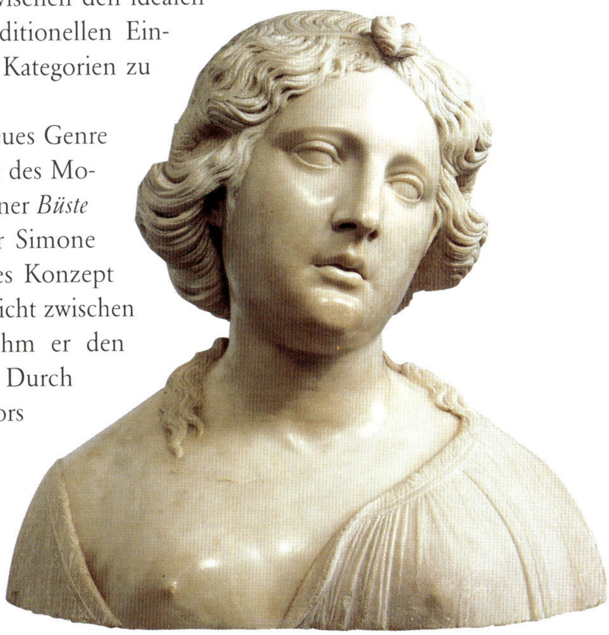

112 Simone Bianco
Büste einer jungen Frau, frühes 16. Jh. Marmor, Höhe 43 cm. Skulpturengalerie, Berlin-Dahlem.

Der Ausdruck des Modells ist Tullio Lombardos skulptierten Frauenbildnissen der 1490er Jahre entlehnt. Bianco schuf eine Reihe von Porträtbüsten in Marmor oder Bronze. Die Marmorbüsten waren stets in antike Togen gekleidet.

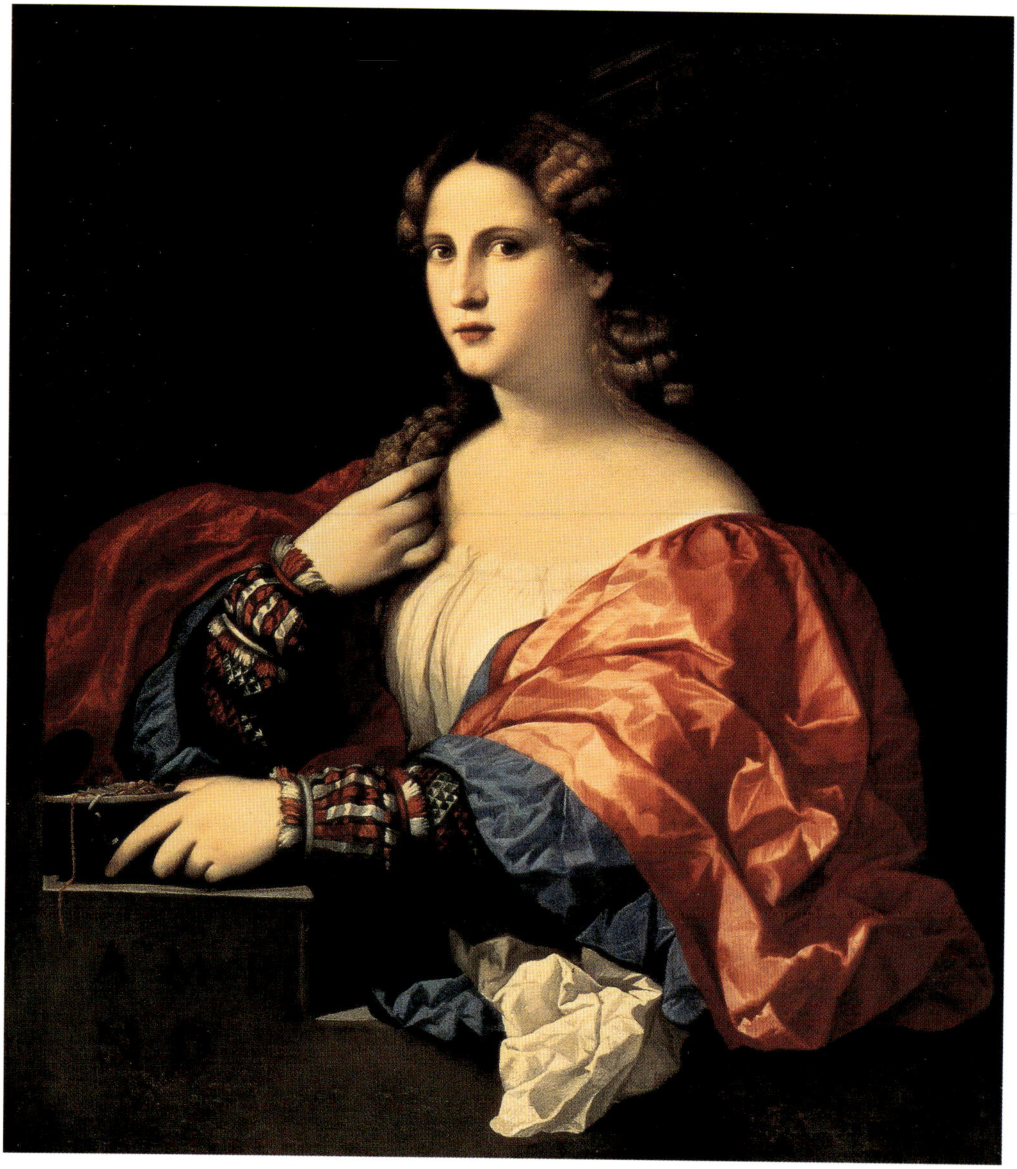

113 Palma Vecchio
Porträt einer Dame (La Bella), um 1520.
Öl auf Leinwand, 95 x 80 cm.
Fundación Colección Thyssen-Bornemisza, Madrid.

Das Gemälde wurde einst Tizian zugeschrieben, aufgrund der Ähnlichkeit des Modells mit der prächtig gekleideten Figur in seinem Gemälde *Die irdische und die himmlische Liebe,* stilistisch aber entspricht es Palma. Die Initialen auf der Brüstung, AM.B/N D, konnten nicht entschlüsselt werden.

entblößte Brust des Mädchens bot, ihr Unterkleid ist indes zeitgenössisch venezianisch. Trotzdem ist die Dargestellte eher passives Schaustück als eine unabhängige Präsenz und spielt keine aktive Rolle bei ihrer Selbstdarstellung.

Palma Vecchios *Porträt einer Dame*, heute als *La Bella* bekannt, ist noch schwieriger einzuordnen (Abb. 113). Man könnte sich fragen, ob es sich hier um das Porträt eines empfindungsfähigen Wesens oder um ein Abbild idealer Weiblichkeit handelt. *La Bellas* makellose weiße Haut und ihre feinen Züge werden durch das kunstvolle Arrangement des dunkelgoldenen Haares vervollkommnet. Da sie mit einer Hand die Locken berührt und mit der anderen nach einer mit Juwelen gefüllten Schatulle greift, könnte sie auch als Vanitasfigur betrachtet werden, eine Allegorie der Eitelkeit. Ähnlich wie bei Laura läßt sich die Ehrbarkeit von *La Bella* nicht genau ausmachen. Sie ist zwar in einen prächtigen, voluminösen Umhang gehüllt, aber er ist heruntergezogen und zeigt ihr Unterkleid. Vergleicht man sie mit Lottos *Porträt einer Dame* scheint sie leichter zugänglich zu sein. Obwohl sie hinter einer Brüstung steht, lädt sie zu eingehender Betrachtung ein. Auch sie schaut den Betrachter an, jedoch aus einem Winkel, der die Intensität ihres Blicks mindert. Ihr Mund ist leicht geöffnet, als wolle sie dem Betrachter antworten. Wie Giorgione spricht Palma das Taktile durch eine exakte Wiedergabe des Stofflichen an – das weiche Haar, das dünne Unterkleid, der weite Umhang, die stark wattierten Ärmel, die harte Kante der Brüstung. Ein großer Teil der erotischen Kraft dieses Werks liegt in seiner Beherrschtheit. In ihrem Blick liegt Intelligenz, und Palma bewahrt das Gleichgewicht zwischen Suggestion und Aufforderung. Wie Giorgiones *Laura* könnte auch Palmas Modell eine Kurtisane gewesen sein. Die vermutlich beabsichtigte Doppeldeutigkeit bleibt bestehen. Eine ähnliche Ungewißheit zeigt sich in vielen von Tizians Frauenporträts, etwa bei seiner *Dame im blauen Kleid*, ebenfalls als *La Bella* bekannt (Abb. 114). Ihre Kleidung und Haltung sind charakteristisch für die nun zunehmende Förmlichkeit des venezianischen

114 Tizian
Dame im blauen Kleid (La Bella), 1536. Öl auf Leinwand, 100 x 75 cm. Palazzo Pitti, Florenz.

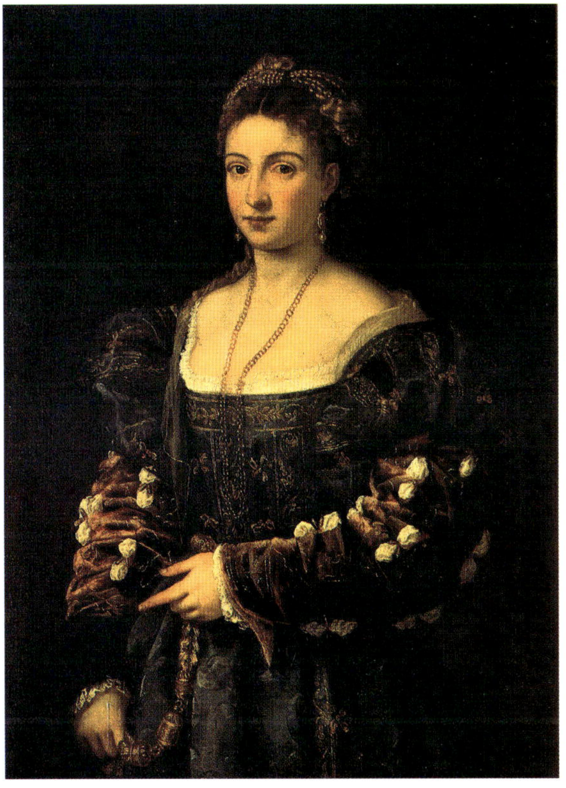

Lebens nur eine Generation nach Palmas *La Bella*. Geschmückt mit einer schlichten goldenen Halskette und in ein schweres Kleid aus blaugrünem Satin gehüllt, das ihre Brust zusammenpreßt, mag die Dargestellte als Inbegriff der aristokratischen Züchtigkeit erschienen sein und war vielleicht die Ehefrau eines Adligen. Aber die Fakten legen eine andere Deutung nahe. Dieselbe Frau scheint das Modell für verschiedene weibliche Akte in Tizians Gemälden gewesen zu sein, und dieses Porträt befand sich in seinem Atelier, als Francesco della Rovere, der Herzog von Urbino, seinem Agenten in Venedig schrieb und ihn bat, »das Bildnis der Dame im blauen Kleid« zu kaufen. Der Brief liefert Hinweise auf den damaligen Stellenwert solcher Gemälde schöner Frauen. Die Tatsache, daß sich die Leinwand im Atelier des Künstlers befand und zu verkaufen war sowie die implizite Bestätigung des Herzogs, daß ihm die Identität des Modells nicht bekannt war und ihn auch nicht interessierte, lassen vermuten, daß sie nicht als Porträt eines bestimmten Individuums in Auftrag gegeben wurde. Zudem scheint das prächtige Kleid für den Kunden ebenso wichtig gewesen zu sein wie das Modell selbst. Vermutlich wurden solche Gemälde als Objekte der Kontemplation geschaffen. Es waren keine Porträts im modernen Sinne, also visuelle Erinnerungen an eine bestimmte Person, sondern Bildnisse konzeptueller Art, auch wenn sie die Züge einer wirklich existierenden Frau aufwiesen. Neuplatonische Ideen, die von dem venezianischen Dichter Pietro Bembo und auch im vierten Buch von »Der Höfling« des Baldesar Castiglione formuliert wurden, lieferten eine Grundlage für die Wertschätzung solcher Bildnisse: »Auf der Leiter, die das Bild der sinnlichen Schönheit auf ihrer untersten Sprosse trägt, wollen wir zu der luftigen Villa hinaufsteigen, wo himmlische, liebliche und echte Schönheit wohnt, die sich in den geheimsten inneren Winkeln des Göttlichen verbirgt, so daß profane Augen sie nicht zu erkennen vermögen.«

Der Kult der Familie

Wie sehr die Kurtisanen im öffentlichen Leben der Lagunenstadt auch präsent gewesen sein mögen, das Schicksal der meisten Frauen war es, Ehefrau und Mutter zu werden oder in ein Kloster zu gehen. Da die Familie die grundlegende Einheit des gesellschaftlichen Lebens bildete, diente die Porträtmalerei auch dazu, familiäre Beziehungen abzubilden.

Die Freschi waren eine angesehene Cittadino-Familie, deren männliche Mitglieder wichtige Positionen in der Staatsbürokratie

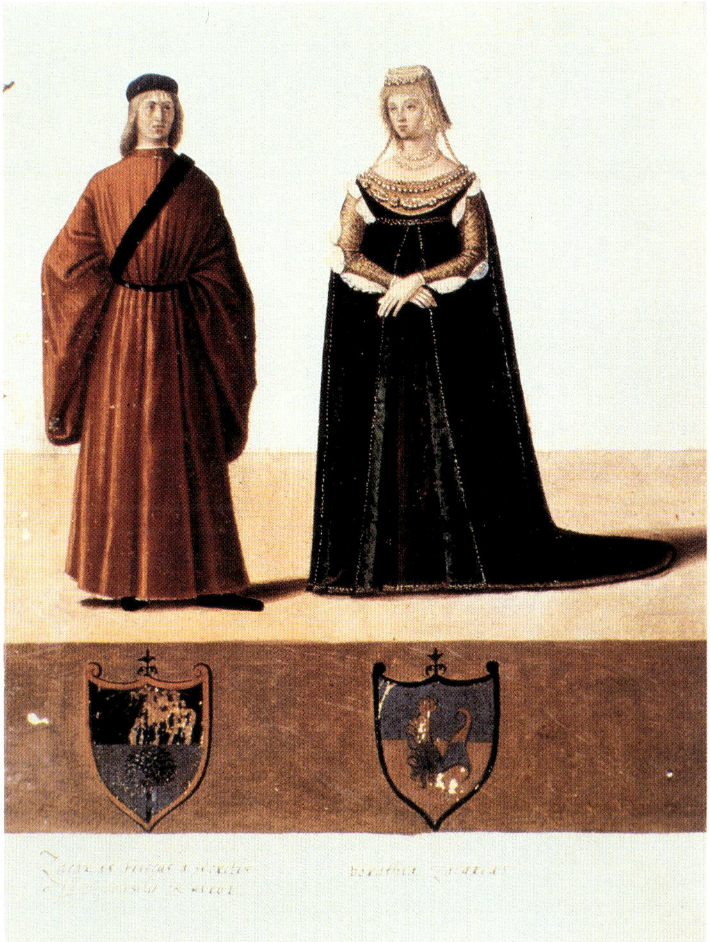

115 *Zaccaria Freschi und Dorothea Zaccaria,* aus: *Cronaca di famiglia Freschi,* um 1500. Illuminiertes Manuskript. Biblioteca Nazionale Marciana, Venedig.

Dorothea starb im Jahre 1500 bei der Geburt ihres zehnten Kindes, ein tragisches Ereignis, das in der Familienchronik festgehalten wurde. Ihr vorzeitiger Tod, »sie war wohl zu dieser Zeit erst Mitte dreißig«, könnte Anlaß zu der Illumination des Manuskripts gegeben haben.

einnahmen. Im Laufe des 15. Jahrhunderts begannen sie mit der Aufstellung einer Chronik familiärer Ereignisse, in der Hochzeiten, Geburten, Taufen und Todesfälle; Mitgiftverträge und wichtige Karriereschritte festgehalten wurden. Um 1500 wurde das Pergamentmanuskript mit sechs Miniaturen illuminiert, visuelle Dokumente der Hochzeiten über drei Generationen. Zaccaria Freschi, dessen Vater und Großvater ebenfalls mit ihren Ehefrauen dargestellt wurden, erscheint neben Dorothea Zaccaria, die er 1486 in einer prunkvollen Hochzeit zur Frau nahm (Abb. 115). Die Tochter eines Admirals aus dem Arsenal, ein hohes Cittadino-Amt, brachte eine Mitgift von 850 Dukaten in die Ehe ein. Während ihr Mann Zaccaria das rote Gewand eines Sekretärs des Zehnerrats trägt, erinnern Dorotheas Kleid und Frisur an die *Zwei Venezianerinnen* in Carpaccios Gemälde (s. Abb. 94, S.131). Ehemann und Ehefrau sind mit dem Wappen ihrer Familien abgebildet, ein Hinweis

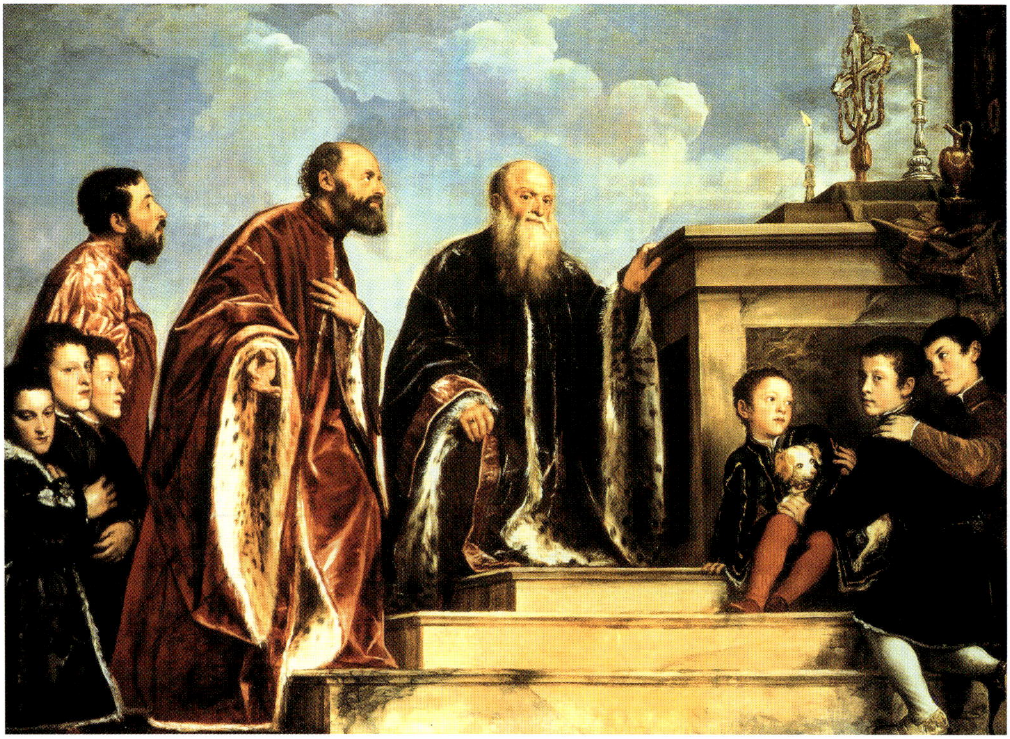

116 Tizian
Die Familie Vendramin vor der Kreuzreliquie, 1543–47. Öl auf Leinwand, 210 x 300 cm. National Gallery, London.

Hinter Andrea stehen sein ältester Sohn Leonardo, bereits ein bärtiger Zwanzigjähriger, als das Gemälde begonnen wurde, und Bartolo (15 Jahre), Francesco (14 Jahre) und Luca (13 Jahre). Die lebhafteren jüngeren Söhne befinden sich auf der gegenüberliegenden Seite vor dem Altar: Federigo (8 Jahre) mit einem Hund, Filippo (9 Jahre) und Giovanni (11Jahre).

darauf, daß eine Ehe die Verbindung von zwei Geschlechtern war. Durch die Heirat geht die Frau in der Genealogie ihres Mannes auf, während sie ihm Verbindungen zu den männlichen Mitglieder ihrer Familie bringt. Die Gleichstellung, die der Frau in der Chronik der Freschi gewährt wird, ist ungewöhnlich und erklärt sich vielleicht durch den Cittadino-Status der Familie. Der Stand der Patriziere hingegen wurde durch ein patriarchales System gesichert, das den Adel nur über die männliche Linie vererbte. Die Patrizier zeichneten ihre Stammbäume zwar sorgfältig auf, erwähnten jedoch meist nicht den Vornamen der Braut, die in die Familie einheiratete. In einer typischen patrizischen Genealogie wäre Dorothea nur als »Tochter des Antonio Zaccaria« aufgeführt worden.

Die zentrale Bedeutung der männlichen Linie für das Patriziat findet beredten Ausdruck in Tizians Gemälde *Die Familie Vendramin vor der Kreuzreliquie* (Abb. 116). Das Werk wurde in einer Inventarliste aufgeführt als »ein großes Bild, in dem das wundertätige, goldverzierte Kreuz und Ser Andrea Vendramin, seine sieben Söhne und Messer Gabriele Vendramin zu sehen sind, gemalt von der Hand des Ser Tizian«. Andrea und Gabriele waren Brüder, Nachkommen jenes Andrea Vendramin, der 1369 das Amt des Guardian Grande der Scuola di S. Giovanni Evangelista bekleidete, als die Bruderschaft die Reliquie des Heiligen Kreuzes von Philippe de Mezières erhalten hatte, dem Großkanzler von Zypern – ein hoher ziviler Beamter, der unter dem König der Insel diente. Dieser ältere Vendramin war auch bei einem der Wunder zugegen, für die die Kreuzreliquie berühmt werden sollte. Das Ereignis ist von Gentile Bellini in *Das Wunder der Kreuzreliquie am Kanal von S. Lorenzo* festgehalten (s. Abb. 82, S. 120). Tizians spätere Darstellung von Gabriele und Andrea Vendramin zusammen mit Andreas Söhnen in frommer Andacht vor der Kreuzreliquie bezieht sich daher implizit auf eine vornehme Familiengeschichte und die besondere Beziehung zum Göttlichen, welche die Vendramins über Jahrhunderte genossen.

Es ist bezeichnend, daß Andrea – die bärtige, in die rote Robe des Senators gekleidete Figur im Vordergrund – mit seinen sieben Söhnen, aber nicht mit seinen sieben Töchtern porträtiert ist, die in den Quellen erwähnt sind. Der weißbärtige Gabriele Vendramin nimmt den Ehrenplatz in der Mitte der Leinwand ein, auch wenn er in der Szene ein wenig im Hintergrund steht. Er war ein kultivierter Mann, der um sich die führenden Intellektuellen und Künstler der Stadt versammelte. Neben einer berühmten Kunstsammlung, zu der auch Giorgiones *Gewitter* und das Skizzenbuch von Jacopo Bellini gehörten, hatte er eine erlesene Sammlung von Antiquitäten, die er in einem *Camerino delle anticaglie* aufbewahrte.

Tizians Komposition ist eine meisterliche Lösung des Problems, nicht weniger als neun Figuren in einer Szene zu porträtieren und gleichzeitig deren individuellen Charakter zu bewahren. Mit Hilfe des traditionellen Schemas von Prozession und Ankunft, das lange für Votivgemälde verwendet worden war, ersetzt er die Heiligenfiguren, die an einer Seite abgebildet wurden, durch die Kreuzreliquie und verleiht der Komposition Rhythmus und Tiefe, indem er Gabriele in die Mitte stellt und die restlichen Figuren links und rechts vom ihm gruppiert. Die Farben sind sorgfältig arrangiert, um die gesamte Bildfläche zu einer Einheit zusammenzufügen. Vor den dominanten Tönen des zartblauen Himmels und des gelbbraunen Altars bieten Gabriele und seine sechs jüngeren, schwarz gekleideten Neffen einen stabilen Halt gegen den sich die roten Kostüme der anderen Figuren abheben. Während das kräftige Dunkelrot von Andreas Robe durch die glänzenden, rosagetönten Kleider seines Sohnes Leonardo hinter ihm und die lachsfarbene Stola verstärkt wird, erfährt es durch die leuchtend roten Strümpfe des kleinen Federigo auf der gegenüberliegenden Treppe eine Abschwächung.

In seinem Testament, das er 1548, ein Jahr nach dem Tod seines Bruders Andrea verfaßte, hinterließ Gabriele die Kunstsammlung

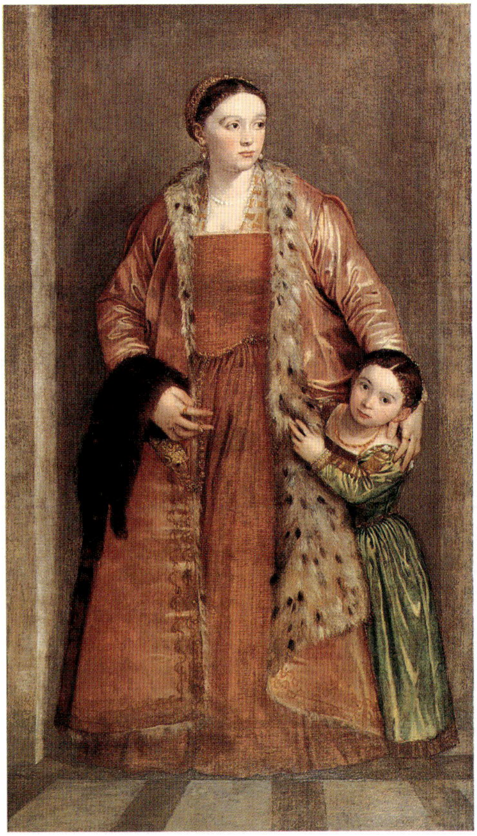

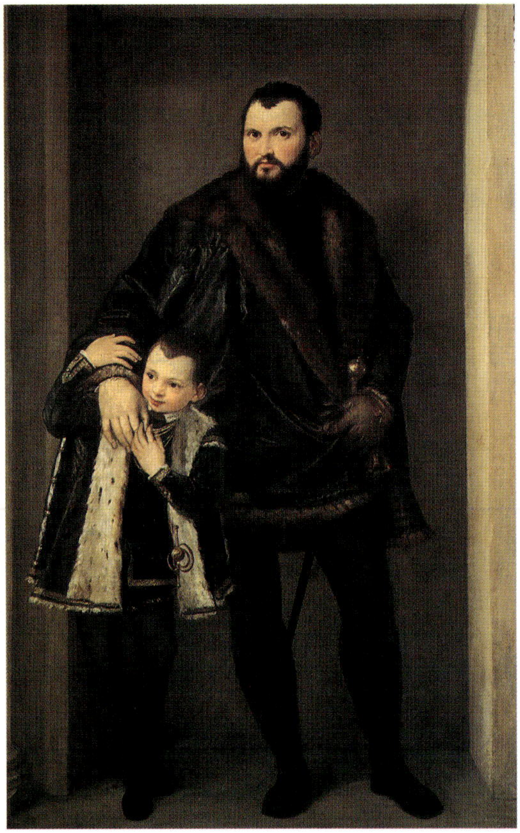

117 Paolo Veronese
Livia da Porto Thiene mit ihrer Tochter Porzia,
um 1556. Öl auf Leinwand, 200 x 120 cm. Walters Art Gallery, Baltimore.

Livia trägt ein elegantes, rosenrotes Kleid und einen passenden, mit goldbraunem Schneeleopard gefütterten Satinmantel. Über ihren Arm ist ein Marderpelz mit emailliertem und vergoldetem Kopf drapiert.

118 Paolo Veronese
Giuseppe da Porto mit seinem Sohn Adriano, um 1556. Öl auf Leinwand, 210 x 140 cm. Collezione Contini Bonacossi, Florenz.

seinen Neffen und gab ihnen in einer klassischen Behauptung des patrizischen Ethos folgenden Rat: » Im Laufe Eures Lebens solltet Ihr folgende drei Dinge beachten, durch die Ihr Eurer Familie und Eurem Land zur Ehre gereicht. Als erstes solltet Ihr die Navigation beherrschen und alle Anstrengungen auf das Studium und die Beherrschung des Seekrieges verwenden. Als zweites dürft Ihr nicht das Studium der Literatur vernachlässigen, und drittens sollt Ihr den Handel mit Waren betreiben und Schulden niemals unbeglichen lassen.«

Im Gegensatz zu Tizians *Familie Vendramin* wird in Veroneses Pendantporträt eines adligen Ehepaars aus Vicenza eine gleichwertige Behandlung nicht nur in der Darstellung von Mann und Frau, sondern auch von Sohn und Tochter deutlich: Livia da Porto Thiene mit ihrer Tochter Porzia und Giuseppe da Porto mit seinem Sohn Adriano (Abb. 117 und 118). Giuseppe war ein wohlhabender Edelmann und Ritter des Heiligen Römischen Reiches und Livia die Tochter einer der führenden Familien der Stadt. Ganzfigurporträts von Ehepaaren waren zu dieser Zeit in Verona

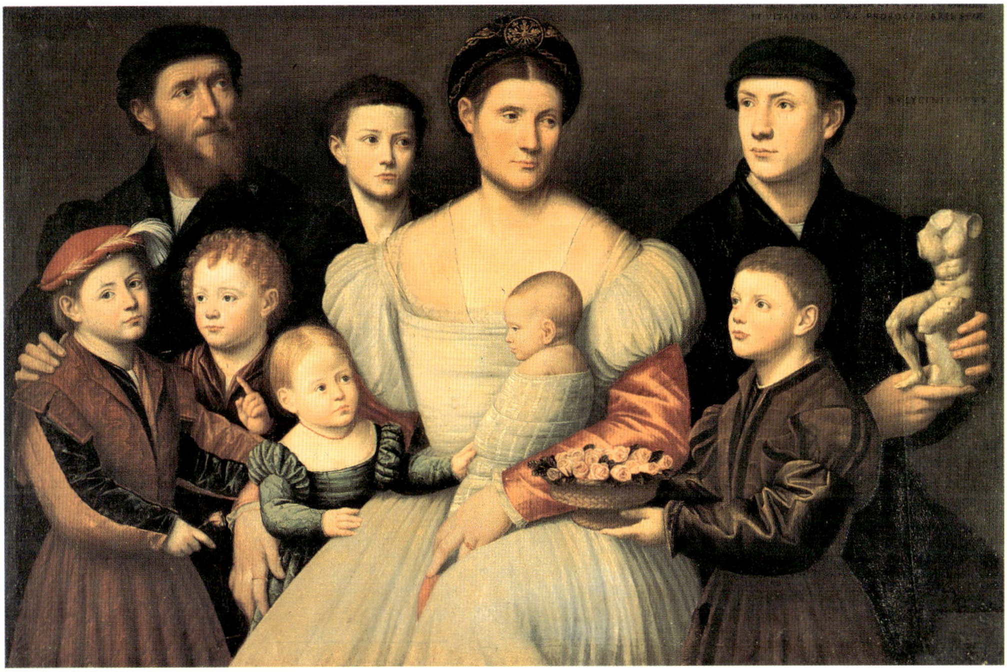

119 Bernardino Licinio
Porträt von Arrigo Licinio und seiner Familie, um 1535– 40. Öl auf Leinwand, 120 x 170 cm. Galleria Borghese, Rom.

In der rechen oberen Ecke des Gemäldes findet sich die Inschrift EXPRIMIT HIC FRATREM TOTA CUM GENTE LYCINUS / ET VITAM HIS FORMA PROROGART ARTE SIBI und darunter die Signatur des Künstlers, B. LYCINII OPUS.

und Vicenza in Mode gekommen, erfreuten sich in Venedig jedoch nie großer Beliebtheit. Die zentrale Position, die Ehefrauen in Familienporträts der Terra ferma einnahmen, leitete sich vielleicht aus feudalen Traditionen und einem liberaleren Erbrecht für Töchter ab.

Veroneses Porträts wurden wohl in Auftrag gegeben, um ein Fenster im neuen, von Palladio entworfenen Familienpalast zu flankieren, der 1552 fertiggestellt wurde. Ausgehend von einer gemeinsamen Lichtquelle hing Livias Porträt an der linken Seite und der Blick war auf ihren Mann gerichtet, während Porzia den Betrachter mit kindlicher Offenheit aus der Sicherheit der schützenden Umarmung ihrer Mutter anblickt. Die Beziehung zum Betrachter wird im anderen Gemälde umgekehrt. Hier ist es der Vater, Giuseppe, der aus dem Bild herausblickt, während sein Sohn Adriano freundlich zu seiner kleinen Schwester schaut. Nebeneinander gestellt zelebrieren die Porträts dynastische Werte sowie die Bande echter Zuneigung zwischen Familienangehörigen.

Der in Venedig geborene Bernardino Licinio (um 1490-1550), dessen Familie aus Bergamo stammte, porträtierte die Familie seines älteren Bruders Arrigo, ebenfalls ein Maler (Abb. 119). Eine lateinische Inschrift, die vermutlich später hinzugefügt wurde, dokumentiert die Intentionen des Künstlers und belegt seine Autorenschaft: »Hier porträtierte Licinio seinen Bruder mit dessen gesamter

Familie. Er verlängerte ihr Leben für sie durch ihr Bild und für sich durch seine Kunst.« Aber während die Inschrift das Patriarchat betont, feiert das Gemälde selbst das Matriarchat. Seinen Bruder in den linken Hintergrund plazierend, machte Bernardino seine Schwägerin Agnese zu einer veritablen Ikone der Mutterschaft. Mit einem Säugling auf dem Arm und umgeben von fünf Söhnen und einer Tochter, ist sie der Bildmittelpunkt. Der älteste Sohn, Fabio, hält eine Statuette des Belvedere-Torsos in der Hand, eine der wertvollsten Antiquitäten der päpstlichen Sammlung im Vatikanpalast. Nach seiner Ausbildung zum Goldschmied wurde er Kupferstecher. Vor ihm steht sein jüngerer Bruder Giulio, der einen Korb mit Rosen bringt; er wurde später Maler und arbeitete als Bernardinos Assistent. Camillo, der zwischen seinen Eltern steht, sollte ein berühmter Arzt werden. Die anderen Kinder tauchen in späteren Dokumenten nicht mehr auf. Das Porträt bestätigt die zentrale Rolle der Mutter in einer Kunsthandwerkerfamilie und betont die Individualität ihrer Mitglieder.

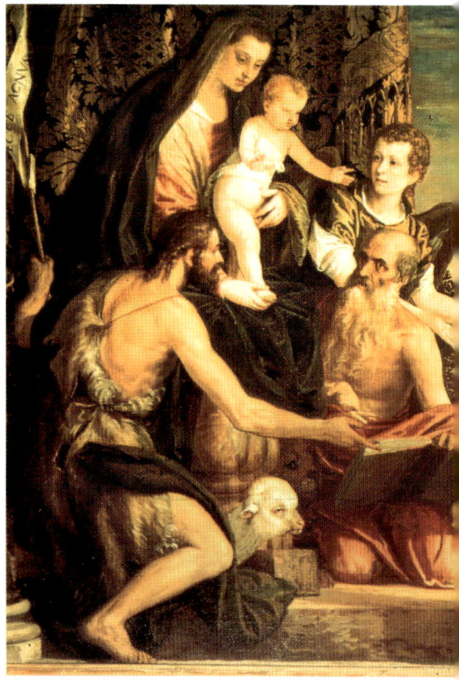

120 Paolo Veronese
Die Familie Cuccina wird der Madonna vorgestellt, 1571. Öl auf Leinwand, 170 x 420 cm. Staatliche Kunstsammlungen, Dresden.

Veronese malte drei weitere große Leinwände (die sich ebenfalls in Dresden befinden) für den Palast der Cuccina (heute Palazzo Papadopoli): *Die Anbetung der Heiligen Drei Könige, Die Hochzeit zu Kanaan* und *Die Straße nach Golgatha.*

Einige Jahrzehnte später schuf Veronese ein Gemälde, das als das umfassendste Abbild der Familiensolidarität des venezianischen Cinquecento betrachtet werden kann. *Die Familie Cuccina wird der Madonna vorgestellt* leitet ihr Format von Votivgemälden ab, die in öffentlichen Amtsräumen hingen und ist ungewöhnlich groß für ein privates Auftragsbild (Abb. 120). Flankiert von einem Engel sowie Johannes dem Täufer und dem hl. Hieronymus sitzt die Madonna mit Kind vor einem Brokatvorhang in einem heiligen Bezirk der durch zwei Marmorsäulen abgetrennt ist. Auf den Stufen rechts knien im eindeutig weltlichen Raum Alvise Cuccina und seine Frau Zanetta umgeben von ihren sechs Söhnen und ihrer Tochter Marietta. Der Säugling am rechten Bildrand war vermutlich der kleine Zuanbattista, der 1571 oder 1572 geboren wurde.

In Übereinstimmung mit dem venezianischen Brauch, das Patrimonium zu bewahren, blieben Alvises zwei Brüder unverheiratet und gehörten zu dessen Familie. Auch sie sind an der Szene beteiligt. Zuanantonio, der über Alvise steht, schaut hinter einer Säule hervor, aber Antonio, der auf der rechten Seite kniet, spielt eine bedeutendere Rolle, da er die besondere Aufmerksamkeit von drei personifizierten theologischen Tugenden genießt, welche die Familie dem Christuskind präsentieren. Der Glaube, eine königliche Figur in weißem Gewand, die einen Kelch trägt, nimmt ihn

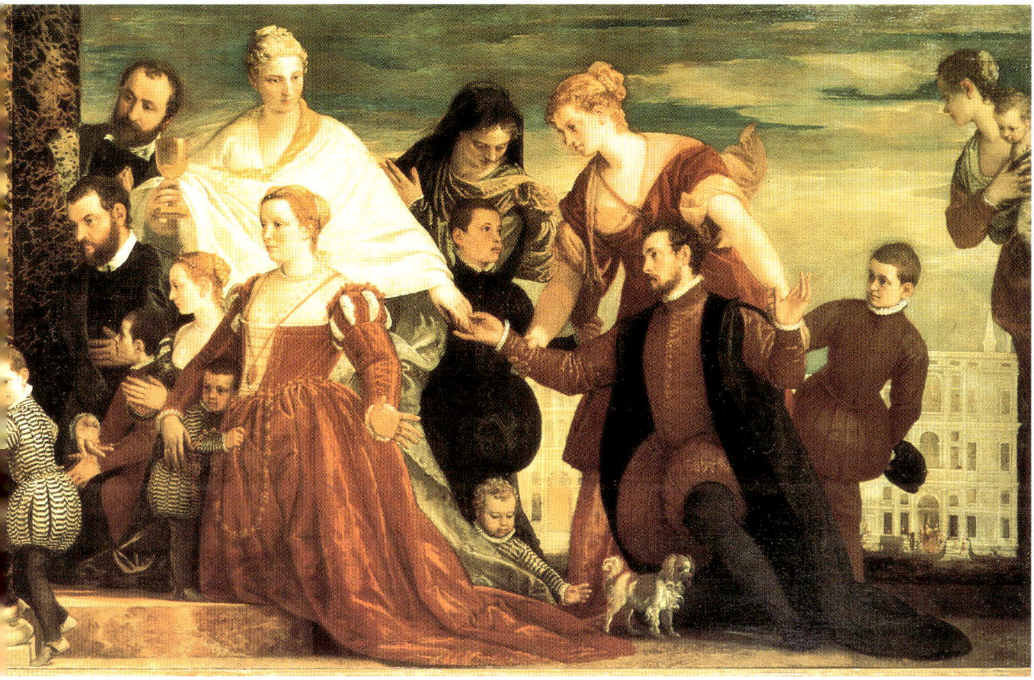

bei der Hand, die Hoffnung beugt ihren verschleierten Kopf und deutet auf die Heiligen, und die Mildtätigkeit im roten Kleid geleitet ihn. Es ist möglich, daß das Gemälde kurz nach dem Tod von Antonio im Jahre 1572 für den Familienpalast angefertigt wurde. Somit würde es also nicht nur die Frömmigkeit der Familie darstellen, sondern auch ihre Hoffnung auf die Erlösung Antonios. Alvise und seine Brüder waren erst die zweite Generation der Familie, die in Venedig lebte, denn ihr Vater und ihr Onkel waren Mitte des Jahrhunderts von Bergamo dorthin übergesiedelt. Die Familie hatte ein Vermögen mit Handelsaktivitäten zusammengetragen und bewegte sich in jenem vieldeutigen sozialen Raum reicher Cittadini, die niemals in das venezianische Patriziat aufgenommen wurden. Das Gemälde dokumentiert den Reichtum, die Fruchtbarkeit und den neu gebauten Palast der Familie am Canal Grande.

Porträts stellen die besten Verbindungen zu jenen Männern und Frauen dar, die in den sich überschneidenden Welten der venezianischen Vergangenheit lebten. Sie zeigen öffentliche Gesichter in privaten Räumen, bekräftigen fromme Absichten an weltlichen Versammlungsorten, proklamieren patrizische Ideale in Palästen der Cittadini und präsentieren Ausdrucksformen des idealen Selbst. Damit zeugen sie von den Vorlieben und Werten, die zur Schaffung der einzigartigen visuellen Kultur im Venedig der Renaissance beitrugen.

	Historische Ereignisse	Venezianische Bauten
Vor 1400	**421** Legendäre Gründung Venedigs **697** Wahl des ersten Dogen (duca) **828/29** Gebeine des hl. Markus erreichen Venedig **1177** Friede von Venedig **1204** Vierter Kreuzzug; Konstantinopel-Plünderung **1297** Serrata oder Einschließung des Großen Rates,Einführung erblicher Mitgliedschaft **1378–81** Chioggia-Krieg; Venedig beherrscht den Mittelmeerraum	**9. Jh.** Bau von San Marco (begonnen ca. 829) nach d Vorbild der Apostelkirche in Konstantinopel; Umgestaltung im 10. und 11. Jh. **12.-13.** Mosaikdekoration von San Marco Erste Rialtobrücke über den Canal Grande **1340** Baubeginn des Südflügels des Dogenpalastes und der Versammlungshalle des Großen Rates **1345** Doge Andrea Dandolo läßt die Pala Oro umgestalten
1400-1450	**1404–5** Venedig annektiert Bassano, Belluno, Vicenza, Padua und Verona und wird zur beherrschenden Macht der Terra ferma. **1420** Venedig erobert Udine und Friaul **1425–54** Kriege in der Lombardei; Venedig erobert Brescia, Bergamo, Cremona, Ravenna.	**1419** Vollendung der Dekoration der Versammlungsh des Großen Rates **1424** Doge Francesco Foscari beginnt mit dem Bau d Westflügels des Dogenpalastes; 1438–43: Porta della Carta; 1438 – etwa 1480: Arco Foscari
1450-1500	**1453** Konstantinopel fällt an die Türken **1469** Erste Druckerpresse in Venedig **1479** Vertrag mit dem Sultan Mehmet II. führt zur Wiederbelebung des Handels in der Ägäis **1489** Venedig erobert Zypern **1494** König Karl VIII. von Frankreich marschiert in Italien ein. **1499** Seeschlacht gegen die Türken; Venedig verliert Lepanto, Modon und Corone. **1499** Portugiesen entdecken Handelsroute nach Indien	**1451** Cappella dei Mascoli, San Marco, Vollendung des Mosaikzyklus über das Leben der Jungfrau **1481–88** Andrea Verrocchio und Alessandro Leopardi, Reiterstandbild des Bartolomeo Colleoni **1481–89** S. Maria dei Miracoli **1485–um 1493** Scala dei Giganti, Dogenpalast **1487** Eingangshof, Scuola Grande di S. Giovanni Eva gelista; 1492–um 1510 Dekoration des Albergo mit Darstellungen der Wunder der Kreuzreliqui **1487–95** Fassade, Scuola Grande di S. Marco **1534** Dekoration des Albergo **1499** Torre dell'Orologio
1500-1550	**1508–17** Kriege der Liga von Cambrai **1509** Schlacht von Agnadello; Venedig wird von den Armeen des Papstes, des Kaisers, Frankreichs und Spaniens geschlagen **1517** Venedig gewinnt die Besitzungen auf der Terra ferma zurück **1527** Plünderung Roms durch Armeen von Kaiser Karl VI.; Künstler und Intellektuelle fliehen nach Venedig.	**1500** Jacopo de' Barbari, Holzstich Ansicht von Venedig **1504** Alessandro Leopardi, drei bronzene Fahnenstangensockel auf der Piazza San Marco **1516–60** neues Versammlungshaus der Scuola Grande di S. Rocco **1537–66** Römische renovatio unter dem Dogen Andrea Gritti; Jacopo Sansovino baut die Loggetta (vollendet 1546), die Biblioteca Marciana (156 und die Zecca (1566)
Nach 1550	**1556** Gründung des provveditori al beni inculti zur Förderung der Landwirtschaft **1571** Sieg bei Lepanto; Armeen Venedigs und des Papstes besiegen die Türken, aber Venedig verliert Zypern **1797** Napoleon erobert Venedig – Ende der Serenissima	**1577** Zerstörung der Versammlungshalle des Großen Rates durch einen Brand; Vorschlag Palladios fü eine Neuerrichtung im klassischen Stil zurückgewiesen. Architekt Antonio della Ponte baut sie in weniger als einem Jahr nach den Originalplänen wieder auf.

Dogen der Renaissance	Malerei	Porträts
3–54 Andrea Dandolo 4–55 Marin Falier 5–56 Giovanni Gradenigo 6–61 Giovanni Dolfin 1–65 Lorenzo Celsi 5–68 Marco Cornaro 8–82 Andrea Contarini 2 Michele Morosini 2–1400 Antonio Venier	**1350** Paolo da Venezia, S. Chiara Polyptychon **um 1350** Jüngstes Gericht, Frontispiz der Mariegola der Scuola di S. Giovanni Evangelista.	
0–13 Michele Steno 4–23 Tomaso Mocenigo 3–57 Francesco Foscari (abgesetzt)	**um 1430–60** Jacopo Bellini, zwei Skizzenbücher **1446** Antonio Vivarini und Giovanni d'Alemagna, Madonna mit dem Kind und Vier Väter der Kirche	
7–62 Pasquale Malipiero 2–71 Cristoforo Moro 1–73 Nicolò Tron 3–74 Nicolò Marcello 4–76 Pietro Mocenigo 6–78 Andrea Vendramin 8–85 Giovanni Mocenigo 5–86 Marco Barbarigo 6–1501 Agostino Barbarigo	**1465–67** Fra Antonio da Negroponte, Madonna mit dem Kind **1467** Giovanni Bellini, Pietà (brera) **1474** Gentile und Giovanni Bellini beginnen den Zyklus Friede von Venedig von 1177 in der Versammlungshalle des Großen Rates **1487** Giovanni Bellini, Madonna mit den Bäumen **1495** Carpaccio, Traum der hl. Ursula; um 1495 Zwei Venezianerinnen und Jagd in der Lagune	**1458** Zuan Boldù, Selbstporträt-Medaillen **1465** Gentile Bellini, S. Lorenzo Giustiniani **1485–90** Giovanni Bellini, Porträt eines jungen Senators
1–21 Leonardo Loredan 1–23 Antonio Grimani 3–38 Andrea Gritti 9–45 Pietro Lando 5–53 Francesco Donato	**1504** Carpaccio, Geburt der Jungfrau **1505** Giovanni Bellini, Altartafel von S. Zaccaria **1506** Albrecht Dürer, Das Rosenkranzfest **1506** Lorenzo Lotto, Der hl. Hieronymus in der Wildnis **um 1508–09** Sebastiano del Piombo, Urteil des Salomon **um 1510** Tizian, Ländliches Konzert, Christus mit Kreuz; 1512 Zigeuner-Madonna **1516** Carpaccio, Markuslöwe **um 1540** Bonifazio de' Pitati, Gottvater über der Piazza San Marco	**um 1501** Giovanni Bellini, Doge Leonardo Loredan **1506** Giorgione, Laura **um 1506** Lorenzo Lotto, Bildnis einer Dame **um 1512** Tizian, Porträt eines Mannes in Blau **um 1520** Palma Vecchio, La Bella **1527** Lorenzo Lotto, Bildnis des Andrea Odoni **um 1535–40** Bernadino Licinio, Bildnis des Arrigo Licinio und seiner Familie **1536** Tizian, Dame in blauem Kleid (La Bella); 1543–47 Die Familie Vendramin; um 1545 Bildnis des Pietro Aretino
3–54 Marcantonio Trevisan 4–56 Francesco Venier 6–59 Lorenzo Priuli 9–67 Girolamo Priuli 7–70 Pietro Loredan 0–77 Alvise I Mocenigo 7–78 Sebastiano Venier 8–85 Nicolò da Ponte 5–95 Pasquale Cicogna 5–1605 Marino Grimani	**um 1550** Jacopo Bassano, Lazarus und der reiche Mann 1554 Pastoral Landschaft **1562–3** Paolo Veronese, Hochzeit zu Kanaa **1564–87** Jacopo Tintoretto, Scuola Grande di S. Rocco **1565** Tizian, Time Governed by Prudence; 1570 Pietà **1579-1620** Neugestaltung des Dogenpalasts durch Veronese, Jacopo und Domenico Tintoretto, Francesco Bassano, Jacopo Palma il Giovane und andere	**1550–55** Paris Bordone, Die Schachspieler **um 1556** Veronese, Giuseppe da Porto mit seinem Sohn Adriano und Livia da Porto thiene mit ihrer Tochter Porzia **um 1570** Tizian, Selbstporträt (Prado, Madrid) Veronese, Bildnis eines Mitglieds der Familie Soranzo; 1571 Präsentation der Familie Cuccina to the Madonna **1580** Jacopo und Domenico Tintoretto, S. Giustina und die Stadtkämmerer

Bibliographie

Diese Bibliographie macht zunächst Angaben zu Titeln, die sich grundlegend mit venezianischer Kunst und Kultur während der Renaissance beschäftigen. Diesen folgen, in der Reihenfolge der Kapitelthemen, Primärquellen und Spezialstudien zu den hier vorgestellten Ansichten

Allgemeine Literatur (Auswahl)

Geschichte, Kultur und Gesellschaft

Burke, Peter, *Die Renaissance in Italien. Sozialgeschichte einer Kultur zwischen Tradition und Erfindung,* Berlin 1984

Chambers, D. S., *The Imperial Age of Venice. 1380-1580,* London 1970

Chambers, David und Brian Pullan (Hg.), *Venice: A Documentary History. 1450-1630,* Oxford/Cambridge, Mass. 1992

Hale, J.R. (Hg.), *Renaissance Venice,* London 1973

Hibbert, Christopher, *Venice: The Biography of a City,* New York/ London 1989

Lane, F.C., *Venice: A Maritime Republic,* Baltimore 1973

Logan, Oliver, *Culture and Society in Venice, 1470-1709: The Renaissance and its Heritage,* London 1972

Lorenzetti, Giulio, *Venice and Its Lagoon,* übers. v. John Guthrie, Triest 1975

Molmenti, Pompeo, *Venice: Its Individual Growth from the Earliest Beginnings to the Fall of the Republic,* übers. v. H. F. Brown, 6 Bde., London 1906-08

Norwich, John Julius, *A History of Venice,* London 1982

Bildende Kunst und Architektur

Baxandall, Michael, *Die Wirklichkeit der Bilder. Malerei und Erfahrung im Italien des 15. Jahrhunderts,* Frankfurt a. M. 1984

Boucher, Bruce, *The Sculpture of Jacopo Sansovino,* New Haven/London 1991

Fortini Brown, Patricia, *Venetian Narrative Painting in the Age of Carpaccio,* New Haven/London 1988

dies., *Venice & Antiquity: The Venetian Sense of the Past,* New Haven/London 1997

Howard, Deborah, *The Architectural History of Venice,* London 1980

Hubala, Erich, *Venedig, Brenta-Villen, Chioggia, Murano, Trocello. Baudenkmäler und Museen,* Stuttgart 1985

Humfrey, Peter, *The Altarpiece in Renaissance Venice,* New Haven/London 1993

ders., *Painting in Renaissance Venice,* New Haven/London 1995

Huse, Norbert und Wolfgang Wolters, *The Art of Renaissance Venice,* Chicago 1990

Jäger, Michael, *Die Theorie des Schönen in der italienischen Renaissance,* Köln 1990

Lieberman, Ralph, *Renaissance Architecture in Venice,* New York 1982

McAndrew, James, *Venetian Architecture of the Early Renaissance,* Cambridge, Mass./London 1980

Martineau, Jane und Charles Hope (Hg.), *The Genius of Venice. 1500-1600,* London 1983

Rosand, David, *Painting in Cinquecento Venice: Titian, Veronese, Tintoretto,* New Haven/London 1982

Salvadori, Antonio, *Architect's Guide to Venice,* London/Boston 1990

Nepi Sciré, Giovanna und Francesco Valcanover, *Galleries of the Accademia of Venice,* Mailand 1985

Steer, John, *A Concise History of Venetian Painting, London 1970*

Wilde, Johannes, *Venetian Art from Bellini to Titian,* Oxford 1981

Kapitel 1

Petrarca, Francesco, *Familiares xxiii,* 16; Seniles ix

Saxl, Fritz, *Lectures,* London 1955, S. 139-49

Fabri, Felice [Felix Faber], *Venezia nel mcdlxxxviii,* Venedig, 1888

Eine opportune Lage

Sabellico, Marcantonio, *Del Sito di Venezia* (1502), hg. v. G. Meneghetti, Venedig 1957, S. 10

Sansovino, Francesco, *Delle cose notabili della cittá di Venetia* (1561) Venedig 1602, S. 1

Sanudo, Marin, »Praise of the city of Venice, 1493«, in: Chambers und Pullan, Venice: A Documentary History, S. 4-20

Tafur, Pero, *Travels and Adventures,* 1435-39, New York/London 1926, S. 156-72

Schulz, Jürgen, »The Printed Plans and Panoramic Views of Venice (1486-1797)«, in: *Saggi e memorie di storia dell'arte* 7, 1970, S. 5-182

Ein bevorzugter Handelsplatz

Schulz, Jürgen, »Jacopo de' Barbari's View of Venice: Map Making, City Views, and Moralized Geography Before the Year 1500«, in: *Art Bulletin 60,* 1978, S. 425-74

Demus, Otto, The Church of San Marco in Venice: History. Architecture. Sculpture, *Dumbarton Oaks Studies,* 6, Washington, D.C. 1960

Jacoff, Michael, *The Horses of San Marco and the Quadriga of the Lord,* Princeton 1992

Deborah Howard, »Venice and Islam in the Middle Ages«, in: *Architectural History* 34, 1991, S. 59-74

Canal, Martino da, *Les Estoires de Venise: Cronaca veneziana in lingua francese dalle origini al 1275,* hg. v. Alberto Limentani, Florenz 1972

The Treasury of San Marco. Venice, The Metropolitan Museum of Art, Mailand 1984, S. 117-23

Das byzantinische Paradigma

Demus, Otto, *The Mosaics of San Marco in Venice. Bd. I: The Eleventh and Twelfth Centuries,* Chicago/London 1984

Rosand, *Painting in Cinquecento Venice,* S. 1-46

Muraro, Michelangelo, *Paolo da Venezia,* University Park/London 1970

Goffen, Rona, *Giovanni Bellini,* New Haven/London 1989

Die Stadt der Immigranten
ROMANO, DENNIS, *Patricians and Popolani. The Social Foundations of the Venetian Renaissance State,* Baltimore/London 1987
PULLAN, BRIAN, *Rich and Poor in Renaissance Venice: the social institutions of a Catholic state to 1620,* Oxford/Cambridge, Mass. 1971
CHAMBERS und PULLAN, *Venice: A Documentary History,* S. 206-17, 239-352.

Kapitel 2

PANOFSKY, ERWIN, *The Life and Art of Albrecht Dürer,* Princeton 1955, S. 107-13
HUMFREY, *The Altarpiece in Renaissance Venice,* S. 262-66

Die Welt der Zünfte
ROSAND, *Painting in Cinquecento Venice,* S. 4-14
MACKENNEY, RICHARD, *Tradesmen and Traders, the World of the Guilds in Venice and Europe c. 1250-c. 1650,* N. J. 1987

Das Problem der Autorenschaft
WILDE, JOHANNES, »The Hall of the Great Council of Florence«, in: *Journal of the Warburg and Courtauld Institutes 7,* 1944, S. 65-81
MURARO, MICHELANGELO »The Statutes of the Venetian Arti and the Mosaics of the Mascoli Chapel«, in: *Art Bulletin 43,* 1961, S. 263-74
BERTELLI, CARLO, »The Tale of Two Cities: Siena and Venice«, in: Henry A. Millon und Vittorio Magnago Lampugnani (Hg.), *The Renaissance from Brunelleschi to Michelangelo. The Representation of Architecture,* Mailand 1994, S. 373-97
VASARI, GIORGIO, Lives of the Artists, übers. George Bull, Harmondsworth 1987, Bd. I, S. 232-40

Künstlerische Dynastien
BROWN, Venetian Narrative Painting, S. 99-133
DEGENHART, BERNHARD und ANNEGRIT SCHMITT, *Jacopo Bellini,* New York 1984
EISLER, COLIN, *The Genius of Jacopo Bellini: The Complete Paintings and Drawings,* New York 1989.

Der Künstler als Individuum
ROSAND, DAVID »Titian and the Critical Tradition«, in: *Titian: His World and His Legacy,* hg. v. David Rosand, New York 1982, S. 1-39

Kapitel 3

HOWARD, *Architectural History of Venice,* S. 79-85
WOLTERS, WOLFGANG, *Storia e politica nei dipinti di Palazzo Ducale,* Stuttgart 1983; Venedig 1987, bes. S. 47-57, 126-38, 173, 188-91, 223-33, 281-96

Perfekter als Rom
FRANZOI, UMBERTO, Storia e leggenda del Palazzo Ducale di Venezia, Venedig 1982
SCHULZ, JÜRGEN »Tintoretto and the First Competition for the Ducal Palace Paradise«, in: *Arte Veneta* 34, 1980, S. 112-26
SINDING-LARSEN, STAALE, »Christ in the Council Hall. Studies in the Iconography of the Venetian Republic«, in: *Acta ad archaeologiam et artium historiam pertinentia 5,* Rom 1974
FINLAY, ROBERT, *Politics in Renaissance Venice,* New Brunswick 1980

Emblematische Ereignisse
BROWN, *Venetian Narrative Painting,* 1988
MUIR, EDWARD, *Civic Ritual in Renaissance Venice,* Princeton 1981, S. 103-34
WETHEY, HAROLD, *Titian: The Mythological and Historical Paintings,* Oxford 1975, S. 225-33

Primus inter pares
FINLAY, *Politics in Renaissance Venice*
NEWTON, STELLA MARY, The Dress of the Venetians, 1495-1525, Aldershot 1988, S. 24-31.

Symbole des Staates
ROSAND, DAVID, »Venetia Figurata: The Iconography of a Myth«, in: *Interpretazioni veneziani. Studi in onore di Michelangelo Muraro,* hg. v. David Rosand, Venedig 1984, S. 177-96
BROWN, PATRICIA FORTINI »The Self-Definition of the Venetian Republic«, in: *City-States in Classical Antiquity and Medieval Italy,* hg. v. Anthony Molho, Kurt Raaßaub und Julia Emlen, Stuttgart 1991, S. 511-48
Bertrand Jestaz, »Requiem pour Alessando Leopardi«, in: *Revue de l'Art* 55, 1982, S. 23-34

Eine heitere und siegreiche Stadt
MUIR, *Civic Ritual in Renaissance Venice,* S. 119-34
FORTINI BROWN, PATRICIA, »Measured Friendship, Calculated Pomp: The Ceremonial Welcomes of the Venetian Republic«, in: *All the world's a stage. Art and Pageantry in the Renaissance and Baroque,* hg. v. Barbara Wisch und Susan Scott Munshower, University Park 1990, S. 136-86; ebd., Venice & Antiquity, Kapitel 8

Kapitel 4

HUMFREY, *The Altarpiece in Renaissance Venice,* S. 213-16; Sandra Moschini Marconi, Gallerie dell'Accademia di Venezia-Opere d'arte del secolo xvi, Rom 1962, S. 46-47

Heilige Beschützer
EDWARD MUIR und RONALD F. E. WEISSMAN, »Social and Symbolic Places in Renaissance Venice and Florence«, in: *The Power of Place,* hg. v. John Agnew und James Duncan, London/Boston 1989
RIZZI, ALBERTO, Scultura esterna a Venezia, Venedig 1987, S. 73-78, 99; Antonio Niero, »Il culto dei santi nell'arte popolare«, in: Santit̀ a Venezia, hg. v. A. Niero, G. Musolino und S. Tramontin, Venedig 1972, S. 229-89
LABALME, PATRICIA H., *Bernardo Giustiniani. A Venetian of the Quattrocento,* Rom 1969, S. 239-45

Gemeinsame Spiritualität

Brown, Venetian Narrative Painting; ders., »Honor and Necessity: The Dynamics of Patronage in the Confraternities of Renaissance Venice«, in: *Studi Veneziani*, 14, 1987, S. 179-212

Anderson, Jaynie »Christ Carrying the Cross in San Rocco: its commission and miraculous History«, in: *Arte Veneta*, 31, 1977, S. 186-88

Rosand, David, *Titian*, New York 1978, S. 64

Wixom, William, »A Venetian Mariegola Miniature«, in: *Bulletin of the Cleveland Museum of Art*, 48, 1961, S. 206-11

Die Pracht der Heiligkeit

Sansovino, Francesco, *Venetia città obilissima et singolare descritta in xiiii libra*, with additions by Giustiniano Martinioni, 2 Bde., Venedig 1663; repr. Venedig 1968, S. 288

Rosand, *Painting in Cinquecento Venice*, S. 158-71

Das Gesicht der Armut

Pullan und Chambers, *Venice: A Documentary History*, S. 295-321

Valcanover, Francesco, *Jacopo Tintoretto and the Scuola Grande of San Rocco*, Venedig 1983

Rosand, *Painting in Cinquecento Venice*, S. 206-18

Der Reiz des Altertums

Mitchell, Charles »Archeology and Romance«, in: *Italian Renaissance Studies: A Tribute to the late Cecilia M. Ady*, hg. v. E.F. Jacob, London 1960, S. 468-83

Humfrey, Peter, *Cima da Conegliano*, Cambridge 1983, S. 36, 138-39

Hirst, Michael, *Sebastiano del Piombo*, Oxford 1981, S. 13-23

Natur und Transzendenz

Goffen, *Giovanni Bellini*, S. 23-66

F. Rice, Eugene, *Saint Jerome in the Renaissance*, Baltimore/London 1985, S. 75-84

Rosand, David, »Giorgione, Venice and the Pastoral Vision«, in: Robert C. Cafritz, Lawrence Gowing und David Rosand, *Places of Delight. The Pastoral Landscape*, Washington, D.C. 1988, S. 20-81

Brown, Beverly Louise und Paola Marini, *Jacopo Bassano um 1510-1592*, Fort Worth 1993, S. 308-10

Kapitel 5

Zorzi, Alvise, *Venetian Palaces*, New York 1990

Franzoi, Umberto und Mark Smith, *The Grand Canal*, Venedig 1993.

Eine noble Fassade

Howard, Architectural History of Venice

Rizzi, Alberto, *Scultura esterna a Venezia*, Venedig 1987, S. 21-39

Valcanover, Francesco, et al., *Pittura murale esterna nel Veneto. Venezia e provincia*, Bassano 1991

Der häusliche Raum

Bassi, Elena, *Palazzi di Venezia*, Venedig 1987

Maretto, Paolo, *La casa veneziana nella storia della città dalle origini all'Ottocento*, Venedig 1986

Mazzariol, Giuseppe und Attilia Dorigato, *Interieurs Venitièns*, Paris 1991

Die Kunst des Lebens

Canon, Pietro, Casola's Pilgrimage to Jerusalem in the Year 1494, hg. und übers. v. Mary Margaret Newett, Manchester 1907

Thornton, Peter, *The Italian Renaissance Interior. 1400-1600*, London 1991

Una cittá e il suo museo. Un secolo e mezzo di collezioni civiche veneziane, Venedig 1988, S. 229-30

Castiglione, Sabba da, »On Collections«, in: Robert Klein und Henri Zerner, *Italian Art. 1500-1600: Sources and Documents*, Englewood Cliffs, N. J. 1966, S. 23-25

Die Welt der Frau

Lauts, Jan, *Carpaccio*, London 1962

Tait, Hugh, *The Golden Age of Venetian Glass*, London 1979

Polignano, Flavia, »Maliarde e cortigiane: titoli per una damnatio. Le Dame di Vittore Carpaccio«, in: *Venezia Cinquecento*, 2:3, 1992, S. 5-23

Gentili, Augusto und Flavia Polignano, »Vittore Carpaccio. Due Dame veneziane«, und Sabina Vedovello, »L'intervento di restauro«, in: Attilia Dorigato (Hg.), *Carpaccio. Bellini. Tura. Antonello e altri restauri quattrocenteschi della Pinacoteca del Museo Correr*, Mailand 1993, S. 74-81, 177-85

Wilson, Timothy, *Ceramic Art of the Italian Renaissance*, London 1987, S. 108-11; ders., »Maiolica in Renaissance Venice«, in: *Apollo*, 125, März 1987, S. 184-9

Ein antikes Ambiente

Shearman, John, *The Early Italian Pictures in the Collection of Her Majesty the Queen*, Cambridge 1983, S. 144-8

[Marcantonio Michiel], *The Anonimo*, hg. v. George C. Williamson, New York/London 1903 [1969 repr.], S. 102-06

Hope, Charles »Classical antiquity and Venetian Renaissance subject matter«, in: *New Interpretations of Venetian Renaissance Painting*, hg. v. Frances Ames-Lewis, London 1994, S. 51-62

Leithe-Jasper, Manfred, *Renaissance Master Bronzes from the Collection of the Kunsthistorisches Museum Vienna*, Washington, D.C. 1986, S. 146.

Eine Ästhetik der Flucht

Alexander, Jonathan J.G. (Hg.) *The Painted Page. Italian Renaissance Book Illumination*, München/New York 1995

Holberton, Paul, »The Pastorale or Fête Champêtre in the Early Sixteenth Century«, in: Joseph Manca (Hg.) *Titian*, Washington, D.C. 1993, S. 245-62; Rosand, David, »Giorgione, Venice, and the Pastoral Vision«, in: *Places of Delight: The Pastoral Landscape*, hg. v. Robert C. Cafritz, Lawrence Gowing und David Rosand, S. 21-88; Pignatti, Terisio, *The Golden Century of Venetian Painting*, New York 1979, S. 142-53

Kapitel 6

BURKE, PETER, »The Presentation of self in the Renaissance portrait«, in: *The Historical Anthropology of Early Modern Italy,* Cambridge 1987, S. 150-67
POPE-HENNESSY, JOHN, *The Portrait in the Renaissance,* Princeton, 1966
CAMPBELL, LORNE, *Renaissance Portraits,* New Haven/London 1990
GOULD, CECIL, *The Sixteenth Century Italian Schools,* London 1975; repr. 1987, S. 281-87
NEWTON, The Dress of the Venetians.

Das aristokratische Ideal
SANUDO, MARIN, »Praise of the city of Venice. 1493«, in: *Chambers und Pullan, Venice: A Documentary History,* S. 4-20
SABELLICO, *Del sito di' Venezia cittá,* 1502, S. 18
VASARI, *Lives of the Artists,* S. 68
GOULD, CECIL, *The Sixteenth Century Italian Schools,* London 1975; repr. 1987, S. 280-83
ROSAND, DAVID, *Titian,* New York 1978), S. 78-79
FREEDMAN, LUBA, *Titian's Portraits Through Aretino's Lens,* University Park 1995, S. 62-67

Die gesellschaftliche Hierarchie
MARTINEAU und HOPE, *Genius of Venice,* S. 217, 238
GENTILI, AUGUSTO »De costumi degl'huomini et degli offitii de nobili: I giocatori di scacchi, la fonte, l'allegoria«, in: *Paris Bordon e il suo tempo,* Treviso 1985, S. 125-32
Paris Bordon, Mailand 1984, S. 92-93

Das Ideal der Weiblichkeit
PATRICIA SIMONS, »Portraiture, Portrayal, and Idealization: Ambiguous Individualism in Representation of Renaissance Women«, in: *Language and Images of Renaissance Italy,* hg. v. Alison Brown, Oxford 1995), S. 263-311
JUNKERMAN, ANNE CHRISTINE »The Lady and the Laurel: Gender and Meaning in Giorgione's Laura«, in: *Oxford Art Journal,* 16/1, 1993, S. 49-58
SCHLEGEL, URSULA, »Simone Bianco und die venezianische Malerei«, in: *Mitteilungen des kunsthistorischen Instituts in Florenz,* 23, 1979, S. 187-96
LUCHS, ALISON, *Tullio Lombardo and Ideal Portrait Sculpture in Renaissance Venice. 1490-1530,* Cambridge 1995, S. 103-12
RYLANDS, PHILIP, *Palma Vecchio,* Cambridge 1992, S. 89-110
CASTIGLIONE, BALDESAR, *The Book of the Courtier, übers. v. Charles S. Singleton,* Garden City, N.Y. 1959, S. 355

Der Kult der Familie
»Memorie dell'illustre Famiglia de' Freschi Cittadini Originarij Veneti«, in: *Biblioteca Nazionale Marciana,* cl. vii, 165 (8867); Salvatore Settis, *Giorgiones Gewitter. Auftraggeber und verborgenes Sujet eines Bildes in der Renaissance,* Berlin 1983, S. 142-46
MARTINEAU und HOPE, *The Genius of Venice,* S. 174; I Pittori Bergameschi: Il Cinquecento, Bergamo 1975, Bd. I, S. 429-30
W.R. REARICK, *The Art of Veronese. 1528-1588, Washington,* D.C. 1988, S. 38-40
ERIC M. ZAFRAN, *Fifty Old Master Paintings from The Walters Art Gallery,* Baltimore 1988, S. 62-63

BILDNACHWEIS

Sammlungen werden in den Legenden benannt. Nichtmuseale Rechteinhaber, zusätzliche Information und Copyrights folgen unten. Die Ziffern bezeichnen die Abbildungen.

Biblioteca Nazionale Marciana, Cod. Marc. It. VII (8867), fol. 7r: 115
Mit freundlicher Erlaubnis der Birmingham Museums and Gallery: 81
The Bodleian Library, Oxford, MS.Bodl. 264, fol. 218r. oben: 2
Osvaldo Böhm, Venedig: 66
© Bildarchiv Preussischer Kulturbesitz, Berlin 1996: 110; 112
© British Library, London. Additional MS 18000, fols. 6v-7r: 50
© British Museum: 33; 53; 92
© CAMERAPHOTO Arte, Venedig: Titel; 5; 6; 7; 8; 9; 10; 11; 12; 13; 14; 15; 16; 17; 18; 19; 20; 21; 22; 24; 25; 26; 27; 29; 30; 31; 37; 38; 42; 43; 44; 45; 46; 48; 49; 52; 54; 55; 56; 57; 60; 61; 62; 63; 64; 67; 68; 70; 72; 76; 78; 79; 80; 82; 85; 86; 87; 88; 89; 94; 109
© The Cleveland Museum of Art, 1996, Delia E. und L.E. Holden Funds: 65 (1959.128); 73 (1939.68)
Collection of the J. Paul Getty Museum, Los Angeles, California: 93
Index, Florenz: 104
A.F. Kersting, London: 58
National Trust Photographic Library /Derrick E. Witty: 75
© Museo del Prado, Madrid, alle Rechte vorbehalten: 41
Studio Fotografico Quattrone, Florenz: 34; 107; 114; 118
RMN, Paris; 32; 47; 71; 77; 100
The Royal Collection © Her Majesty the Queen: 97
Scala, Florenz: 1; 35; 39; 74; 91; 95; 119
Mark E. Smith, Venedig: 69
© Fundación Colección Thyssen-Bórnemisza, Madrid: 102; 113
Mit freundlicher Erlaubnis der Trustees der Victoria & Albert Museum, London: 96
Rosenwald Collection, 1996 Board of Trustees, National Gallery of Art, Washington, D.C. (1964.8.372): 101
Seite 9, Detail von Abb. 2 (The Bodleian Library, Oxford)
Seite 39, Detail von Abb. 31; Seite 65, Detail von Fries über Abb. 48; Seite 91, Detail von Abb. 62 (CAMERAPHOTO Arte, Venedig)
Seite 117, Detail von Abb. 99 (Bibliothéque Nationale de France, Paris)
Seite 143, Detail von Abb. 118 (Studio Fotografico Quatrrone)

Register